novum pro

Klaus Dengg

Hartmuth
der Deserteur

... ein poetisch-philosophischer
Roman vom Menschsein

novum pro

Bibliografische Information
der Deutschen Nationalbibliothek:

Die Deutsche Nationalbibliothek
verzeichnet diese Publikation in
der Deutschen Nationalbibliografie.
Detaillierte bibliografische Daten
sind im Internet über
http://www.d-nb.de abrufbar.

ISBN 978-3-99107-932-3
Lektorat: Melanie Dutzler
Umschlagfoto: Horst Ender
Umschlaggestaltung, Layout & Satz:
novum Verlag
Innenabbildungen:
© Zuboff | Dreamstime.com

Gedruckt in der Europäischen Union
auf umweltfreundlichem, chlor- und
säurefrei gebleichtem Papier.

www.novumverlag.com

Gewidmet meiner Anna

Inhaltsverzeichnis

Vor- und Nachwort

(gerichtet an meine von mir vernachlässigten Freunde,
die Menschen)

Solange wir leben, hier unter dem Mond,
jeden Morgen, wenn uns die Augen geöffnet werden
und der Vorhang der Welt-Bühne sich wieder hebt,
bei jeder Rückkehr aus dem magischen Traumland,
gerade in dem Augenblick, wo wir wieder Fuß auf die Erde setzen,
ist da ein kurzer Moment tastender Unsicherheit,
meist kaum wahrgenommen.
Es ist der kurze Zeitraum, den wir benötigen,
um uns geistig zu sammeln,
um unser mentales Ego wieder hochzufahren
und uns zu orientieren.
An welchem Ort bin ich? In welcher Zeit?
Wozu bin ich zu diesem Zeitpunkt hier?
In Sekunden ist alles scheinbar geklärt und das ist gut so!
Ein Wimpernschlag und schon haben wir Anker geworfen
und uns in Raum, Zeit und Kausalität
wieder festgehakt und den mentalen Absturz
und die Einweisung in die Irrenanstalt vermieden.
Noch ein Wimpernschlag
und schon haben wir den Faden wieder aufgegriffen zur Geschichte,
die uns erzählt, wer da eben auf der Erde wieder gelandet ist
und die Augen geöffnet hat.

Ja, wer bin ich? Was bin ich?
Eine Antwort ist sofort parat, mental reflexiv,
ich heiße A, von Beruf bin ich B, bin verheiratet mit C,
habe die Kinder D und E,
habe diese Eigenschaft und jene, bin ein Fan von …
und Eigentümer von … usw. … usw. …

Ja, da ist ein riesiger Fundus an Erinnerungen,
aus dem wir bei unserer Blitzortung
beim Aufwachen nur einige wenige herausgreifen,
um uns sofort wieder zu finden
und uns einzuordnen in die Welt,
die eben wieder vor uns aufgeht wie ein Bühnenbild.
Frage jemanden danach, wer er sei,
und er wird den mentalen Aufwachreflex fortsetzen,
ihn ausbauen und die Geschichte seines Lebens
in allen Einzelheiten präsentieren.
Doch egal, welche Gedanken wir
zum Zwecke unserer Selbstbeschreibung herausgreifen,
immer handelt es sich bloß um Definitionen des Begriffes „Ich"
und Definieren heißt nichts anderes als „Abgrenzen"
anhand von oberflächlichen Unterscheidungskriterien.
Wir definieren im unreflektierten Alltag unser „Ich"
nach derselben mentalen Methode,
nach der wir auch den Begriff „Baum"
vom Rest des Universums abgrenzen.
Wenige äußerliche, charakteristische
Unterscheidungsmerkmale genügen
und schon sind der Begriff „Baum"
und der Begriff „Ich" gebildet und mit dem Seziermesser
des Verstandes aus dem Fluss des Lebens,
aus dem „Prozess Universum", herausgeschnitten,
aus dem Fluss, der auch unseren unbewussten Geist
und unsere Gefühle in sich trägt.
Der Verstand schneidet aber stets nur Teilaspekte
unseres Wesens aus dem Fluss heraus,
er macht Fragment-Bilder in allen denkbaren Farbnuancen
aus verschiedensten Perspektiven.
Die Funktionsweise unseres Verstandes liegt in
dieser Fragmentierung, er kann nicht anders,
aber er setzt die Fragmente –
allerdings nach seinem Gutdünken – auch wieder zusammen
und malt daraus wie ein Pinselkünstler
mehr oder weniger kunstvoll unser Selbstportrait.

Jeder Pinselstrich entspricht einer Abgrenzung
und jede Farbnuance einem Seelenzustand.
Es ist ein Portrait, an dem ununterbrochen gepinselt wird,
eine Romanfigur, die fortwährend bearbeitet wird.
Ja, und diese Romanfigur, das soll tatsächlich „Ich“ sein?

Na ja, dieses sich täglich wandelnde Selbstportrait
gehört wohl auch zu uns,
betrachten wir es mit Nachsicht, mit Wohlwollen,
mit Durchsicht und Humor,
betrachten wir es als unsere mentale Haut,
mit der wir uns nach Außen abgrenzen.
Unser Verstand ist nach außen gerichtet, er ist uns gegeben,
um unser Handeln zu leiten,
er ist auf Konstruktion und Fabrikation angelegt und hilft uns,
zu überleben in dieser Welt.
Es ist erstaunlich, welche Leistungen er vollbringt,
und er verdient unsere volle Wertschätzung,
aber nach innen, auf unser Wesen gerichtet,
ist er seltsam schwach und blind.
Er ist nicht in der Lage, uns eine Antwort zu geben
auf die Frage: „Wer bin ich wirklich?“
Der Strahl einer Taschenlampe vermag eben die Tiefe
des Meeres nicht zu erhellen.

Wir Menschen sind aber unendlich viel mehr,
als unser Verstand zu greifen vermag.
Wir fließen aus einer geheimnisvollen Quelle in eine Form,
um dann aus dieser Form in ein rätselhaftes Meer
gegossen zu werden,
und zwischen Quelle und Meer bewegt
und ermutigt uns eine Kraft,
die wir mit dem Verstand nicht greifen können,
er ist eben zu schwach und zu blind.
Besuchte je ein mitfühlendes,
weises Wesen aus den Tiefen des Alls unsere Erde,
so würde es wohl erstaunt fragen:

„Wie ist es möglich, so zu leben?
Woher bloß nehmen sie ihre Zuversicht, diese Menschen,
und woher ihren Mut in all ihrer Dunkelheit
und woher oftmals diese kindliche Heiterkeit auf ihrem Weg zum Tode,
von dem sie nichts wissen?“
Ja, das ist das Paradoxon unseres Lebens,
unseres derzeitigen mentalen Bewusstseinszustandes,
der die magischen Fragen erlaubt,
nicht aber die Antworten darauf.
Mit unserem derzeitigen Bewusstsein lassen sich
diese Antworten nicht finden!
Derartige Versuche sind von vornherein zum Scheitern verurteilt,
solche Versuche sind genauso vergeblich wie der Versuch,
mit einem groben Pinsel eine Mücke in Originalgröße
in den Sand zu zeichnen.
Wir haben nur die Möglichkeit,
uns diesen großen Antworten zu nähern,
indem wir sie gedanklich umkreisen, sie überschlafen,
sie überträumen,
sie meditativ, gleich einem Koan, auf uns wirken lassen,
um so in ihren Dunstkreis zu gelangen,
diesen zu fühlen und gedankenlos darin zu baden.
Die Antworten liegen zwischen den Gedanken,
außerhalb der Worte!
Die Antworten liegen zwischen diesem Vor- und Nachwort,
sie liegen zwischen allen Worten.

Also, meine Freunde,
zwängen wir unser Ohr zwischen die Worte,
zwängen wir es in den Spalt des Bühnenvorhangs
und lauschen wir hinaus in den Raum
zwischen den Sternen und hinein!

Hört doch, wie das Herz klopft! Hört Ihr es?
Hört Ihr, wie alle Herzen klopfen?
Hört Ihr dieses Gepoche über die Jahrtausende?

Hört doch, wie der Atem rauscht,
das mächtige Rauschen allen Atems,
spürt doch, wie es kribbelt, innen, wie es lebt,
wie Wärme durch jede Zelle fließt,
wie Freude aufsteigt aus dunkler,
unbekannter Tiefe und Begeisterung.
Spürt doch, wie sehr wir gewollt sind von jenem Mysterium,
das in uns klopft und rauscht und wärmt
und uns Freude macht, uns lebt.
Ja, legen wir sie ab, die Erdschwere, im Geiste
und begeben wir uns hinaus in den Raum, mit allen Sinnen,
hinaus, weit hinaus außerhalb unseres Sonnensystems,
und fühlen wir die Erheiterung und die Erleichterung,
die sich breit macht,
sobald wir aus dem unendlichen, unbegreiflichen Raum
das Vergängliche betrachten,
die Formen, die Objekte, die Gestirne, die Planeten, die Erde,
das gesamte im Bannkreis der Sonne kreisende kosmische Treibgut.
Seien wir die dunkle Unendlichkeit zwischen den Sternen,
seien wir das Nichts
und schauen wir aus dieser leeren Fülle
als dieses Subjekt auf all die Objekte,
betrachten wir unseren werdenden und vergehenden Körper
dort auf der Erde,
beobachten wir unser Tun, unsere Gedanken, unsere Emotionen,
unsere lächerliche Wichtigkeit,
unsere seltsam rührenden Rollenspiele!
Sie zwingt zum Lachen diese Übung, zum erleichterten Auflachen,
eine Übung voll von Poesie, die uns „Kind-Sein" nahe legt,
eine Übung, die uns ein kosmisches Ringelspiel vor Augen führt,
das jährlich einmal mit viel „Klimbim" seinen Kreis vollendet.
Seht es Euch an aus dieser magischen Perspektive,
unser Sonnensystem, unsere Erde
und alles, was darauf lebt und strebt und vergeht, seht Ihr Euch?
Hört Ihr die Jahrmarktmusik, die Drehorgeln,
das Klingeln des Ringelspiels,
das aufgeregte Kindergeschrei, Euer eigenes?

Seht Ihr die Löwen, die vielen bunten Girlanden,
die blauen Delphine und die weißen Elefanten,
auf deren Rücken mit großen Augen Kinder sitzen,
die, ganz dem Lebenszauber hingegeben, sich erhitzen?
Am Zugang an der Kassa, ungeduldig, bange,
der Wartenden unendlich lange Schlange,
derer die bereit, mit ihrem Leben zu bezahlen,
mit gutem Mute in den Reigen steigen,
Kinderspiele spielen und mit Leben prahlen,
bis es erlischt und sie ermattet scheiden,
um neu sich einzureihen in die lange Schlange,
wie oft noch und wie lange?
Seht doch, wie die Bäume kraftvoll leben, sich bewegen,
und in Sekunden aus dem Keime in den Himmel streben,
wenn in Gedanken wir erhöhen des Kreisels Schwung,
wie Frauen ihrer Kinder sich entbinden,
Gesichter, blühend, glatt, so rein, so jung,
die reifen, welken und im tiefen Weltenraum verschwinden.

So umrunden wir die Sonne in edlem Jahreskreise,
in irrem Tempo, sanft, geschmeidig, leise,
auf dem Delphin, dem blauen, reitend,
im Bann der Sonne durch das Weltall gleitend,
auf einem Feuerball mit gnädig milder Kruste,
auf der Millionen rote Rosen blühen,
geschöpft aus einer Kraft, die wusste
ob der Träume und der roten Kinderwangen Glühen.
Überwölkt von dunkler Todeskälte
schlafen wir in luftig warmen Kissen,
so, als ob für alles Leben gelte,
nichts von dunkler Kälte je zu wissen.
Beatmet, liebevoll, von Mund zu Munde,
das Leben lang, vielmals in jeder Lebensstunde,
durchpocht uns wärmend jene Kraft,
die keimt, gebärt, die alles Leben schafft …

Ja, liebe Freunde,
auch wenn sich nicht alles reimt in unserem Leben,
eines ist nicht zu übersehen und nicht zu überfühlen,
wir sind eingebettet in großes Wohlwollen,
wir sind eingebettet in Liebe,
getragen von einer mystischen Macht, die uns will.
Ja, das Wohlwollen, das uns trägt, ist unübersehbar!
Das ist das Evangelium, das jede unserer Zellen
und alle Natur verkündet!
Also lasst uns feiern …

Klaus Dengg

… Noch ein kleiner Hinweis, bevor sich der Bühnenvorhang hebt und das Schauspiel beginnt!

Unser Leben ist unendlich vieles und jedenfalls auch ein Schauspiel. Ein Schauspiel, zu dessen Aufführung wir allerdings immer zu spät kommen, denn immer hat es schon angefangen, lange, bevor wir die Bühne betreten. Die Kulisse, das Bühnenbild, die Mitspieler, die Sprache, die Denk- und Gefühlsschablonen, die Kultur, die sozialen und politischen Verhältnisse, all das und noch vieles mehr ist uns immer schon fremdbestimmt vorgegeben.

Aber spätestens ab unserem ersten Schrei auf der Bühne mischen wir mit in diesem Theater. Zumeist – und das ist schön – lösen wir mit unserem ersten Schrei Entzücken aus, oft Tränen der Freude, was von unseren späteren Schreien als Erwachsene natürlich nicht immer behauptet werden kann.

Von außen, aus der Perspektive des bloßen Verstandes betrachtet, ist unsere „Einmischung" in das große Schauspiel minimal, doch aus uns selbst heraus, aus unserem Wesen heraus betrachtet, sind wir es, die maßgeblich „mischen". Jeder von uns ist quasi in Personalunion gleichzeitig Autor, Schauspieler und auch Zuschauer des Stückes, das gerade gespielt wird. Ein Stück, das – unter Berücksichtigung der fremdbestimmten Vorgaben – jeder für sich aus seinem Ich-Punkt heraus gestaltet, sei es nun ein Heldenepos, eine Komödie, ein Trauerspiel oder sei es eine der Milliarden anderen möglichen individuellen Varianten. Ein Stück jedenfalls, das – solange der Verstand es unberührt lässt und es nicht zerpflückt – einfach „Fluss des Lebens" genannt werden könnte.

Sobald aber der Verstand in den Fluss des Lebens greift – und das tut er ständig – und mit seinen Begriffen wie mit einem Seziermesser einzelne Teile herausschneidet, gefriert das Herausgeschnittene und wird zum starren Bild, das wir zwar dadurch in Ruhe betrachten können, ohne am ständigen Verfließen zu verzweifeln, das aber eben – seines Wesens beraubt – nicht mehr fließt.

Begleiten wir ihn also nicht nur mit unserem Verstand, sondern auch mit dem Herzen und mit Gespür für das Fließen des Flusses des Lebens, ihn, den Helden des Romans, den bemerkenswerten Hartmuth, wie er, im Zug der ÖBB oder an anderen schicksalhaften Orten sich befindend, Bilder aus dem Fluss seines so aufregenden Lebens herausgreift, um sich letztlich in ihn, in den magischen Fluss des Werdens und Vergehens und des Vergehens und Werdens, hineinzustürzen.

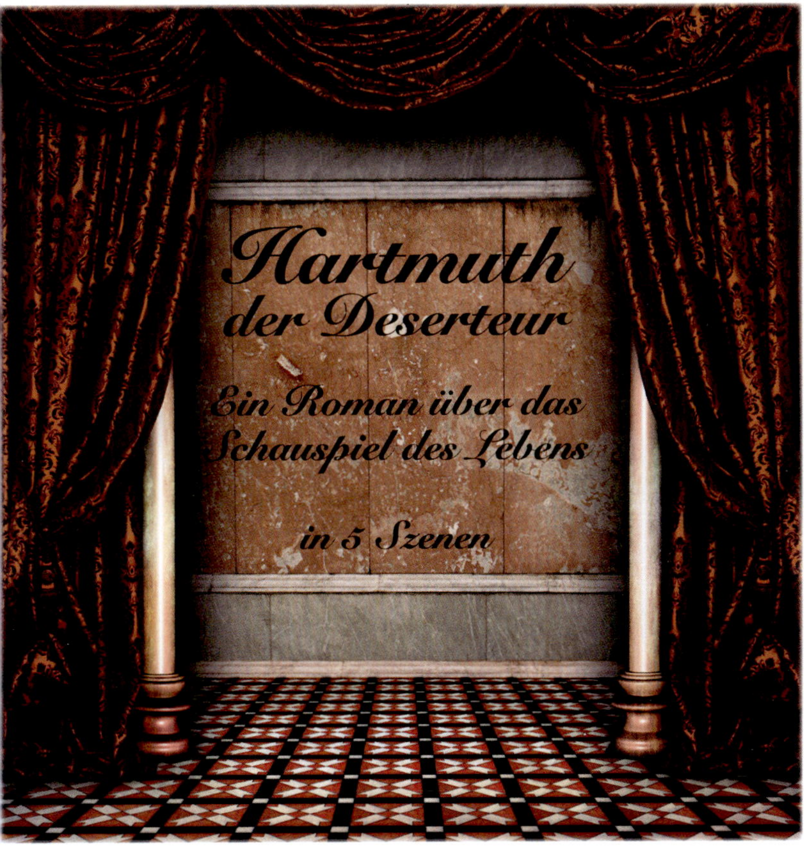
Hartmuth
der Deserteur
Ein Roman über das
Schauspiel des Lebens
in 5 Szenen

Szene 1
Aus-Zug

„Dreizehnter September 1978“, flüstert unhörbar die hoch am Himmel stehende Sonnenuhr, indem sie ihre milden Strahlen in die Augen und Herzen der Menschen und Tiere schiebt, um sie zu wärmen, und auch in die Chloroplasten der Pflanzen, um Nahrung sprießen zu lassen. Hartmuth aber denkt nicht an diese solaren Wohltaten, das sind Selbstverständlichkeiten die selbstverständlich unbeachtet bleiben, so sind die Menschen eben.

Hartmuth hat ganz andere Sorgen. Er sitzt im großen offenen Waggon eines Zuges der ÖBB, der, langsam vor sich hin ratternd, das österreichische Inntal in Richtung Nord-Osten durchfurcht, in Richtung der deutschen Grenze.

Herr und Knecht

Hartmuth ist voll Aufruhr und Herzklopfen, voll von „Weg! Ich muss weg!“, voll von Sehnsucht nach Änderung, Aufstieg, Weite und Zukunft und gleichzeitig voll von ängstlichen Bedenken, Unsicherheit und Bauchweh beim Gedanken an all das, was er jetzt eben zurückzulassen und wegzuwerfen im Begriffe ist. Ja, er ist voll von innerer Zerrissenheit.

Er atmet ein und bläst sich auf: „*Ja, ich habe es getan! Bravo, du hast Charakter*!“, und er atmet aus und sackt zusammen: „*Ja, was machst du da, du Spinner*?“ Es sind aber nicht nur zwei Herzen, die „ach, in seiner Brust wohnen“, nein, es sind viele und sie alle zerren in eine andere Richtung. Der Zug aber, in dem er sitzt, fährt in eine Richtung, er folgt den vorgefertigten Geleisen, zumindest einer der weiß, wo es lang geht.

Das Rattern des Waggons sollte ihm eigentlich helfen, seine Gedanken und Gefühle durchzuschütteln durch das Sieb der Katharsis, der Seelen-Läuterung, um die in ihm herumkollernden Gefühls- und Gedankenknollen auszusieben, um sie ansehen zu können und Klarheit zu erlangen. Aber es will nicht gelingen.

„*Hartmuth, wohin willst du denn*?“ Er weiß es nicht, er weiß es noch nicht genau, er will einfach weg, weg und hinaus, ja, hinaus in die große, weite Welt, hinaus in die Hoffnung Zukunft, vielleicht nach Stuttgart oder nach Hamburg oder noch weiter, hinaus ins Meer und hinter das Meer?

„*Hartmuth, weg wovon*?“ Er weiß es nicht, er weiß es nicht genau, aber jedenfalls will er auch weg von der Person, die er bisher war, weg von den Rollen, die er bisher spielte, weg vom „Knecht sein“, weg von der Kluft zwischen Innen und Außen, weg von der Kluft zwischen Fühlen und Tun, zwischen Sein und Wollen.

Das monotone Klacken der Eisenräder an den Nahtstellen der Eisenschienen bringt zumindest ein wenig Rhythmus in sein inneres Chaos. Er sitzt fast allein im großen Waggon. Ja, alle Welt scheint ihn verlassen zu haben und alle Welt scheint er zu verlassen.

Schon um fünf Uhr früh war er heute Morgen aufgestanden, auf dem Lahnerhof, hoch oben in den Tiroler Bergen. Er hatte vor Aufregung wenig und schlecht geschlafen. Im Halbdunkel der Morgendämmerung saß er dann am Bettrand in seiner kleinen Kammer. Einige lange Minuten saß er so da, den Kopf in die Hände gestützt, um sich und seinen Mut zu sammeln. Mit einem verbissenen *„Also los"* erhob er sich dann, goss aus dem am Boden stehenden Krug Wasser in die auf dem schmalen Tisch stehende Blechschüssel, wusch und erfrischte sein Gesicht und zog sich an.

Schon vor ein paar Tagen hatte er seiner noch nicht ganz zehn Jahre alten, niedlichen Halbschwester Hildegard sein „Abhauen" angekündigt und diese hatte ihn daraufhin mit nassen Augen ungläubig angesehen und ihn umarmt und wollte ihn nicht mehr loslassen. Als er sich aus der Umklammerung gelöst und sich abgedreht hatte, um seine und ihre Qual nicht überlaufen zu lassen, hatte sie erbost einmal auf seinen Rücken geschlagen und war davongerannt. Nun schlich er über den knarrenden Flur in ihre Kammer, um ihr, der schlafenden Sonnenblume, zum Abschied noch einen kleinen Kuss auf die Stirn zu drücken. Hildegard lag im Bett, den Rücken ihm zugekehrt. Ihre blonden Locken streichelten ihren schmalen Hals im matten Licht. Als er sich über sie beugte, drehte sie sich plötzlich um, umschlang ihn und sagte: *„Du kommst doch bald wieder, oder?" „Aber ja!"*, log er, um sie zu trösten, strich über ihre Wange und ging schweren Herzens hinaus.

Auch bei Martha hat er sich dann noch mit kargen Worten und einer Umarmung verabschiedet. Martha war die ältere Schwester vom Sepp, seinem Stiefvater, die nach dem Ableben seiner Mutter auf den Lahnerhof kam, um zu kochen, zu waschen und zu bügeln und zu helfen, wo sie nur konnte.

Nachdem Hartmuth dann seine verwaschene, jägergrüne Flanelljacke zugeknöpft, sich mit seiner abgewetzten Umhängetasche umhängt und seinen schäbigen Koffer ergriffen hatte, ging er die knarrende Holzstiege hinunter in das Parterre des Lahnerhofes, des uralten Tiroler Bauernhauses aus sonnenverbranntem Holz, um sich auf den langen Fußmarsch hinunter ins Tuxer-Tal zur Bushaltestelle zu begeben.

Die Stubentür im Parterre stand offen und Lux, der mit den Jahren schon ein wenig ergraute, struppige Schäferhund, stand in der Türschwelle und schaute ihn fragend an. Hartmuth setzte den Koffer ab und strich ihm wehmütig über den Kopf. Er nahm den Koffer wieder zur Hand und machte sich auf den Weg, aber Lux folgte ihm und ließ es sich nicht nehmen, ihn hinunter ins Tal zu begleiten, wie er es schon so oft getan hatte. Hartmuth saß dann auf der Wartebank an der Bushaltestelle in Lanersbach, Lux saß am Boden daneben, ihm zugekehrt, und legte seinen struppigen Kopf auf seine Oberschenkel und genoss die Streicheleien und das „Gekraule" hinter den schon ein wenig angegrauten Ohren. Als der Bus sich näherte, umarmte Hartmuth noch einmal seinen „Kumpel", wie er ihn nannte, und stieg in den Bus.

Die nun in Hartmuths Kopf auftauchenden Erinnerungsbilder schmerzen ihn. Er schließt die Augen, legt das Gesicht in seine Hände und beugt sich vor, die Ellbogen auf seine Knie gestützt, die im Rhythmus mit dem Waggon vor sich hin wackeln.

Ja, oft schon hatte ihn der Blick in Tieraugen, die ihn ansahen, fasziniert und verzaubert und ihn in eine andere Welt entführt, diesmal in ganz besonderer Weise. Sein Kumpel hatte ihn schon oft zum Bus begleitet und wusste, dass er nicht einsteigen darf. Als Hartmuth schon im Bus stand, drehte er sich noch einmal um. Lux stand vor der offenen Türe, den Kopf angehoben, winselte leise und schaute ihm groß in die Augen.

Die Erinnerung an diesen Blick trifft Hartmuth ins Herz.

Berührende Worte strömten aus diesen Hundeaugen, Worte der Bangigkeit, Worte der Hilflosigkeit. Lux schien zu sagen: „*Bin ich für dich da? Bin ich da? Was ist das, was du da machst? Kommst du wieder zu mir? Bleibst du mein Freund*?"

Lux, der inzwischen wohl wieder zum Lahnerhof hinaufgetrabt war, hatte mit seinem so vielsagenden Blick augenscheinlich auch die Hildegard und die Martha unten an der Bushaltestelle bei der Verabschiedung wortreich und würdig vertreten, so empfand es jedenfalls Hartmuth.

Die Worte seines Stiefvaters allerdings wären wohl andere gewesen. Als er heute Morgen aufbrach, war sein Stiefvater schon im Kuhstall beim Arbeiten. Eine förmliche Verabschiedung von ihm gab es nicht, denn das hätte nur Streit bedeutet, aber der Stiefvater wusste wohl, was los war. Ja, Hartmuth wollte nicht mehr Knecht sein, sondern Herr werden, Herr über sein eigenes Leben. Er war nicht mehr bereit, den von den Erwartungen seines Stiefvaters und der örtlichen Tradition und Kultur ausgetretenen und befestigten Weg weiter zu gehen, der eindeutig und klar vorgezeichnet war. Er war heute Morgen ausgeschert und abgezweigt, er hat den befestigten Weg, den Trampelpfad, verlassen. Da war nicht einmal eine Weggabelung, nein, er ging jetzt einfach querfeldein in eine ganz andere – ihm selbst unbekannte – Richtung.

Die in seinem Kopf wie im Sturm kreisenden Gedanken plagten ihn und in seiner Brust- und Magengegend schien ein Stein zu liegen. „*Ja*", sagte er zu sich, „*ich muss wohl auch Herr über meine Gedanken und Herr über meine Gefühle werden*!" Doch das war ein großes Vorhaben, besonders in diesen aufgewühlten Stunden, vielleicht ein zu großes, denn seit Sigmund Freud ging das Gerücht in der Welt um, wir Menschen seien nicht Herr im eigenen Haus. Aber Hartmuth hatte von diesem, die Menschheit erschreckenden Spruch des Herrn Professors noch nichts gehört, obwohl er schon viel gelesen hatte, und so rief er seiner inneren Aufruhr und seinem Herzklopfen voll blauäugigem Herrschaftswillen zu: „*Hört her, Ihr Chaoten, ich bin der Herr und ich sage Euch, beruhigt Euch! Habt Ihr verstanden*!?"

Vielleicht war es das laute Rattern des Zuges, aber die Chaoten schienen seltsam taub zu sein auf diesen Ohren.

Hätte Hartmuth vom Gerücht, das Herr Professor Freud in Umlauf gebracht hatte, Kenntnis gehabt, so wäre er dem gegenüber wohl auch skeptisch gewesen, denn für ihn war die Unterteilung der Welt, seiner Welt, in „Herr und Knecht" eine nicht zu übersehende Tatsache.

Bauernstolz

Hartmuth blickt hinaus in die vertraute, heimatliche Landschaft und hinauf auf die Berge, von denen manche ganz oben schon weiß sind vom Schnee, der sich in den vergangenen kalten und regnerischen Tagen wie Staubzucker auf deren Spitzen abgesetzt hat. Die Landschaft, die an ihm wie riesige, auf Rädern rollende Kulissen vorbeizuziehen scheint, ist eingehüllt in einen Hauch von Irrealität.

Links unten der blau-grünlich vor sich hin murmelnde Inn, dessen Gemurmel vom Waggongeratter unterdrückt und zum Schweigen gebracht wird, eingesäumt von Laubbäumen, deren herbstlich-bunte Blätter sich genüsslich im mittäglichen Sonnenschein bräunen. Auf der Innpromenade im Schatten der Bäume tagträumerisch dahinschlendernde Spaziergänger, die eben von Radfahrern aus ihren Träumen geklingelt werden. Auf der anderen Seite des erhaben fließenden Flusses die Inntal-Autobahn, vollgestopft mit Transportzielen, Absichten und Aufgaben aller Art, und dahinter grüne Wiesen, Äcker, manche gefleckte Kühe, Tiroler Häuser, Dörfer. Alles zieht wie ein magisches Schauspiel an ihm vorbei.

Der Zug, dieser ratternde Koloss aus Eisen, erscheint ihm wie ein mächtiger Titan, der seine Eisenschienen wie riesige Arme weit nach vorne wirft, die Landschaft teilt und – vorbei an seinem Fenster – nach hinten schiebt wie ein Schwimmer das Wasser im See.

Oben auf dem Angerberg liegend, zieht ein Bauernhof langsam an ihm vorbei, daneben noch einer und dann noch einer. Große Lichtungen, Wiesen, umgeben von dunklem Wald. Oasen, an deren Rand oder in deren Mitte jeweils Bauernhaus und Stallungen liegen.

In Urzeiten war dort wohl alles Wald, Urwald war das alles und das Inntal ein vom ungezähmten Inn nach Lust und Laune durchfurchtes Feuchtgebiet, überflogen, durchkrabbelt und überwuchert von Tausenden verschiedenster uriger und ulkiger Lebensarten. Dann aber, ja dann aber kam der Mensch und brachte Vernunft in das chaotische Treiben der Natur, gerade so wie es ihm der Liebe Gott aufgetragen hatte: „*Seid fruchtbar und vermehret Euch, bevölkert die Erde und unterwerft sie Euch*!“ Ja, und da waren sie dann, „die stark sich vermehrenden Fruchtbaren“ – oder sollte man sagen „Furchtbaren“? – und erkannten dank ihrer Vernunft, dass es hier auf dem Angerberg möglich war, die Natur so weit zu unterwerfen, dass sie ihnen alles gibt, was sie zum Leben brauchen.

Die ersten Großtaten der in den Urwald eingefallenen rationalen Tiere, die sich so gerne „Sapiens“ nennen, waren wohl die Rodungen, vielleicht sogar Brandrodungen. Unglaublich, welcher Anstrengungen es bedurfte, um mit den damaligen Mitteln und Werkzeugen riesige Bäume zu fällen oder nach dem Brand deren Wurzeln auszugraben und aus dem dichten Urwald eine Kuhwiese oder einen Weizen-, Mais- oder Kartoffelacker zu machen.

Hartmuth wusste, wovon er dachte, denn er hatte selbst oft genug das Stöhnen der fallenden Riesen erlebt und auch seine eigene körperliche Erschöpfung bei seinen Arbeiten als Holzfäller und Wurzel-Ausgräber im Wald seines Stiefvaters. Allein schon der Gedanke an diese Plackerei schien ihm Schweiß auf die Stirn zu schieben. Aber nachdem sich der Homo sapiens in seiner Hybris blauäugig dazu entschlossen hatte, kein unschuldiges Tier zu bleiben, und unerlaubterweise – oder erlaubterweise? – vom Baum der Erkenntnis gegessen hatte, da hat ihm der Liebe Gott zur Strafe – oder als Ratschlag? – ja auch gesagt: „*Im Schweiße deines Angesichtes sollst du dein Brot verdienen!*“ und so ist also unser Leben in Schweiß gebadet, denn Brot im weitesten Sinne brauchen wir.

Hartmuth war aber eigentlich nicht bereit, da, an dieser entscheidenden Stelle der Menschheitsgeschichte, an eine Sünde zu glauben, er war vielmehr überzeugt, dass Gott den Baum der Erkenntnis ins Paradies gesetzt hat, *damit* der Mensch dessen Früchte verkoste, und er, der Allwissende, wusste wohl, dass der Weg der Erkenntnis ein harter und mühsamer werden würde und daher kam der Hinweis auf den Schweiß.

Ja, gut, die sündig oder eben nicht sündig erlangte Vernunft hat also die Sapiens – nachdem sie 140.000 Jahre lang in kleinen Grüppchen als Jäger und Sammler durch die Wälder gestrichen waren – vor etwa 10.000 Jahren im Rahmen der sogenannten landwirtschaftlichen Revolution ermächtigt, Oasen im Urwald anzulegen, also geistige Lichtungen, in denen die Urwald-Welt in einer Weise interpretiert und umgestaltet wurde, die ihnen half, Agrikultur zu betreiben. Bauer sein bedeutet also seither, dem Urwald Kultur beizubringen und dabei den richtigen Platz und Boden für die richtigen Pflanzen und Tiere zu finden und zu wissen, wann was gesät und wann was geerntet werden kann. Richtig und wahr und als „Kultur" gilt dabei das, was dem Menschen hilft, zu überleben.

Ja, die oben auf dem Angerberg an Hartmuth vorbeiziehenden Bauernhöfe waren also Oasen der Richtigkeit und der Wahrheit und dies seit Hunderten oder Tausenden von Jahren. Jeder Bauernhof, wohin er auch blickte, eine Oase, eine Lichtung der Vernünftigkeit im Meer der urweltlichen Unvernunft. Lichtungen, die in die Welt zu schreien schienen: *„Seht her, so geht das Überleben als Mensch!"* In diesem Schrei, in diesem Wissen, in dieser Kultur liegt mit Recht der Bauernstolz begründet, der schon alle Höhen und Tiefen durchlebt hat, hoch in Perioden des Hungers, niedriger in Perioden des allgemeinen Wohlstandes. Ein Stolz, den auch sein Stiefvater im Herzen trug und der ihm Kraft gab. Ein Stolz, ein Geist, der über jedem Bauernhof seine Kreise zieht wie der Bundesadler über Österreich.

Jeder Hof hat seine eigene Geschichte, seinen eigenen Stolz und seinen eigenen Geist, der über ihm schwebt, ein Geist, der nicht nur nährt, sondern auch verpflichtet. Ein Geist, der jedem Bauernkind, vor allem aber dem erstgeborenen Sohn, ein massives Bündel von Verpflichtungen auf den Rücken bindet, das dann, wenn er das Talent zum „Bauer sein" nicht im Blut hat, zur Bürde und zur unsäglichen Last wird und ihn zum Sklavendasein auf Lebenszeit verdammt oder zum Bruch mit seiner Familie oder eben zur Desertation, zur Flucht, auf der sich Hartmuth gerade befand.

Hartmuth beugt sich vor und vergräbt neuerlich sein Gesicht in den Schwielen seiner arbeitsamen Hände, die rau und hart auf die weiche Haut seines jugendlichen Gesichtes drücken. Unter den Fingernägeln hängen noch manche dunklen Reste vom Altöl der Mähmaschine, die er gestern noch repariert hat, und auch Stallgeruch, der Geruch des Bauernstolzes, hängt noch ein wenig an seinen Fingern. Ein Bauernstolz, der es nie ganz bis in sein Herz geschafft hat.

Ein Stolz und ein Geist, an dem allerdings ganz allgemein, landauf landab, seit einigen Jahrzehnten Nagewürmer nagen. Es gelten zwar Gesetze, denen zufolge der Hof-Stolz nicht geschlachtet und der geschlossene Hof nicht geteilt werden darf, aber die bewundernswerten Bauern, die ihre steilen Wiesen weiterhin abmähen, um letztlich ein wenig Milch aus den Eutern ihrer Kühe zu quetschen, können ökonomisch nicht mithalten mit den land- und viehwirtschaftlichen Großunternehmern und Monokulturbauern des fruchtbaren Flachlandes. Die Marktpreise sind viel zu niedrig, um ihren erheblichen Aufwand auf den kleinen, steilen Wiesen zu decken. Die Bauern der Alpenregionen müssen daher seit vielen Jahren bereits mit allen möglichen Subventionen gestützt werden, damit sie wirtschaftlich im globalen Konkurrenzwind nicht wie ein Kartenhaus zusammenfallen. Dies geschieht vor allem auch in Anerkennung ihrer so segensreichen Landschaftspflege, die besonders in Tourismusregionen gut ankommt.

„Kürzlich", so ein bitter-ironischer Witz, *„erlitt ein Tiroler Bauer beim Mähen auf seiner steilen Wiese einen Herzinfarkt und starb. Er fiel aber nicht um, so sehr war er gestützt."* Ein gemeiner Witz, der das Jahrhunderte lange Anrecht der Bauern auf ihre Stellung als institutionelle Repräsentanten von Vernünftigkeit, Richtigkeit und Wahrheit verletzt, denn wenn man gestützt werden muss, um zu überleben, kann man nicht mehr stolz in die Welt rufen: *„Seht her, so geht das Überleben als Mensch!"*

Ja, es ist nicht zu leugnen: Das Anrecht der kleinen Bergbauern auf Stolz ist ins Wanken geraten, ihr Stolz wurde untergraben, sie sind teilweise zu Landschaftsgärtnern mutiert und halten die Spezies „Tiroler Bauernhof" nur noch am Leben wie die Hüter eines Naturparks ihre geschützten Wildtiere und Pflanzen, ja, und die Touristen kommen in Scharen, um die schönen Wildtiere und Pflanzen zu bewundern. Aus den ehemals stolzen

Bauernkindern wurden Naturparkhüter, Liftwarte, Schi- und Rodelverleiher, Schilehrer, Zimmervermieter, Gastwirte, Hoteliers und Liftbetreiber, die darum kämpfen, eine andere Art von Stolz, den man vielleicht als „pekuniären Stolz" bezeichnen könnte, wieder aufzubauen.

Mit Schwermut im Herzen und in den Gedärmen schaut Hartmuth noch einmal hinauf zu den Bauernhöfen auf dem Angerberg, die an ihm vorbeiziehen wie riesige Theaterkulissen im Schauspiel des Lebens, im Schauspiel seines Lebens.

Die erwähnten Nagewürmer haben natürlich auch den Lahnerhof nicht verschont, auf dem Hartmuth aufgewachsen ist. Auch ihm wäre wohl eine Karriere als Liftwart im Winter oder etwas Ähnliches nicht erspart geblieben, wenn er den Lahnerhof übernommen hätte, denn die Milch- und Fleischpreise stagnierten seit Jahren und die Ertragslage war prekär geworden, trotz der Subventionen.

Mama und der Neophyt

Vor zwei Tagen am frühen Abend stand Hartmuth am Grab seiner Mutter mitten im großen Friedhof in Lanersbach, um sich Mut zu holen und Abschied zu nehmen. Das schlichte Grab war – so wie immer – gut gepflegt, wie auch die vielen schönen Gräber ringsherum. Ein edler Hof des Friedens, eine herzerwärmende Kultur, die sich dort offenbarte, eine Kultur des Gedenkens an liebe Verstorbene und des Erinnerns an unsere Zerbrechlichkeit, beleuchtet von zahlreichen melancholisch flackernden Kerzen und bewacht von kunstvoll geschmiedeten, strengen, eisernen Kreuzen. Ein Panorama liebevoller Gräberpflege, das wohl auch ein klein wenig davon zehrte, dass MAN es als angenehm empfand, wenn das Grab der eigenen Familie ein bisschen schöner war als das der Grab-Nachbarn.

Hartmuth hatte mit klammen Händen eine mitgebrachte rote Kerze angezündet und sie auf den Marmorsockel neben das kleine, weiße Schild hingestellt, auf der linken Seite neben dem Kreuz. Margarethe Egger, geboren am 6.5.1938, gestorben am 27.2.1976, stand darauf und daneben ein kleines Foto von ihr, von ihrem freundlichen Gesicht, das ihn immer liebevoll anlachte, ob er nun dort am Grab stand oder sonst irgendwo in der Welt. Hartmuth sah es an, dieses bezaubernde Foto, und seine Augen wurden feucht und jetzt, beim Erinnern dieser Szene im Zug der ÖBB sitzend, werden sie es wieder.

Mama war der Hafen seiner Geborgenheit gewesen. Welche seelischen Turbulenzen ihn auch immer quälten, in ihrer Nähe wurden sie milder und erträglicher. Er hätte die verrücktesten Dinge anstellen können, sie hätte zu ihm gehalten, sie hätte ihm geholfen, sie hatte ihn bedingungslos geliebt, davon war er überzeugt, das hatte er gefühlt.

Ja, sie ist viel zu früh gestorben, die Mama, Gebärmutterkrebs war es. Einen Monat vor ihrem Ableben wurde sie vor seinen entsetzten Augen auf eine Tragbahre gelegt und mit der Rettung ins Krankenhaus Schwaz gebracht. Gemeinsam mit dem Stiefvater hat er sie dann ein paar Mal im Krankenhaus besucht, das letzte Mal drei Tage vor ihrem Ableben. Von Sterben war da keine Rede, man sprach von: „*Es wird schon wieder werden!*" oder „*Kopf hoch Margarethe!*" oder man stellte Kalkulationen an, wann sie wieder nach Hause kommen würde oder sollte. Ja, dieses MAN, das wie eine Wolke von Verhaltensrichtlinien über den Häuptern der Menschen zu schweben pflegt und sagt, was man zu denken, was man zu fühlen und was man zu tun habe! Man will dem Tod offenbar nicht in die Augen schauen, man tut so, als beträfe er einen nicht, und man wird von der täglichen Erfahrung in diesem Verdrängungswahn sogar bestätigt, denn solange man selbst lebt, sterben tatsächlich immer nur die anderen.

Ihr Ableben war für Hartmuth eine seelische Katastrophe, es war, als hätte man ihm den Boden unter den Füßen weggezogen und er wäre in einen tiefen, dunklen Abgrund haltloser Ungeborgenheit gestürzt. Nur mühsam und langsam ist er aus diesem Abgrund wieder nach oben, ans Tageslicht gekrochen. Sepp, sein Stiefvater hat ihm geholfen dabei, holprig zwar, aber er hat geholfen, doch auf irgendeine geheimnisvolle Art und Weise wurde mit ihr, mit seiner Mama, auch sein Einverständnis, Bauer auf dem Lahnerhof zu werden, zu Grabe getragen, jedenfalls hat sich nach und nach diese Vorstellung, der Glaube an eine solche Zukunft, in seinem Kopf und in seinem Herzen verflüchtigt und in Schall und Rauch aufgelöst.

Mama war in ihren jungen Jahren Magd auf dem Hof eines großen Bauern in Finkenberg gewesen. Auf einem Kirchweihfest im Herbst 1957 hatte sie den feschen Biologiestudenten aus Heidelberg, den Hartmuth Oberlohr, getroffen und die beiden haben sich ineinander verliebt. Hartmuth war quasi auf Forschungsreise und stieg fast jeden Tag hinauf auf die Berge, um deren Flora und Fauna zu erkunden. Er war fasziniert von der Bergwelt, von ihrer wunderbaren Artenvielfalt und auch von der Art der Gretl, der jungen, hübschen Magd, die ihm mit Bewunderung zuhörte, wenn er so klug und voll Begeisterung von den Blumen der Alpen sprach und die immer mitzuhören glaubte, dass er auch sie damit meinte.

Kurz vor Weihnachten 1957 war sein Studienaufenthalt beendet und er kehrte zurück nach Heidelberg, nicht ohne mit Gretl vorher Adressen und Telefonnummern ausgetauscht zu haben, verbunden mit den innigen gegenseitigen Versprechen, sich zu schreiben und sich irgendwann einmal wieder zu sehen. Drei Wochen nach seiner Abreise stellte Gretl fest, dass sie schwanger war. Gretl hatte lange gehofft, dass sich Hartmuth melden würde, aber er hat es nicht getan, kein Anruf, kein Schreiben, nichts! In dieser Situation wäre es wohl an ihr gewesen, sich zu melden, sie hat es aber auch nicht getan und irgendwann, in einem dunklen Moment, in einem Anfall von Enttäuschung, hat sie den Zettel mit seiner Telefonnummer und seiner Adresse in den Ofen geworfen und ein paar Tränen hinterher.

Es sei gekränkter Stolz gewesen, antwortete sie und fügte hinzu: *„Und außerdem hatte ich ja dich, mein Schatz!"*, als Hartmuth sie vor ein paar Jahren nach den Gründen ihrer Verhaltensweise gefragt hatte. Als der kleine, uneheliche Hartmuth in der Pfarrkirche in Finkenberg unter dem Stirnrunzeln des gestrengen Herrn Pfarrers getauft wurde, da hatte Gretl tief in ihrem Herzen immer noch warme Gefühle für den treulosen, aber charmanten Vater ihres Kindes und auch ein wenig Trotz mag mitgespielt haben, als sie sich entschloss, ihrem kleinen Schatz den Vornamen seines Vaters zu geben.

Ja, Hartmuth war Gretls Schatz. Ein Schatz allerdings, in den sich in späteren Jahren zunehmend auch ein Hauch von Wehmut mischte, denn er wurde mit den Jahren seinem leiblichen Vater immer ähnlicher und das hätte er besser nicht tun sollen, denn das erinnerte Gretl immer wieder an ihre so seltsam geglückte und verunglückte Beziehung zu seinem Vater, dem so geistreichen und feschen Biologiestudenten und dies erinnerte auch den Dorftratsch immer wieder an ihre Jugendsünde. Ja, ihr Söhnchen, der Hartmuth war ein niedliches Kerlchen mit schwarzen Haaren, dunklen hübschen Augen, weichen Gesichtszügen und schmaler Figur, ein bisschen zu weich vielleicht und ein wenig zu schmal vielleicht für die Gegend. Trotzdem blieb Hartmuth

Mamas Schatz bis hin zu ihrem letzten Atemzug. Man könnte sagen, die Meinungen in der Gegend über Hartmuth waren geteilt, für Gretl war er ein Schatz, für fast alle anderen war er eine Schande, ein lediges Kind eines Dahergelaufenen.

Gretl aber war stark und sie hat schließlich den um einige Jahre älteren Egger Sepp, vulgo „Lahner Sepp“, kennen und lieben gelernt, sie haben geheiratet und Gretl ist mit Hartmuth nach Hinteraching auf den Lahnerhof gezogen. Er war damals gerade vier Jahre alt und er hat dann bald, auf Drängen seiner Mama und mit freundlicher Zustimmung des Stiefvaters, dessen Familiennamen „Egger“ angenommen, um dem Gerücht um seinen „niederen Stand“ ein wenig Wind aus den Segeln zu nehmen. 1968 kam dann die Hildegard, seine Halbschwester, zur Welt.

Hartmuth steht in dem vor sich hin wackelnden Zug der ÖBB auf und öffnet seinen schäbigen Koffer, vollgestopft mit zerknüllten Klamotten und vielen Büchern, Heften und Mappen, alle abgenutzt und voll beschrieben und bekritzelt. Er blättert in einer Mappe mit der Aufschrift „Landwirtschaftliche Fachschule“ und zieht schließlich ein Blatt mit seinen handschriftlichen Notizen von einer Unterrichtsstunde und seinen bezüglichen Kommentaren heraus und liest:

„Neuerdings werden unsere Wälder, Wiesen und Almen von Neophyten heimgesucht, das sind fremde Pflanzenarten, die aus aller Welt von irgendwelchen ahnungslosen Pflanzenspinnern eingeführt wurden oder deren Samen durch den Wind in unsere Gegend getragen oder mit dem Gepäck von Touristen eingeschleppt wurden und hier mit ihrer fremden Kultur und Art den einheimischen Pflanzen Probleme bereiten, wie z. B. der Staudenknöterich, der kaum auszurotten ist, oder das Drüsen-Springkraut. In Tirol wird in Kürze jedenfalls eine ‚Flurbereinigungsaktion‘ gestartet, um dem Pflanzen-Migranten-Unwesen Herr zu werden und die Fremdlinge großflächig zu vernichten. Begonnen wird im Zillertal, wo der Ausländeranteil bekanntlich besonders groß ist.“

Darunter ist noch mit Bleistift seine Anmerkung hinzugefügt:

„Die Rechtsgrundlage für diese Säuberungsaktion ist mir nicht bekannt, es muss aber wohl so etwas ähnliches wie das deutsche ‚Blutschutzgesetz‘ sein (das ‚Gesetz zum Schutz des deutschen Blutes und der deutschen

Ehre' – erlassen zu Nürnberg und in Kraft getreten am 15.9.1935 – zum Zwecke der Reinhaltung der Rasse der Arier). Ich vermute, dass auch hier ‚Vergasen' und ‚Verbrennen' im Pogrom ... äh ... Programm steht, mit dem Endziel der Ausrottung."

Damals, 1973, als er dies voll Ironie schrieb, da hatte das alles für ihn noch keinen Bezug auf sein eigenes Leben. Aber jetzt – im Auszug-Zug der ÖBB sitzend – war der metaphorische Bezug auf sein Leben nicht mehr zu übersehen. Ja, er, Hartmuth Egger, war ein Neophyt, im Jahr 1957 aus Heidelberg eingeschleppt in die Zillertaler Alpen von einem Pflanzenspinner namens Hartmuth! Er war ein Neophyt, der dem Gesetz entsprechend jetzt wieder dorthin zurück zu kehren hatte, wo er hergekommen war.

Mutation

Hartmuth ging in Lanersbach mühsam zur Schule. Mühsam, weil der Schulweg weit war und weil sich herausstellte, dass Deutsch eine Fremdsprache war.

Beispielsweise hieß das gewohnte und so flüssig-elegante *„i hu"* auf deutsch *„ich habe"*, wobei das preußische *„ch"* im *„ich"* noch dazu im Hals kratzte und Husten machte, aus *„dü hosche"* wurde *„du hast"*, aus *„ea hoot"* wurde *„er hat"* und so ging das weiter bis zum schwindlig werden. Herr Lehrer Geisler meinte, man solle dieses „Hochdeutsch", wie er es nannte, fest üben und dann sprach er gleich wieder im üblichen, flüssig-eleganten Tuxer Dialekt weiter, so wie immer. Hartmuth meinte zuerst, der Herr Lehrer habe da etwas verwechselt, weil eigentlich ihre Sprache dort oben auf den hohen Bergen „Hochdeutsch" heißen müsste und die Fremdsprache der Flachländer müsste dann wohl „Niederdeutsch" heißen, aber es war eben nicht alles logisch in der Welt.

Mühsam war die Schule für Hartmuth aber vor allem auch deshalb, weil er von einigen seiner Schulkameraden immer wieder herabgemacht wurde und sich dies mit den Jahren quasi als „Brauch" etabliert hatte. In den meisten Köpfen der Menschen dort in dieser Gegend war er angesichts seiner „niedrigen Geburt" etwas Minderwertigeres, womit sie, die urteilenden Köpfe, ja etwas Hochwertigeres wurden. In den Stuben mancher Familien, beim Mittagstisch oder wo auch immer, flossen diese Vorurteile – geheim verschlüsselt in abfälligen Bemerkungen über ihn und seine Mama – aus den Mündern der Eltern in die Köpfe ihrer Kleinen und diese trugen sie dann in die Schule und warfen sie dem Hartmuth an den Kopf oder stachen ihm damit ins Herz. Aber es waren nicht alle so, nicht alle waren in dieser Klatschmaul-Dorfmoral gefangen, besonders Karli, sein bester Freund hielt ihm immer wieder die Stange, auch bei gelegentlichen kleinen Schlägereien, die allerdings meist unrühmlich endeten.

Karli war der Sohn eines Knechts, der einen schlechten Ruf hatte, weil er angeblich zu viel trank, und auch Karli wurde insoweit ein wenig „geknechtet“ und so bildeten sie also eine Schicksalsgemeinschaft, die auch dadurch gefördert wurde, dass sie einen Teil des Schulweges teilten, denn Karli wohnte ebenso in Hinteraching, nur etwa einen halben Kilometer unterhalb vom Lahnerhof. Über all die gemeinsamen Schuljahre hinweg trabten sie also nebeneinander dahin, mit dem Schulranzen auf dem Rücken, durch den steilen Wald hinunter und dann nach der Schule wieder hinauf und sie plauderten, diskutierten, lachten, jammerten, erzählten und wunderten sich über die Welt und kamen sich näher.

Einmal – im dunklen Wald – erzählte Karli mit geheimnisvoller Miene eine Geschichte die sein Vater ihm am Vorabend erzählt hatte, die Geschichte von den Wölfen. *„Weißt du, Harti“*, sagte er mit wichtiger Mine, *„früher gab es hier viele, viele Wölfe, ganze Rudel gab es, die den Gämsen, Rehen und Hirschen nachjagten und viele auffraßen. Dann aber kamen die Menschen und die Menschen hatten Angst vor den Wölfen und Angst um ihr Vieh und so wurden die Wölfe bekämpft und schließlich ausgerottet. Der größte Fressfeind der Gämsen, Rehe und Hirsche war damit verschwunden und auf einmal gab es unzählige Gämsen, Rehe und Hirschen und immer noch mehr und noch mehr … und sie fraßen alles kahl, sie fraßen vor allem auch die Sprösslinge der Bäume und zerstörten ihre Lebensräume. Bald begannen Wälder und Wiesen zu verkümmern und zu verdorren. Da nahmen die Menschen wieder ihre Gewehre in die Hand und töteten viele Gämsen, Rehe und Hirschen und der Wald atmete wieder auf. Ja, man sieht also: Die angeblich bösen Wölfe waren in Wirklichkeit die Beschützer des Waldes und die Jäger sind also ihre zweibeinigen Nachfahren!“*

Beide überkam ein schauriges Kichern. Hartmuth wusste nicht, was er von der Geschichte halten sollte, die Jäger waren ihm jedenfalls irgendwie suspekt.

Mit dem Herrn Lehrer Geisler aber verstand Hartmuth sich gut, manchmal wurde er sogar gelobt, was nachher aber oft wieder zu Reibereien mit „Nichtgelobten“ führte, weshalb er eigentlich auch gar nicht gelobt werden wollte. Oft hielt er sich in der Klasse zurück, um nicht zu zeigen, dass er schon längst begriffen hatte, was die meisten anderen noch nicht kapiert hatten. Er wollte dazugehören, aber es gelang nicht so recht.

Das Schönste an der Schule war für Hartmuth aber die Schul- und Dorfbibliothek, jedenfalls ab dem Zeitpunkt, an dem er die Oberstufe der Volksschule besuchte. Immer wieder versank er dort in irgendwelchen Büchern, die er nicht verstand, aber verstehen wollte und manchmal durfte er auch das eine oder andere Buch mit nach Hause nehmen, nachdem Herr Lehrer Geisler ihm das Versprechen abgerungen hatte, fest auf das Buch aufzupassen und es nach einer Woche wieder zurückzubringen.

Eines der ersten Bücher, das ihn begeisterte, war „Der kleine Prinz" von Antoine de Saint-Exupéry. Nach einigem Betteln hatte Lehrer Geisler ihm erlaubt, es länger zu behalten. Ein paar Mal saßen sie im Wald, er und Karli, und Hartmuth las ihm daraus vor, vor allem die Passage mit dem Fuchs, der vom kleinen Prinzen gezähmt werden wollte, gefiel ihnen.

„Was bedeutet zähmen? fragte der kleine Prinz. Das ist leider in Vergessenheit geraten, sagte der Fuchs, es bedeutet sich vertraut zu machen … Ja, für mich bist du bisher nur ein kleiner Junge wie hunderttausend andere kleine Jungs, ich brauche dich nicht, und auch ich bin für dich nur ein Fuchs wie hunderttausend andere Füchse. Aber wenn du mich zähmst, werden wir einander brauchen. Du wirst für mich einzigartig auf der Welt sein und wenn ich weiß, dass du mich zu einem bestimmten Zeitpunkt besuchst, dann beginne ich schon Stunden vorher mich darauf zu freuen. Und auch ich werde für dich einzigartig auf der Welt sein und auch du wirst dich schon Stunden vorher freuen auf meinen Besuch …"

Ja, der weise kleine Fuchs, der gezähmt werden wollte, hatte es ihnen angetan, vielleicht auch deshalb, weil auch sie in ihrer kindlichen Freundschaft insoweit ein wenig „Zähmung" erlebten. Und dann war da noch die Geschichte mit der ein klein wenig affektierten Rose, in die der kleine Prinz sich unsterblich verliebt hatte. Hartmuth konnte damals natürlich noch nicht wissen, dass er sich, viele Jahre später, auch in eine ein klein wenig affektierte Rose verlieben würde. Ja, aber davon später.

So wie allen Bauernkindern dort wurde auch dem Hartmuth früh beigebracht, was es heißt, zu arbeiten und Aufgaben zu übernehmen, und ihm gefiel dies, besonders wenn ihm gelang, was ihm aufgetragen wurde, denn dann kam er sich wichtig und groß vor. Hauptsächlich ging es ihm dabei darum, dem Stiefvater zu beweisen, dass er zu etwas taugt, und die Mama hat immer aufgepasst, dass ihr Schatz nicht überfordert wird. Den Sommer verbrachte er ab seinem zehnten Lebensjahr stets auf der Alm, zuerst als Hüterbub und dann auch als Melker.

Die Lahner-Alm, quasi die Sommerresidenz ihrer Kühe, Kälber und Schafe, lag weit oben in den Bergen in einem kleinen, verlassenen und wildromantischen Hochtalkessel, an dessen östlichem Rand steile Felswände aufstiegen. Er liebte es, dort oben zu sein, er genoss es, sich dort in das herrliche Alpenpanorama hineinsinken zu lassen wie in einen weichen, von Latschen, Almrosen, duftendem Moos und den Bergen, Sternen und Tagträumen gewebten Lehnstuhl. Er liebte es, den Kühen beim Grasen zuzusehen und den Almrosen beim Wachsen, er genoss es, die Gedanken in die klare Bergluft steigen zu lassen, Luftschlösser zu bauen und zu lesen, wann und wo immer es möglich war, ohne seine Pflichten zu verletzen.

Ja, immer hatte er Bücher dabei und Hefte, in die er ihm wichtig erscheinende Gedanken schrieb. Manchmal, besonders bei Neumond und klarem Himmel, schlich er in der Nacht hinaus aus der Almhütte, hinaus aus der Schlafkammer, in der sein Stiefvater schnarchte, legte sich oben am kleinen Hügel zwischen den beiden großen Steinen flach auf die weichen, duftenden Moospolster und blickte fasziniert hinauf zum Sternenhimmel, der, von dieser Alm aus gesehen – durch diese so klare Luft des Hochtales betrachtet – in einem Glanz und in einer Fülle erstrahlte, wie er es sonst nie und nirgends erlebt hatte. Die Milch der Milchstraße war zum Greifen und zum Trinken nahe – seine „Alm-Milch“, wie er sie manchmal in seinen Tagträumen nannte.

Wohltuende, schöne Erinnerungen sind das und gleichzeitig schmerzliche. Der Zug hat Wörgl bald erreicht. Fabrikhallen, Autohäuser, Werkstätten, Einkaufszentren und deren leuchtende Reklamen ziehen an Hartmuth vorbei – gefärbt von seinem melancholischen Blick und überlagert und in den Hintergrund geschoben von ganz anderen Gedanken. Hartmuth steht auf, öffnet erneut seinen Koffer und zieht ein schmutziges, vollgekritzeltes Heft heraus, auf dem steht: „Alm-Sommer 1973“. Er setzt sich wieder ans Fenster, blättert im Heft und liest:

„Die Milch der Milchstraße soll angeblich aus 100 Milliarden Sternen bestehen, wenn sie sich nicht verzählt haben, die Zählmeister an den Fernrohren. Auch das Hirn des Menschen soll angeblich aus 100 Milliarden Neuronen bestehen, wenn sie sich nicht verzählt haben, die Neurologen an den Mikroskopen. Mein Hirn ist also eine kleine Kopie der großen Milchstraße, die eigentlich schon im Bauch meiner Mama angefertigt wurde in nur 9 Monaten! Oder vielleicht nur in 8 Monaten? Der liebe Gott wird ja nicht gleich beim Schwierigsten anfangen – ja, und etwas Schwieriges ist das schon mein Hirn … oder etwa nicht? – und wenn man bedenkt, dass bei der Geburt das Gehirn angeblich nur ein Viertel so groß ist wie das Gehirn eines Erwachsenen, dann …“ Ja, dann ist im Heft ein langes Gekritzel von Zahlen und Durchstreichungen zu sehen und dann steht dort weiter:

„Das sind 1.205 Neuronen in jeder Sekunde! In jeder Sekunde ihrer letzten 240 Tage der Schwangerschaft, egal ob Mama gerade Nase gebohrt oder mit einer Nachbarin gequatscht oder geschlafen hat, sind in meinem Kopf 1.205 Neuronen aus dem Nichts – oder aus was? – herausgequollen! Eine Explosion des Lebens! Von der Explosion der Zellen aller anderen Organe meines Körpers und den ihnen mitgegebenen wundersamen Informationen und Programmen ganz zu schweigen! Ich bin ein Wunder, meine Mama ist ein Wunder und wir haben es beide gar nicht bemerkt, wir Dumpfbacken!“

Hartmuth schmunzelt, ja, seine Mama, diese wunderbare Frau. Was sie wohl sagen würde zu seiner feigen Flucht, auf der er sich befand, zu seinem mutigen Abenteuer, zu seinem spätpubertären, blödsinnigen Aufstand, zu seiner selbstbewussten Selbstfindungs-Aktion, zu seiner … was auch immer …? Irgendwie würde sie ihn verstehen und ihn in Schutz nehmen, davon ist er überzeugt … ja, aber würde sie noch leben, dann säße er wohl gar nicht in diesem Zug.

Hartmuth blättert weiter in seinem „Alm-Sommer 1973-Heft“. Da steht ein Alm-Gedicht von ihm, das er damals, als sein

Herz noch voll Übermut und luftiger Alm-Leichtigkeit war, geschrieben hatte:

Almidylle
Ein Rindviech auf der Almwies' stand,
am Fuß der hohen Felsenwand.
Es fraß ganz friedlich vor sich hin,
nichts „geistig Hohes" hatte es im Sinn ,
lies öfters fallen große Haufen,
um dann zu schauen, wie drauf die Fliegen raufen.
Ein Hochgefühl dann als es merkte,
dass es der Senner Maxl melkte.

Doch da!
Ein Stein flog von der Felsenwand, oh weh,
und grad dem Rindviech auf den Zeh.
Das Rindviech schaut lang blöd erschrocken,
und fing dann an, ganz wild zu bocken.
Verwirrt meint es, es sei ein Gaul,
schlägt aus und trifft den Max ins Maul.

Der arme Max, oh weh, oh Graus,
spuckt alle seine Zähne aus.
Da lagen sie, die Zähne nun
und beide schauten ähnlich dumm.

Das Viech hat bald die Sach' vergessen,
hat friedlich-glücklich weitergfressen,
der Maxl aber, oh mei, oh mei,
aß künftig nur noch Haferbrei.

Ja, damals, als er all das schrieb, war die Welt in seinem Kopf noch einigermaßen in Ordnung. Mit seinem Stiefvater, dem Sepp Egger, den er einfach „Vater" nannte, kam er noch gut aus damals, ja, er bewunderte ihn oft. Er war ein tüchtiger Mensch, der immer wusste, was wie gemacht werden muss, was richtig und falsch ist und der nie Zweifel aufkommen ließ, wo es lang ging. Er war ein Mensch, der sein Leben dem Hof und dem großen Bündel der Verpflichtungen gewidmet hatte, deren Erfüllung zur Erhaltung des Hofes und der Familie notwendig waren. Urlaub oder freie Tage kannte er nicht. Er hatte eine harte Schale, die keinen Widerspruch zu dulden schien. Eine harte Schale, die ihm die rauen Verhältnisse dieser Gegend wohl antrainiert hatten. Hartmuth wusste aber, dass sich dahinter ein weiches Herz befand, aber meist war es unmöglich, bis dahin durchzukommen.

Er wurde vom Vater oft missbilligend angeschaut, wenn er ihn beim Lesen ertappte, das war üblicherweise ein strenger Blick, verbunden mit einem „Augenroller", der deutlich sagte: „*Mein Gott, sitz doch nicht so faul herum*!" Aber irgendwie hat er dann doch diese „Lese-Flausen" von seinem „Hartl", wie er ihn nannte, toleriert.

Einmal, vor einem Jahr etwa, fragte Hartmuth seinen Vater, ob er denn nie über philosophische Probleme, über den Sinn des Lebens und dergleichen nachgedacht habe. Darauf meinte dieser: „*Ach, weißt du, Hartl, ich steh früh auf, arbeite den ganzen Tag, erledige meine Aufgaben und lege mich abends müde und zufrieden ins Bett, das kann nicht verkehrt sein!*" Ja, und irgendwie hat diese Philosophie der Einfachheit funktioniert beim Vater, er schien relativ ausgeglichen zu sein, Zeichen von Depression waren von außen nie zu sehen bei ihm, nur manchmal Zeichen von körperlicher Erschöpfung.

–

Vieles von dem, was auf dem Hof geschah, bereitete Hartmuth seelische Schmerzen. Wenn Vater einem Huhn den Kopf abhackte, dann zuckte er zusammen und drehte sich weg, um seine nassen Augen vor dem Vater zu verbergen. Wenn ein Schwein, ein Schaf oder ein Kalb geschlachtet wurde, dann wollte er nicht dabei sein. Bald aber wurde er angewiesen, bei diesen Massakern mitzuhelfen, was ihn arg bedrückte und Mitleid, Widerwillen und Ekel in ihm aufsteigen ließ. Aber er hat sich zusammengerissen und ließ sich möglichst nichts anmerken, er wollte eben ein Mann sein. Anstatt einen Baum zu fällen, hätte er ihn lieber umarmt und in ihn hineingehorcht. Als er einmal bei solchen Holzfällerarbeiten helfen musste und Vater sein trauriges Zögern sah und spürte, fuhr er ihn an: *„Ja, wie willst du denn den Winter überleben, ohne Holz zum Hausbauen und ohne Holz zum Heizen!?"*

Ja, er hatte die Überlebenslogik auf seiner Seite, der Vater, wie immer. Hartmuth hat wieder die Zähne zusammengebissen und sich an seinem Vater orientiert. Dies ging so, bis er etwa 15 oder 16 Jahre alt war, dann aber zogen dunkle Wolken auf.

Selbstfindungsprozess oder Persönlichkeitsentfaltung nennt sich jener geistig-seelische Mutationsvorgang, bei welchem Pubertierende daran gehen, sich selbst zu erfinden und zu definieren und ihr Ego – diese seltsame mentale Konstruktion von sich selbst – auszubilden und zu einem Selbstportrait zu verdichten. Sich selbst zu definieren, heißt für einen werdenden jungen Mann vor allem, sich abzugrenzen, also die Unterschiede zwischen sich und den anderen auszumachen und zu betonen und anders sein zu wollen. Es liegt nahe, diesen Prozess der Abgrenzungen, also mit diesem „Anders sein wollen", gegenüber den Eltern zu beginnen, den bisherigen hauptsächlichen Repräsentanten der Welt. Im Falle von Hartmuth vor allem mit dem „Anders sein wollen" gegenüber seinem Vater, der ja bislang in seinen Augen der Maßstab für die Welt war. Ja, und Unterschiede fand er dabei jede Menge und das „Anders sein wollen" fiel ihm da nicht schwer und entsprechend bockig wurde er.

Mama war die gute Seele, welche die aufkeimenden Differenzen immer wieder geglättet hat und auch in Hartmuth die Vorstellung aufrecht und warm erhalten hat, dass er einmal den Hof übernehmen werde. Aber mit ihrem tragischen und viel zu frühen Ableben verlor Hartmuth nicht nur seine geliebte Mama, sondern fortschreitend auch das Gefühl der Verbundenheit mit dem Hof und das Verhältnis zum Vater wurde kühl und manchmal frostig wie der Winter in den Tiroler Bergen.

Religio

Ja, mit dem viel zu frühen Ableben von Mama hatte es begonnen, enger und kühler zu werden in ihm und um ihn.

Der Zug rattert geschäftig und zielbewusst seines Weges. Hartmuth, voll Melancholie, blickt hinaus in das Inntal, in das Land der schönen Täler und Berge, dem er nun den Rücken zuzukehren sich vorgenommen hat. Wohin er seinen düster verschleierten Blick auch wendet, überall, auf jedem geistig geknipsten Foto, inmitten eines jeden Dörfleins, sind auch katholische Kirchen zu sehen, die ihre spitzen Türme keck und fordernd in den blauen Himmel recken.

„*Ja, man darf nicht vergessen*", geht es durch seinen Querkopf, „*im Tiroler Heldenzeitalter, so um das Jahr 1809 herum, war das Land Tirol vom deftigen Lokalpartiotismus ja sogar heilig gesprochen worden und seither erstrahlt über dem ‚Heiligen Land Tirol' ein verbaler Heiligenschein!*"

In Hartmuths Augen aber war der Heiligenschein – sofern er je wirklich „geschienen" haben sollte – schon vor langer Zeit zum Schein von Scheinheiligen mutiert. Sein Stiefvater jedenfalls schien trotz all dieser kecken Forderungen und Heiligsprechungen bloß ein Sonntagskatholik zu sein, der den örtlichen Gepflogenheiten entsprechend an jedem Sonntag um 8 Uhr mit gefalteten Händen in der Kirche in Lanersbach saß und also das tat, was alle taten, um nachher im Gasthof Kirchenwirt ein Bier zu trinken und mit Kollegen lauthals die Lage der Nation zu erörtern, einer Nation, die meist nur bis zum nächsten Kirchturm reichte. Auch bei Mama, die sich wohl mit der Zeit ihrem Sepp angepasst hatte, war es ähnlich, nur dass sie die Frühabendmesse ohne Kirchenwirt besuchte und dass sie ihn, ihren Schatz – spätestens ab dem Zeitpunkt, an dem er bis Drei zählen konnte – mitgenommen hat in die Kirche.

Anders als in manchen benachbarten Häusern war bei ihnen zu Hause Religion so gut wie kein Gesprächsthema. Vor dem Essen wurde nicht gebetet und auch die „Gute Nacht“ hat Mama – als er noch klein war – an seinem Bett sitzend ohne Gebet liebevoll gewünscht. Es hing zwar ein Kruzifix in der Ecke oberhalb vom Stubentisch, meist geschmückt mit grünen Buchsbaumzweigen, aber mit dem wurde nicht geredet auf dem Lahnerhof, jedenfalls nicht hörbar.

Im Stillen aber hat Hartmuth sich seit seiner frühen Kindheit interessiert für ihn, für Gott, angestachelt durch sein Interesse an seiner persönlichen, höheren Bestimmung und ermutigt durch die erhebende Vorstellung und Überzeugung, dass da oben jemand sitzt, der sich für ihn interessiert und ihn beschützt. Und so hat er sich in seinen kindlich-jugendlichen Phantasien Bilder von ihm, seinem Gott, entworfen und wieder verworfen, bis es – sein Gottesbild – letztlich sein Gesicht verlor und Gesichter überstieg. Er hat mit ihm gesprochen, viele Male, in Demut und mit großem Respekt, und ihm seine kindlichen Wünsche vorgetragen und ihm sein Schicksal anvertraut, ihm, dem Schöpfer, von dem er fühlte, dass es ihn geben musste, weil er seiner bedurfte.

Bald war er nicht mehr der, von dem der Pfarrer oder der Kooperator sprach, nie war er ein donnernder Gott oder ein strafender. Die Geschichten, die der Herr Kooperator von ihm erzählte, haben ihn stets irritiert, genauso wie der Herr Kooperator selbst ihn irritierte, zumal er damals, in der Schule in Lanerbach, Angst vor ihm hatte. Angst vor seiner überlauten Stimme und seinem dominanten Gehabe, besonders seit er mitansehen musste, wie er den Karli, seinen Freund, der bei der Schülermesse in der ersten Reihe in der Kirche sitzend gekichert hatte – die Messe hatte noch gar nicht begonnen – laut scheltend, auf demütigendste Art und Weise an einem Haarbüschel von der vordersten Kirchenbank zur Kirchentüre hinauszerrte. Hartmuth hat dem Herrn Kooperator seine Geschichten bald nicht mehr geglaubt, er hat bald seine Ohren verschlossen und innerlich an seinem eigenen Gott gebastelt. Was immer vorgetragen worden sein mag, es hat ihn nicht berührt und es hat zu keinen prägenden Eindrücken, nur zu einigen blassen Erinnerungen gereicht und zu einer kleinen Sammlung von Heiligenbildchen, die er dann bald wieder verloren hatte.

„Es war wohl damals in seiner Schule und in der Kirche schon das gleiche hohle Gerede von biblischen Dogmen, welches seit so langer Zeit schon durch die Kirchen hallt, vorbei an den wirklichen seelischen Bedürfnissen der Menschen, ein Gerede, das kaum noch wirklich inhaltlich aufgenommen wird von all den armen Büßern in den Bänken mit den gefalteten, sündigen Händen und dem starren Blick", geht es Hartmuth durch den Kopf. Ja, und so kam es, dass „man" es nie so recht geschafft hatte, ihn, den durch die Taufe im Säuglignsalter zwangsrekrutierten Katholiken, „katholisch" im biblisch dogmatischen Sinne zu machen.

Dennoch, Kirchen übten eine unreflektierte Faszination auf ihn aus, stets ergriff ihn eine diffuse Erhabenheit, die sich schon bei deren Betreten einstellte und die des Aufrufes „Erhebet die Herzen" nicht bedurfte. Dies galt besonders für die altehrwürdige Pfarrkirche St. Wolfgang in Jenbach, in der er manchmal war, als er die Landwirtschaftliche Lehranstalt in Rotholz besuchte. Stets empfand er Kirchen als Räume der Besinnung, als Räume der Gemeinschaft, als Räume des Weihrauchs und vor allem als Räume der Musik, manchmal herrlicher, bewegender Musik – in Jenbach oft als Räume dröhnender, aufwühlender Orgelmusik oder als Räume des harmonischen Zusammenspiels menschlicher Organe im Geist der Chöre, die dort sangen. Eine Erhabenheit des Raumes, der Ohren und der geschlossenen Augen. Stets hat das Öffnen der Augen ihn gestört und Metastasen der Skepsis und der Unruhe in seinen Raum der Besinnung wachsen lassen, beim Blick auf manch seltsame Äußerlichkeiten, beim Blick auf den Pomp mit den vergoldeten Putten und Schnörkeln, beim Blick auf die bedrohlichen, riesigen Gemälde von Heiligen mit Schwertern, beim Blick auf den Messner, der mit dem Klingelbeutel durch die Reihen ging und wie ein Automat monoton alle 3 Sekunden „Gott vergelt`s" sagte, und auch beim Blick auf das gleichzeitige Aufstehen, Hinsetzen und Knien im liturgischen Verlauf der Messen, dessen Logik er nie begriffen hatte, weshalb er stets – auf die Seite schielend – das getan hat, was alle taten.

Ja, das zu tun, was alle tun, und das nachzubeten, was vorgebetet wird, das war so etwas wie der Leitgedanke seiner jungendlichen, von außen an ihn herangetragenen, religiösen Erziehung.

Aber dies ist in gewisser Weise wohl überhaupt die zentrale Parole für die Erziehung eines Sozialwesens. Wer sich daran hält, wird belohnt, egal, was er nachbetet, denn wer fühlt es nicht, das Wohlbehagen, das „Dabeisein und Dazugehören" vermittelt, das Gefühl der Sicherheit und Geborgenheit in einer Gruppe, in einer Kultusgemeinde, das Prickeln, welches das „Gebetegemurmel" aus hunderten Kehlen manchmal verursacht, oder das Dazugehören zu einer Mannschaft oder Frauenschaft.

Dieses vorgenannte, von Hartmuth oft empfundene Wohlbehagen und vor allem die von ihm oft erfühlte Erhabenheit des Kirchenraumes waren wohl Ausdruck seiner ihm noch weitgehend unbewussten und unreflektierten, tiefen Sehnsucht nach Rückbindung, nach „Religio". Ausdruck seines Bedürfnisses nach innerem Halt und Geborgenheit, Ausdruck der Sehnsucht seiner in die Individualität geworfenen Seele nach seliger Kommunion mit dem All-Einen.

Hartmuth glaubte mit ganzem Herzen an den so wunderbaren Kern der christlichen Religion, der im Gebot Jesu „Liebe deinen Nächsten wie dich selbst" so schön zum Ausdruck kommt. Doch die Umsetzung dieses Gebotes bereitete offenbar nicht nur der „Institution Kirche", sondern auch ihm persönlich erhebliche Schwierigkeiten, denn das Muster für die Nächstenliebe war diesem Gebot zufolge die Selbstliebe, aber nicht die egoistische Selbstliebe, sondern die Anerkenneung seiner selbst als Schöpfung Gottes, als Wesen Gottes, sie war der Ausgangspunkt der Orientierung und die Quelle der Liebeskraft. Doch Hartmuth anerkannte sich nicht wirklich als Wesen Gottes, er glaubte, er war überzeugt, da sei zu viel „zu schräg" an ihm und in ihm, er anerkannte sich selbst nicht wirklich, jedenfalls nicht so, wie er derzeit war und nicht das, was er derzeit tat.

Er wollte ein anderer werden, deshalb saß er ja in diesem Aus-zug-Zug der ÖBB. Ein Zug, der ihn zur Selbstliebe bringen sollte?

Rosi

Ja, in gewisser Weise sollte der Zug ihn zur Selbstliebe bringen. Er wollte „jemand" werden und beim Gedanken an diesen nebulosen „Zukunfts-Jemand" konnte er sich einen selbstironischen Wackler mit dem Kopf nicht verkneifen.

Der Zug rastet kurz in Wörgl. Hartmuth hört lautes Pfeifen, dann Menschengeplapper und Türengeklapper und schließlich setzt sich der Eisenkoloss wieder langsam und quietschend in Bewegung. Auf der gegenüberliegenden Seite des Waggons liegen drei Fenster in einigem Abstand voneinander. Die Landschaften beginnen wieder an diesen Fenstern vorbei zu ziehen, Straßen, Autos, Dörfer mit ihren Kirchen, Gärten, Wiesen und Wälder.

Hartmuth nimmt sich vor, zumindest kurz – quasi zur Erholung – seine Gedanken auf die Seite zu schieben. Er horcht kurz auf sein Herz, horcht auf seinen Atem, fühlt seinen Körper und im nächsten Moment – allen guten Vorsätzen zum Trotz – verliert sich sein aufgewühlter Geist schon wieder in Gedankenspielen.

„Jedes Fenster, auf der gegenüberliegenden Seite des Waggons, ist ein TV-Bildschirm, der vorderste Bildschirm gewährt mir einen Blick in die Zukunft, der mir gegenüberliegende Bildschirm zeigt die Gegenwart und der hinterste die Vergangenheit. Eine Zeitdemonstration! Die Zeit fließt also von links nach rechts oder von vorne nach hinten und alles geht vorüber im Strom unserer Bewegung und im Strom unserer Zeit. Wären dort größere Fenster, so könnte ich weiter in die Zukunft und weiter in die Vergangenheit schauen, oder wäre die ganze gegenüberliegende Waggonwand ein einziges großes Fenster, so wäre die Gegenwart länger. Hätte ich ein Bewusstsein, das auch das der Fahrgäste im Waggon vor mir und hinter mir umfasste und könnte ich auch mit ihren Augen sehen, so könnte ich noch weiter in die Zukunft und noch weiter in die Vergangenheit blicken, und hätte ich ein Bewusstsein, so groß, dass ich alles im Norden und alles im Süden und alles in allen Himmelsrichtungen im ganzen Universum einsehen und wahrnehmen könnte, so hätte die Zeit endgültig aufgehört, mich zu nerven, sie

wäre endlich zum Stillstand gekommen und alles wäre jetzt, und ich wäre der Liebe Gott! Ja, wenn … wenn …! Zeit erweist sich also als jener geistige Defekt, der auftritt, wenn ein Blick zu kurz bzw. ein Bewusstsein zu klein ist! Ihr Wesen als Mangelerscheinung, ihr Wesen als Wahnvorstellung, die auftritt, wenn dem Geist Größe mangelt, wäre somit enttarnt!"

Er lächelt, der Rosi hätten diese verschrobenen Gedankengänge gefallen, auch wenn sie, die liebenswerte Schlaumeierin, sicherlich sofort eingewendet hätte, dass da wohl irgendetwas nicht stimmen könne.

Sie hatten sich im Zug kennen gelernt. Ja, komisch, irgendwie schienen Züge in seinem Leben schicksalshaft zu sein. Er besuchte damals die Landwirtschaftliche Fachschule in Rotholz, allerdings nur ein Jahr lang, quasi um damit das obligatorische 9. Grundschuljahr abzudienen, und Rosi besuchte das Realgymnasium in Schwaz. Beide fuhren also immer wieder zusammen mit der schmalspurigen Zillertalbahn. Rosi wohnte in Aschau und stieg dort ein und aus und er fuhr weiter hinein ins Tal nach Mayrhofen, um dann mit dem Bus noch weiter hineinzufahren nach Hinteraching oder „Hinterarsching", wie er zu sagen pflegte, wenn er bei schlechter Laune war und kein Hinterachinger zuhörte.

Als sie ihm ihren Namen nannte, machte er ein hocherfreutes Gesicht und sagte: *„Ich liebe Rosen"* und damit hatte er schon „einen großen Stein im Brett" bei ihr. Als er aber beim nächsten Zusammentreffen ihr begeistert von Rilke erzählte, ein zerknittertes Heft aus seiner Schultasche zog und ihr vorlas: *„Rose, oh reiner Widerspruch, Lust niemandes Schlaf zu sein unter so viel Lidern"*, und ihr erklärte, dass das die Inschrift auf Rilkes Grab sei, runzelte sie schon etwas die Stirn, die Rosi, denn sie sah sich nicht als Widerspruch, sondern als ein klarer, heller Geist, der immerhin das Gymnasium besuchte und Philosophie, Germanistik und Geschichte studieren wollte. Aber beindruckt hat die Rosi das schon, dass er, der Hinterachinger, sich mit so etwas beschäftigte und nach einigen Diskussionen und Nachforschungen hat sich auch in ihrem klugen, hübschen Kopf die vielsinnige Tiefe des Spruches auf Rilkes Grab aufgetan, denn sie haben sich geeinigt, unter „Rose" das Symbol der mystischen Vereinigung mit dem Göttlichen zu verstehen, welches auch Widerspruch aufzunehmen vermag, und unter „niemand", das Selbst, frei vom Ego.

Hartmuth fühlte sich seltsam wohl in ihrer Nähe. Einmal – es war im Winter und draußen war es schon dunkel – saßen sie nebeneinander im Waggon der Zillertalbahn und wackelten taleinwärts und schwiegen für eine Weile. Plötzlich legte sie ihr rothaariges Köpfchen, das so gut zu ihrem Namen passte, auf seine Schulter und ihre Hand auf seinen Oberschenkel. Da wurde ihm warm ums Herz und er küsste sie auf ihre sommersprossige Wange und auf den weichen Mund.

Mehr war aber nicht, für lange Zeit, aber seither brannte ein inneres Flämmchen in beiden. Rosi nannte ihn seither „*Harti*" und er meinte schmunzelnd: „*Ist jedenfalls besser als Softi.*" In Hinteraching nannten ihn alle „Hartl", was er als grob und auch ein wenig als herabsetzend empfand.

Hartmuths Zugfahrten endeten schon nach einem Jahr, als die Schule für ihn endete, aber sie trafen sich doch immer wieder nach telefonischer Verabredung und manchmal fuhr Hartmuth einfach mit dem Zug, obwohl er gar nicht musste.

Vor ungefähr einem Jahr hatten sie sich zu einer Wanderung durch die „Glocke", den Zauberwald im Bereich von Finkenberg verabredet. Ein dunkler, wunderbarer Wald, in dem sich immer wieder zwei Bäume, eine Buche und eine Fichte oder eine Birke und eine Föhre, eng umschlungen halten wie ein glückliches Ehepaar, das seinen Nachwuchs rundherum bewundert. Hartmuth erzählte ihr voll Begeisterung von den Geheimnissen der Bäume. Sie blieben vor einer besonders schönen und mächtigen Buche stehen und bedeutungsvoll meinte er: „*Schau Rosi! Dieser Baum, er holt sich nur etwa 0,5% seiner Substanz aus dem Boden, alles andere holt sich der Baum aus der Luft! Ein richtiger Luftikus ist das!!* Sie lachten. „*Aus den anorganischen Elementen* CO_2 *und* H_2O *werden mit Hilfe der Sonnenstrahlen in der Photosynthese, die sich in den Chloroplasten der Blatt- und Nadelzellen abspielt, organische Zellen, nämlich Glukose und daraus werden dann Kohlenstoffe etc.! Ein Baum, ein Kunstwerk aus Luft und Sonne! Auch die Statik der Bäume ist unglaublich und von einer Komplexität, die an Wunder grenzt!*"

„*Ach ja*", sagte er dann, „*setzen wir uns doch hier ein wenig hin!*" Sie breiteten die mitgebrachten Decken im weichen duftenden Moos aus und setzten sich, weitab vom Gehweg, am Fuße einer riesigen Buche mit edler, glatter Haut, die mit ihren Armen eine blonde Birke umfasste. Hartmuth erzählte weiter von seinen Freunden, den Bäumen, er erzählte geheimnisvoll von den Baum-Nymphen der griechischen Mythologie, von den wundersamen Qualitäten des Mondholzes, welche sich der Welt nur dann präsentieren, wenn das Holz im Winter bei abnehmendem Mond geschlagen wird, er erzählte euphorisch vom Werden und Vergehen der umstehenden Bäume, nannte ihre Namen und berichtete von ihrem Charakter, von ihren Stärken und Schwächen und auch von ihren Untermietern, den Eichhörnchen, den Vögeln, den Borkenkäfern, den Holzwürmern und vielem mehr. Rosi hörte ihm mit Bewunderung zu, sie fragte viel und wollte alles wissen, sie labte sich an seiner Euphorie, sie genoss in zunehmendem Maße ihre so naturverbundene Zweisamkeit und lehnte ihr rosig-haariges Köpfchen an seine Schulter.

Hartmuth holte dann plötzlich einen Zettel aus seiner Hosentasche und flüsterte ihr ins Ohr: „*Ein Gedicht von mir an die Bäume*“, und las:

„Baumtraum

Unendlich langsam streben sie nach oben,
stetig und im Lot zum Licht gezogen.
Balancegefühl in allen Baumsaft-Venen
lehrt Ast und Ästchen, sich recht auszudehnen,
bis sie gerade oben stehen, die stolzen Riesen,
auf Felsen und auf steilen Berghang-Wiesen.
Nichts bringt sie aus dem Gleichgewicht,
nicht der Sturm und auch der schräge Boden nicht.

Über Hunderte von Jahren ziehen sie mit ihren sanften Krallen
Lebenskraft aus Fels und Boden, um grad’ zu stehen und nicht zu fallen.
Leg dein Ohr an ihren Stamm, um ihren Herzschlag zu erlauschen,
und horche auch, wie ihre Atemzüge durch die Wälder rauschen,
und seht Ihr, Freunde, auch ihr liebevolles Wiegen
und ihre Nachsicht, wenn sie sich im Winde biegen.
Es sind Tiefen-Riesen und sie wissen es im Stillen,
edle Schöpfungen aus großem Schöpferwillen.

Rosi war begeistert von ihrem „Harti“ und gerührt, sie umarmte ihn zärtlich, küsste seine Wange und meinte: *„Ich weiß nicht, was du da hinten in Hinteraching auf dem Bauernhof zu suchen hast, du gehörst wo anders hin.“* Sie redeten noch lange und angeregt und lachten und neckten sich gegenseitig und verzehrten ihre mitgebrachte Jause und den Tee.

Es war inzwischen dämmrig geworden. Der Redefluss aber versiegte allmählich, irgendwas in ihrem Inneren schien immer mehr ihre Plappermäuler zu bremsen, irgendeine geheime Macht hatte von ihnen zunehmend Besitz ergriffen, sie schauten sich schließlich lange an, sie schauten sich tief in die sehnsüchtigen, jungen Augen, sie umarmten sich und küssten sich, sie entkleideten sich gegenseitig, sie rollten sich in die Decken und verloren mit innigster Wonne und unter dem Applaus zahlreicher in ihren Decken herumkrabbelnden Ameisen ihre Unschuld.

Der aufregendste und schönste Tag in Hartmuths jungem Leben, der „Baumtraumtag“ wie er ihn später taufte.

Doch schon wenige Tage später hieß es auf dem Lahnerhof: *„Auf geht's, Hartl, du musst mithelfen, Bäume fällen!“*

Hartmut blickt aus seinem Zugfenster in die vorbeiziehende Landschaft, aber er nimmt sie im Moment nicht wirklich wahr, er ist in Gedanken und in Gefühlen bei dem, was war und nicht mehr sein würde.

Er liebte Rosi. Wieso fuhr er von ihr fort? Wieso hat er dem Stiefvater damals nicht mit Nachdruck gesagt, dass er keine Bäume fällen will? Ja, er wollte wohl ein „Kerl“ sein und „seinen Mann stellen“, er wollte dazugehören zur Denkkultur, die dort galt, und nicht das Sensibelchen sein, das er in Wirklichkeit war. Vielleicht war dieses burschikose „Mann-sein-wollen“ angesichts des Haufens sonstiger Probleme, vor dem er stand, tief in ihm drinnen auch das Argument, das es still und heimlich irgendwie rechtfertigte und ihm ermöglichte, jetzt von Rosi wegzufahren, obwohl er sie liebte.

Gauderbock

Rosi und Hartmut hatten glückliche Stunden miteinander verbracht. Sie trafen sich, so oft sie konnten, doch das war nicht oft, denn zu sehr abgelegen wohnte Hartmuth und zu sehr eingefangen waren beide im Netz ihrer alltäglichen Aufgaben. Dann aber, zum Gauderfest im Mai 1978 in Zell am Ziller, hatten sie sich wieder verabredet und beide freuten sich schon sehr darauf.

Auch Vater freute sich schon auf das Gauderfest, denn er hatte einen wunderbaren, silbergrauen Schafbock, den „Hansi", wie er ihn liebevoll nannte, und mit dem wollte er beim Widderstoßen im Rahmen des Gauderfestes groß auftrumpfen, denn der „Hansi" war jetzt 4 Jahre alt und damit im Schafbocks-Mannesalter. „Ein reinrassiges Tiroler Steinschaf", wie er immer wieder mit Stolz betonte, mit straffen und nicht zu langen Hoden, schön geschwungenen mächtigen Hörnern und natürlich einem harten Schädel.

Sie luden den Hansi in einen kleinen Tiertransporter, hängten diesen an ihren klapprigen Jeep und fuhren erwartungsfroh nach Zell, Vater in Gedanken an seinen prächtigen Hansi und Hartmuth in Gedanken an seine prächtige Rosi.

Ja, das traditionsreiche Gauderfest in Zell am Ziller! Wahrlich ein Kuriosum der Extraklasse. Der Gauderbock und das Gauderfest sind in der örtlichen Tradition seit jeher fest miteinander verbunden. Der Gauderbock vom Egger Sepp, dem Lahnerhof-Bauern, war in diesem Jahr der „Hansi", das war klar, aber „Gauderbock" heißt auch Österreichs stärkstes Fest-Bier, das seit dem Jahr 1500 von der Brauerei hier jährlich anlässlich des Gauderfestes gebraut wird, ein Starkbier mit beachtlichen 7,8 Volumenprozenten, das auf schelmische Art gerne dazu verführt, Böcke zu schießen, wie beispielsweise: *„laut zu grölen und zu lallen oder einfach plötzlich umzufallen oder nach viel zu vielem Saufen fürchterlich zu raufen oder romantisch der Geliebten die Liebe zu gestehen und die*

Geliebte kann kein Wort verstehen oder sich von all dem Trubel geistig locker loszulösen und im Bierzelt sitzend einzudösen."

Ja, früher wurden im Rahmen dieses Frühlingsfestes vor großem Publikum – fast wie einst in der Arena des Kolosseums in Rom – auch Wettkämpfe für so richtige Männer ausgetragen, man könnte auch sagen „maskuline Balzrituale", wie Fingerhakeln, Hufeisenwerfen und Handumlegen. Irgendwann aber haben die Herren der Schöpfung erkannt, dass auch Siege in diesen Kämpfen bei den Damen keine Paarungsreflexe mehr auslösen, sondern höchstens noch Pflegereflexe in Bezug auf den körperlichen und geistigen Zustand der kämpfenden Männer und dann wurden diese Wettkämpfe aus dem Programm genommen und durch andere, gleichartige ersetzt. Bei den Tierwettkämpfen war die Entwicklung ähnlich, auch wenn diese schließlich ganz abgesagt wurden. Das Widderstoßen aber war beim Gauderfest 1978 noch hoch im Kurs.

Der Egger Sepp hatte schon lange und ungeduldig am „Hansi" herumgezupft und ihm Mut zugeredet und als dann Hartmuth, der die ganze Zeit mit der Rosi an der Hand durch die Gegend lief, wieder vorbeikam, rief er ihm zu, er solle endlich dableiben und auf den Hansi aufpassen. Gut, also blieben sie eben beim Hansi und passten auf.

Ja, und dann, nach ewig langer Zeit kam der Aufruf aus dem lauten Lautsprecher: „*Egger Sepp vom Lahnerhof, Hinteraching*"! Hartmuth umarmte von hinten seine Rosi, sie steckten die Köpfe zusammen und er hielt ihre Hände: „*Daumen drücken*", flüsterte er ihr ins Ohr. Gebannt schauten sie in den großen, von Tausenden Menschen umzingelten Ring auf der großen Festwiese. Voll Stolz, Würde und Aufregung schritt der Sepp in die Arena, mit dem Hansi, dem Prachtkerl von einem Schafbock, einem reinrassigen Tiroler Steinschaf eben, an der Leine. Dann wurde der Gegner aufgerufen: „*Oberhuber Horst vom Schindlerhof, Schlitters*" und der Horst schritt ebenso in die Arena, mit einem noch prächtigeren Schafbock. Hartmuth meinte zu erkennen, dass der Horst dem Bock die Haare mehr oder weniger in die Höhe frisiert hatte, um ihn noch größer erscheinen zu lassen und so Angst zu verbreiten, so ähnlich wie kleine Katzen sich manchmal aufplustern und sich schräg hinstellen, um groß und stark und gefährlich zu erscheinen.

Die Böcke wurden einander vor- und gegenüber gestellt und damit ihr burschikoses „Kopfstoßprogramm" in ihrem Stammhirn hormonell gestartet, denn da hatte doch tatsächlich ein anderer Bock sich erdreistet, sich ihm gegenüber zu stellen! So eine Frechheit! Zwei Rivalen im Kampf um den Chefposten in der Schafherde, einer Herde, deren Rolle in diesem Falle das Publikum übernahm. Die Leinen wurden gelöst, die stolzen Eigentümer der Böcke zogen sich zurück, es wurde leise in der Arena, die Spannung stieg.

Die beiden Böcke sahen sich tief in ihre Bocks-Augen, senkten ihre Schafsköpfe, gingen langsam 3 Meter zurück, Gefährlichkeit verbreitend, gingen noch langsamer noch einen Meter zurück, ohne dabei den Rivalen aus den Augen zu lassen. Dann rannten sie los und krachten mit ihren harten Schädeln aufeinander, dass es weitum von den Bergen gehallt hätte, wenn nicht das Publikum – die Schafherde – laut aufgeschrien hätte. Hansis Vorderbeine waren kurz eingeknickt, aber beide schalteten gleich wieder mit bedrohlichen Gesten den Rückwärtsgang ein, um erneut Anlauf zu nehmen. Als aber der Bock vom Horst mit seinen auftoupierten Haaren wieder losrannte, da drehte sich der Hansi um, zog seinen Schwanz ein und rannte davon.

Ein Raunen ging durch die Menge und ein ächzendes Stöhnen durch die Brust vom Sepp. Er senkte seinen Kopf! Er blickte niemanden mehr an, er blickte nur noch auf den Boden.

Der Name des Siegers wurde verkündet. Sepp Egger, der nicht mehr erwähnte und gedemütigte Lahner-Bauer, hingegen fing seinen Versager ein und band ihm eine Leine um den Hals, mit der er ihn am liebsten gleich erwürgt hätte. Er drückte die Leine dem Hartmuth in die Hand, damit er ihn verräumte, wie er sagte, wobei er hinzuraunte: *„Eine Schande das Vieh! Was für eine Schande!"* Dann begab er sich in das Bierzelt, um mit ein oder zwei oder drei richtigen Gauderböcken die Enttäuschung hinunter zu spülen.

Auch Hartmuth ließ den Kopf hängen wie sein Stiefvater. Rosi versuchte noch, ihn zu trösten, und meinte humorvoll: *„Ach, Har-*

ti, schau, der Hansi war eben der Klügere. Wer will schon mit seinem Kopf gegen so einen harten Sturschädel anrennen?" Aber Rosi konnte nicht wissen, was in Hartmuth vorging. Was ihn erschütterte, war nicht das Verhalten vom „klugen Hansi", sondern das seines Stiefvaters. Hartmuth hatte sich nämlich vor ein paar Tagen nach einer kleinen Auseinandersetzung mit dem Stiefvater in stiller, dunkler Nacht definitiv entschlossen, den Hof, das Tal und Alles eben, ja, sogar seine Rosi, zu verlassen und sich in Deutschland oder sonst wo in der Welt eine bessere Zukunft zu suchen.

Betroffen war er vor allem deshalb, weil er nun wusste, dass er dann, wenn er dem Vater seine Entscheidung wegzugehen mitteilen würde – und dies musste er wohl in den nächsten Wochen tun – in den Augen seines Vaters als die gleiche Schande dastehen würde wie der Hansi, der eben seinen Schwanz eingezogen hatte und abgehauen war. Hartmuth gab mit Beklemmung dem Hansi zu fressen und zu trinken und band ihn an den Tiertransporter, der in der Wiese stand, ahnend, dass die Tage des armen Hansi wohl gezählt sein dürften.

Konservation

Die erlebten Szenen hatten ihm auf kuriose Weise die Ungeheuerlichkeit seiner Absicht „abzuhauen“ schmerzvoll vor Augen geführt – ein ungeheurer Affront gegenüber seinem Stiefvater, gegenüber seiner Rosi und gegenüber der Tradition in der er aufgewachsen war. Würde er sich je damit trösten können, zu sagen, „er sei eben der Klügere gewesen“?

Er hätte sich am liebsten irgendwo verkrochen und Rosi merkte wohl sein plötzliches Unbehagen, aber sie kannte die wahren Ursachen seiner Verstimmung nicht, sie wusste noch nichts von seinen verräterischen Plänen. Rosi war das erste Mal in ihrem Leben auf dem Gauderfest und wollte den traditionellen Gauder-Umzug sehen und „ihr zuliebe“, wie man so schön sagt, ließ er sich mitschleppen.

Wie ein grauer Stein stand er dann da, am Straßenrand im Dorfzentrum von Zell, neben seiner schönen, jugendfrischen, rosaroten Rose, inmitten der lebens- und erwartungsfrohen Menge, in Erwartung des großen Festumzuges. Ja, wie ein grauer und schwerer Stein stand er da, voll Beklemmung, am Rand der Straße und am Rand der Gesellschaft. Man hatte ihm schon allerlei erzählt von diesem Umzug, einiges hatte er gelesen und manches wurde über Lautsprecher gerade eben lauthals verkündet.

Hartmuth schließt die Augen im Gewackel des Zuges und versucht, sich an die damaligen Geschehnisse und Erlebnisse zu erinnern. Sein damaliger Blick auf die Ereignisse war gefärbt von seiner inneren Irritation und so gefärbt ist daher auch jetzt seine Erinnerung:

„Der Prozession voran fuhr – wie angeblich schon seit 500 Jahren – ein riesiges Fass Bier, auf dem eine mit Bierbauch wohl ausgestattete Karikatur des Gottes Dionysios saß, in der dort greifenden Barbarenvariante allerdings genannt ‚Gambrinus‘, der Gott des Bierrausches, ein mythischer König, der angeblich die Kunst des Bierbrauens vor Tausen-

den von Jahren erfunden haben soll. Bekleidet mit Rüschen und Gamaschen, auf dem Haupt einen Kranz aus Hopfenblüten, im Gesicht ein gutmütiges Grinsen, in der Hand einen riesigen Bierkrug, aus dem er immer wieder kräftig trank und den er, zum Trinken aufmunternd, herumschwenkte wie einen Pokal nach errungenem Sieg. Verkörpert wurde der Göttliche – wie hätte es anders sein können – von einem Mitglied des Theatervereins!

Dem Allerheiligsten folgte dann das Volk, fein organisiert in Grüppchen, jedes Grüppchen in Eintracht, es ist ja ein Trachtenumzug, jedes Grüppchen in sich uniform, konform und konservativ, der eigenen, separaten, wohlgepflegten, vermutlich uralten Tradition verpflichtet und erlegen.

Dann eine Blaskapelle aus Südtirol mit roten Jacken und spitzen, befiederten Hüten. Ein kleiner Menschenknäuel, der sich zum Zusammenspiel verpflichtet hatte, ein im Gleichschritt marschierendes und inbrünstig in Instrumente blasendes Netz von gegenseitigen Versprechungen, Verpflichtungen und Nötigungen, das sich im Laufe von vielen Jahren über diesen ganzen in eine Uniform geschlüpften Knäuel gelegt hatte. Ein Netz, ohne welches die schneidige Marschmusik nicht erklingen hätte können, die erklang. ‚Sie haben sich ihre Eintracht und ihre Unterscheidung vom Rest der Welt und ihre harmonisch klingende Zusammengehörigkeit redlich erarbeitet und verdient', fand Hartmuth.

Dann eine Gruppe ‚richtiger' Tiroler Bauern, in den Kostümen der Heldenepoche 1809, mit Sensen und Knüppeln bewaffnet und – ihnen voran – ihr Gewissen, ein betender Kapuzinerpater, und in ihrer Mitte ihr Herzstück, eine kleine Kanone, aus der sie mit sichtlichem Vergnügen und mit maskulinem Balzgehabe an markanten Stellen des Umzugs, jedenfalls auch vor der Ehrentribüne, mittels Schwarzpulver Zeitungspapierfetzen in die Luft schossen und sich schelmisch freuten, wenn alle zusammenzuckten.

Dann die nächste Trachtengruppe, ‚gegründet 1894' stand auf einer Tafel, die der Gruppe vorangetragen wurde, und dahinter eine Trachtenkapelle, die in diesem Jahr stolz ihr 175-jähriges Bestandsjubiläum feierte.

Eine Orgie, offensichtlich nicht nur zu Ehren des Gambrinus, des Gottes des Bierrausches, sondern auch zu Ehren des Konservativismus! Eine Prozession uralter, aus den tiefsten Kellern der Seelen geholter Konserven, die sich stolz im Licht des Festes präsentierten. Die Dinge sollen so bleiben, wie sie immer waren, so schrie es aus allen Gesich-

tern, so verkündeten es die Täfelchen, die vorangetragen wurden, und so roch es stark aus allen Trachten, die einträchtig herumgetragen wurden! Eine beispiellose Demonstration dessen, was alles Leben will! Alles Leben will sich erhalten und es ist dieser unbändige Selbsterhaltungstrieb, der alles festnageln und fixieren will, so wie es war und so soll es gefälligst bleiben, um festen Boden zu schaffen, auf den sich ein Fuß setzen lässt, um sich an etwas festzuhalten, um nicht hinweggeschwemmt zu werden vom Fluss des Lebens, letztlich um nicht vergehen und sterben zu müssen. Es ist der Bleibewillen des Welt-Ichs der hier, begleitet von Marschmusik, so pompös seine Aufwartung machte. Es war erstaunlich, mit welchem Ernst und mit welcher theatralischen Würde sie einherschritten, diese Jünger des Konservativismus, mit dem Stolz ihrer Väter im Gesicht und auch mit Freude im Herzen, weil sie dazugehörten und dabei waren."

Ja, kritisch und überheblich war er, der Blick des von bitterer Schwere durchsetzten Randsteines im Dorfzentrum von Zell – am Anfang jedenfalls. Mit Fortdauer der Parade verflüchtigte sich aber die spöttelnde Ironie in den Augen Hartmuths. Er musste zugeben, dass diese Jünger der Konservierung etwas hatten, was ihm fehlte, nämlich festen Boden unter den Füßen, jedenfalls den Glauben an einen festen Boden, und sie waren eingebettet, eingekleidet und eingetrachtet in eine Gemeinschaft, zu der sie gehörten, mit der sie sich identifizierten und die ihnen sagte, wer sie sind. So etwas kannte er nicht, er war kaum irgendwo richtig dabei.

Was war er bloß für ein seltsames Pflänzchen? Oder sind sie die Seltsamen?

Aufbruch

Hartmuth blickt hinaus in die von alten Traditionen durchwucherten Dörfer und Landschaften. Sein Blick verfängt sich in den für Tirol so typischen Architekturen, in der Tradition, wie man hier Häuser zu bauen, Balkone üppig mit Blumen zu schmücken und Gärten zu pflegen hat. Traditionen, aus denen er auszuziehen im Begriffe ist und die nun in seinem Rücken in die Vergangenheit gleiten. Er sitzt und schaut in Fahrtrichtung, er ist in Richtung Zukunft ausgerichtet. Der Zug hat Kufstein noch nicht ganz erreicht, Zeit, noch ein wenig in seinen Erinnerungen an das schicksalshafte Gauderfest herumzuwühlen.

Hartmut und Rosi standen noch lange dort am Straßenrand im Dorfzentrum von Zell und sahen dem kuriosen Treiben zu. Aber Hartmuth war bald nicht mehr wirklich dabei mit seinen Sinnen, seine ihn bedrückenden Gedanken waren ganz wo anders. Hartmuth war bald gänzlich taub geworden für diese vor ihm prozessierende Art der Konservation und Gemeinschaft, sie ließ ihn seltsam unberührt, da war keine entsprechende Resonanz in ihm, das waren Schwingungen, die nicht die seinen waren, er hatte keine derartigen Konserven im Keller seiner Seele, er passte nicht hierher. Ja, er passte einfach nicht hierher!

Dieser Gedanke schmerzte ihn und ebenso auch das, was er nun – angestachelt von den Erlebnissen der letzten Stunden – zu tun sich vorgenommen hatte.

Nach einigem Zögern fasste sich Hartmuth schließlich ein Herz, er nahm Rosi bei der Hand und führte sie schweigend zu einer Bank, weiter hinten, abseits des Festtrubels in der Nähe des Friedhofes, und sagte dann bedeutungsvoll und ernst: *„Bitte, Rosi, setzen wir uns, ich muss mit dir reden!“* Ja, und dann erklärte er ihr, nach kurzer Pause der inneren Sammlung, mit verklärter, aber fester Stimme, dass er an seinem 20. Geburtstag, also am 13. September dieses Jahres, auswandern werde, hinaus nach Deutschland oder noch weiter hinaus in die Welt. Rosi zog ihre Hand langsam von ihm zurück und senkte den Kopf, sie sagte lange nichts. Sie sah ihn traurig an, gedemütigt und unsicher wie ein geknicktes Rosenblütenblatt, dann stellte sie leise ein paar zweifelnde Fragen, die andeuteten, dass sie ihm nicht recht glauben konnte oder – besser – dass sie meinte, er würde nach seinem zu befürchtenden Scheitern im Ausland sowieso bald wieder zurückkommen.

Sie sind noch lange, sehr lange, dort gesessen, haben wenig geredet und haben sich ein paar Mal hilflos umarmt, dies allerdings distanzierter als sonst. Es waren Umarmungen, die etwas anderes umarmten, als sie es bisher taten. Hartmut hat sie dann zum Bahnhof begleitet, sie, seine seelisch welkende Rose, denn sie wollte nach Hause fahren. Auf dem Weg dorthin meinte er noch verlegen und hoffend, man könnte sich doch noch ein paar Mal treffen, vielleicht sogar im Zauberwald. Aber Rosi wollte nicht, sie meinte, das würde ihr nur weh tun, aber sollte er seine Pläne ändern, würde sie das sehr freuen und dann sollte er sich sofort melden.

Nach einer letzten verlegenen Umarmung und nachdem Rosi in den Zug eingestiegen und dieser abgefahren war, begab Hartmuth sich voll innerer Zerrissenheit zum Bierzelt, wo inzwischen schon aufgeräumt wurde und man begonnen hatte, die Tische umzuklappen. Das Fest war zu Ende. Ganz hinten in dem vom Bierdunst geschwängerten Zelt saß noch Vater und unterhielt sich lautstark und mit schwankenden Gesten mit ein paar Freunden, die auch nicht mehr ganz nüchtern schienen.

Hartmuth wusste nicht, was tun, er fühlte sich miserabel, er fühlte sich wie ein Verräter, wie ein elendiglicher Schuft. Er holte sich an der Theke ein großes Gauderbier, das erste in seinem Leben, und setzte sich an einen Tisch, wo noch ein paar Leute saßen und Vater ihn nicht sehen konnte. Der Gauderbock schmeckte bitter, „*komisch*", dachte er, „*dass die Leute so was trinken.*" Doch schon nach ein paar Minuten stieg in ihm ein wenig Optimismus auf, ein Optimismus, der immer noch optimistischer wurde, er fing sogar an, mit den Leuten am Tisch zu reden. Es war, als ob Gott Gambrinus mit seinem Spiritus, immerhin 7,8 Volumenprozente, gleich einem Kruzifix, den Dämon der Depression und Negation zurückweichen machte. Ja, eine gute Stunde ging das so, dann aber – nachdem er auch noch ein zweites Bier getrunken hatte – wurde er wirr im Kopf, die Glieder und Lider wurden ihm schwer und immer schwerer und so schwankte er schließlich zum Auto, legte sich auf den Beifahrersitz und schlief.

Wenig später wankte auch Vater heran, den sie aus dem Zelt hinauskomplimentiert hatten, und legte sich neben ihn. Vater rülpste noch ein paar Mal gefährlich und begann dann, laut zu schnarchen. Gambrinus, der Gott des Bierrausches, hielt schützend die Hand über die beiden, schickte sie zweimal zum Urinieren hinter die Büsche und wärmte sie mit seinem Spiritus, bis die Sonne aufging und sie die Wache übernahm und die beiden schließlich weckte. Dann fuhren sie – ziemlich wackelig und wortkarg – nach Hause, nicht ohne vorher noch Hansi, den Versager, eingepackt zu haben.

Vor gut einem Monat, an einem Sonntag nach dem Mittagessen auf dem Lahnerhof, hatte Hartmuth dann all seinen Mut zusammengefasst und auch seinem Vater erklärt, dass er auswandern wollte und dass er sich um einen Knecht umsehen sollte. Vater meinte zuerst mit erhobener Stimme, er sollte nicht so einen Blödsinn daherreden, und nahm ihn vorerst gar nicht ganz ernst. Als er aber merkte, wie ernst dem Hartmuth war, wurde er zornig, er sagte lange nichts mehr, er wurde blass, seine Hand begann zu zittern und dann, als nach Minuten seine Enttäuschung und sein Ärger überkochten, schrie er: *„Ja, was willst du denn tun im Ausland, du Trottel? Du bist ja nichts und du hast ja nichts, du blöder Depp!"* Dann sprang er mit einem Ruck auf, sodass der Stuhl krachend umfiel, verließ mit wütenden Schritten die Stube und knallte die Stubentüre hinter sich zu. Die kleine Hildegard, seine Halbschwester, brach in Tränen aus und Martha aß bedrückt weiter, ohne ihn anzusehen. Ja, das waren die letzten Worte vom Vater.

Der Zug hat bald die Grenze erreicht, rechts oben ist schon die Festung Kufstein im Sonnenlicht zu sehen.

Hartmuth hat bis zum letzten Tag alle seine üblichen Arbeiten am Lahnerhof – seiner Meinung nach – ordentlich verrichtet und auch ein paar Mal noch versucht, mit Vater zu reden, aber Vater hat mit ihm nicht mehr gesprochen.

Vaterträume

Aber wieso nannte er ihn immer Vater? Er war nicht sein Vater, er war sein Stiefvater!

Hartmuth hat inzwischen seinen Koffer neben sich auf den Sitz gelegt, da ist genug Platz, der Waggon ist immer noch fast leer. Auf der anderen Seite sitzt ein älterer, grauhaariger Mann, der mit der Brille auf der Nase intensiv die Tiroler Tageszeitung liest und weiter hinten sitzen vier Jugendliche, die fortwährend quatschen und kichern. Hartmuth hält ein altes, vergilbtes Schwarz-Weiß-Foto in der Hand, das er eben dem Koffer entnommen hat, eines der ganz wenigen Fotos, die er besitzt. Es zeigt seine Mama im feschen Dirndlkleid mit einer Nelke im Ausschnitt und seinen Stiefvater in Festtagstracht mit Tuxer-Janker.

Sie saßen auf der Bank neben der Eingangstüre des Lahnerhofes, damals, die kleine Hildegard im Alter von vielleicht vier Jahren stand zwischen ihren Eltern in einem hübschen Kleidchen und schaute ganz verschmitzt, Vater hatte seine Hand auf ihre rechte Schulter gelegt und Hartmuth, vielleicht 14 Jahre alt, stand in dunkler Hose und hellem Hemd rechts von Mama, den Kopf ihr ein wenig zugeneigt. Sie waren wohl gerade von irgendeinem kirchlichen Fest, wahrscheinlich von einer Fronleichnamsprozession, zurückgekommen und da war offenbar jemand mitgekommen, der das Foto gemacht hatte. Alle schienen so kräftig auf dem Foto, nur er sah so zart und schmal aus und auch seine leicht gekräuselten, schwarzen Haare passten nicht in die Familie.

Wie sein wirklicher Vater wohl aussah? Mama hatte ihm gesagt, dass er schwarze Haare hatte und gut aussah, das war alles, was er wusste, es gab kein Foto von ihm. Manchmal in den letzten Jahren, wenn Hartmuth in den Spiegel blickte, fragte er sich, woher dieses weiche Gesicht, diese schmale Nase und diese dunklen Augen kamen und woher diese Figur. Welche in aller Welt verstreuten Ahnen und Urahnen hatten da ihre genetischen Finger im Spiel? Wer war er? Woher kam er?

Viele Jahre hatte er seinen leiblichen Vater nicht wirklich vermisst, denn der Stiefvater war ein guter Ersatz, an den er sich halten konnte und der oft auch zu erkennen gab, dass er ihn gerne hatte und quasi als seinen Sohn gelten ließ. Aber schon vor mehreren Jahren hatte Hartmuth begonnen, sich von seinem Stiefvater abzugrenzen, wobei zum tatsächlichen „Anders sein“ das pubertäre „Anders-sein-wollen“ noch als Komplikation hinzukam. In diesen Jahren begann er, öfters an seinen leiblichen Vater zu denken, und er begann, ihn zu vermissen, er begann, ihn zu vermissen auch als jene Instanz, die ihm sagen sollte, wer er war.

Aus einer derartigen Aufwallung der Gefühle heraus hatte Hartmuth der Mama einmal vorgeworfen, dass sie – wohl primär aus gekränktem Stolz, also aus Eitelkeit – den Vater in unverantwortlicher Weise einfach in dunkler Vergessenheit hat versinken lassen. Mama hatte traurig und hilflos den Kopf gesenkt und nichts gesagt und ihn selbst hat sein Vorwurf dann gleich ebenso geschmerzt wie seine Mama.

In seinen Gedanken hat er einige wenige Male auch seinem treulosen Vater seine Treulosigkeit vorgeworfen. Doch im Prinzip – in seiner Phantasie, in seinen Tagträumen – hatte er seinen Vater immer wieder in einen rosigen Luftballon gesetzt und diesen mit all den wunderbaren Farben ausgemalt, in denen Söhne ihren Vater sehen wollen, seit es Söhne und Väter gibt. Er sah ihn als Biologieprofessor, umringt von unzähligen Studenten, die ihn bewunderten und von seiner Euphorie zehrten, wenn er die von ihm selbst in Expeditionen ergründeten Geheimnisse der Alpenflora offenbarte. Und er sah ihn als Autor richtungsweisender mikrobiologischer Bücher, er sah ihn als herzlichen Menschen der Kinder gern hatte, er sah ihn als stattlichen Mann mit leicht gekräuselten, schwarzen Haaren und schwarzem Bart, in Heidelberg auf dem Heidelberg sitzend, umgeben von einem Meer von Heideröschen und Heidelbeeren und er sah ihm ähnlich, ja, er sah ihm sehr ähnlich … und noch vieles mehr malte er hinein in den Luftballon und außen herum … und lies ihn hinaufsteigen in die Wolken …

Hartmuth nahm sich vor, sich auf die Suche nach seinem wirklichen Vater zu machen, sobald er irgendwo Fuß gefasst hatte. Vorerst musste er aber eine Stelle finden, wo das „Pflänzchen Hartmuth“ Wurzel fassen und aufgehen könne, dann wollte er seinen Vater, den Herrn Biologieprofessor, suchen, um ihn zu fragen, was für ein Pflänzchen er wäre.

Grenzerneuerung

„Grenzkontrolle!“ Die mächtige Stimme des Grenzpolizisten schreckt ihn aus seinen Gedanken. *„Ihren Reisepass bitte!“* Umständlich kramt Hartmuth in seiner verschlissenen Umhängetasche und reicht mit unsicherer Geste dem stattlichen Polizisten seinen nagelneuen österreichischen Reisepass. Der Polizist mustert das Foto und dann ihn, den etwas verwahrlost gekleideten und dennoch gut aussehenden Jüngling, und liest dann: *„Hartmuth Egger, geboren am 13.9.1958?“* und nachdem er dessen Nicken entgegengenommen hat, meint er nach kurzer Pause: *„Ja, dann haben Sie ja heute Geburtstag. Gratuliere!“* und gibt ihm den Reisepass zurück.

Ja, es ist Hartmuths 20. Geburtstag. Er ist stolz auf seine Konsequenz, denn genauso hatte er es sich vorgestellt und geplant. Heute an seinem 20. Geburtstag soll die Zukunft beginnen, hier an der Grenze.

Hartmuth hatte sich in Annäherung an die Grenze vorgenommen, seine Vergangenheit in Österreich zurückzulassen, sie quasi an der Grenze, noch auf österreichischer Seite, abzulegen und sie irgendwo im dunklen Keller seiner Seele in eine Schachtel zu legen, diese mit der Etikette „Altkleider“ zu bekleben und sie lange nicht mehr anzusehen. Ab Betreten deutschen Bodens wollte er nur noch an die Zukunft denken. Er musste über sich selbst lachen, denn es war ja klar, dass „Mensch sein“ so nicht funktioniert, aber es sollte halt ein Wegweiser sein, den er sich gab für die tendenzielle Richtung seines künftigen Denkens. Ja, und da gab es viel zu denken.

Es war schon die Rede davon, dass humanistisch – also aus der Perspektive des Menschen – betrachtet Bauernhöfe in ihrem Wesen Überlebens-Oasen sind, also Oasen der Vernunft im Urwald der Unvernunft, wobei es darum geht, den richtigen Platz und Boden für die richtigen Pflanzen und Tiere zu finden und auch die richtige Abstimmung von Säen und Ernten zu den richtigen Jahreszeiten. Die Suche, vor der Hartmuth nun stand, bezog sich aber nicht mehr auf die biologische Natur, er war vielmehr auf abenteuerlicher Such-Expedition in dem riesigen, feingliedrig strukturierten und die ganze Erde umspannenden Netz der Verweisungszusammenhänge unserer Welt, unserer Gesellschaft, unserer Kultur und Wirtschaft. Es ging für ihn nun darum, in diesem riesigen vierdimensionalen Spinnennetz der Spinner rechtzeitig – bevor er verhungert war – einen Platz und Boden zum Gedeihen, also eine Unterkunft und Arbeitsstelle zu finden und auch ein Interessens- und Energiefeld, wo die für ihn richtige Abstimmung von Leistung und Gegenleistung jeweils zu den richtigen Jahreszeiten möglich sein konnte. Gesucht war also eine Oase, ein Lichtpunkt der Richtigkeit und Wahrheit, die ihm ein Überleben ermöglichen würde.

Was Hartmuth in seinen Gedankenspielen von Vergangenheit und Zukunft vergessen hatte, war die Gegenwart, die präsente Wirklichkeit, das zeitlose Jetzt, das er als Kind und Jugendlicher so oft genossen hatte, besonders oben auf der Alm, wenn er in traumhaften Nächten die Alm-Milch der Milchstraße in seine Seele tröpfeln ließ. Eine Vergesslichkeit, die ihm in seinem Leben noch große Probleme bereiten sollte. Aber Vater hatte geschrien: *„Du bist nichts!“*, also wollte er etwas werden, und Vater hatte geschrien: *„Du hast nichts!“*, also wollte er etwas erwerben und haben. *„Dem will ich es zeigen!“*, lautete fortan eine der Parolen, die ihn antrieb, ohne sich aber dessen wirklich bewusst zu sein, denn dieser Antrieb lag unbemerkt im tiefsten Keller seiner Seele, in einer Schachtel ohne Etikette! Ja, zwischen dieser nach hinten geschobenen Vergangenheit und der nach vorne in die Aufmerksamkeit geschobenen Zukunft, da war wenig Platz für Gegenwart, zum „Gegenwärtig sein“ hatte er vorerst einmal keine Zeit mehr.

Nachdem auch die Zollkontrolle problemlos erledigt war, setzte sich der Zug wieder in Bewegung Richtung Hauptbahnhof München und Hartmuth begann, seine neue Denkrichtung zu üben, und ließ seiner in allen Farben blühenden Zukunftsphantasie freien Lauf.

Nach einer kleinen Weile erschien mit einigem Getöse ein Verkäufer, der einen schmalen Handwagen vor sich herschob und

Getränke, Snacks und Zeitungen anbot. Hartmuth genehmigte sich eine Käsesemmel und eine Dose Bier und zeigte auch auf die einzige Zeitung, die noch auf dem schmalen Handwagen lag. Bedächtig kaute er an seiner Käsesemmel, schlürfte an seinem Bier und betrachtete mit zunehmender Faszination die Zeitung, die der Verkäufer auf den freien Sitz ihm gegenüber hingelegt hatte.

Es war die Süddeutsche Zeitung vom Mittwoch, den 13.9.1978. Er hatte noch nie eine Süddeutsche Zeitung gelesen. Sie lag vor ihm wie eine Mischung aus einem in allen Farben schillernden Kobold und einer helfenden guten Fee, voll von fremdem und ängstigendem Unbekannten und voll von Zukunft und Möglichkeiten, umstrahlt von rosarotem Hoffnungsschimmer. ‚Süddeutsche Zeitung' stand da dick und fett ganz oben!

Zeit-Dung

Hartmuths Blick und Geist verbohrt sich in den dicken und fetten Begriff „Zeitung".

Ja, mit Dung bzw. „Mist ausstreuen" zur richtigen Zeit hatte er viel zu tun bisher in seinem Leben. Die Einfügung eines „D" genügte, um aus der Zeitung einen Zeit-Dung zu machen, eine Sammlung übel riechender, negativer Ereignisse, die als „Mist der derzeitigen Zeit" ausgestreut werden im Volk der Zeitungsleser. Das Stammhirn des Urmenschen im Urwald reagierte bekanntlich besonders sensibel auf alle auftauchenden Gefahren, also auf alles Negative, und so blieb es bis heute, und auf diesem Urinstinkt ist das Geschäftsmodell der Zeitungen und Medien wohl aufgebaut, denn wenn der Mensch Negatives oder Gefahr riecht, dann schnuppert er, spitzt die Ohren, reibt sich die Augen, steht auf und kauft sich eine Zeitung. Wenn hingegen alles schön und gut ist, wenn es keine Gefahr zu riechen gibt, dann bleibt er auf der Ofenbank liegen und die armen Zeitungen bleiben unverkauft. Aber Dung ist eben nicht nur Mist, sondern auch Dünger für Positives, das muss zur Verteidigung der Zeitungs- und Medienmenschen schon gesagt werden, ein Dünger, der etwas wachsen und gedeihen lassen kann, vielleicht auch das Pflänzchen namens Hartmuth?

Hartmuth nimmt die riesige, unhandliche Zeitung in seine Hände, blättert in ihr, faltet sie mehrfach umständlich und beginnt zu lesen.

Das Zeitunglesen hat seine eigenen Gesetze, das sei noch erwähnt, bevor wir ihn in Ruhe lesen lassen. Zum Zeitpunkt, an dem Hartmuth in seinem Auszug-Zug saß, mit der Süddeutschen Zeitung vom 13.9.978 in der Hand, da bevölkerten ungefähr 4,5 Milliarden Menschen die Erde, 4,5 Milliarden Ich-Punkte, 4,5 Milliarden Perspektiven, und aus jeder sah die Welt anders aus. Es war damals so wie heute: Jeder Ich-Punkt bastelt sich seine eigene Welt mit seinen eigenen Erfahrungen, Gefühlen, Gedanken, Denkmustern, Vorurteilen, Wahrnehmungsmustern, Interessen, Fähigkeiten, Schwingungen und Resonanzen und jeder nimmt nur das aus seiner Umwelt auf, was all diese Filter zu ihm durchlassen und jeder gibt so der Welt, seiner Welt, seine eigene Bedeutung. So gab es 1978 auch 4,5 Milliarden Varianten – die Analphabeten und die notorischen Nichtleser der Süddeutschen Zeitung abgezogen – die Süddeutsche Zeitung vom 13.9.1978 zu lesen, Hartmuths Variante war eine davon, und so liest er.

„*Meinungsunterschiede belasten Assads Staatsbesuch in Bonn*" lautet die Schlagzeile auf dem Titelblatt. Hartmuth interessiert sich inhaltlich nicht dafür, er meint nur, dass es der Staatsbesuch, wenn dieser friedlich, fröhlich und positiv abgelaufen wäre, wohl nicht auf das Titelblatt geschafft hätte.

Von „*Säuberungswellen im Iran*" ist die Rede, bei welchen der Schah des Iran mit einer Welle von Verhaftungen gegen korrupte Politiker, Kommunisten und Anarchisten vorzugehen im Begriffe sei, auch vom „*Bürgerkrieg in Nicaragua*" wird berichtet, wo die linksgerichteten Guerilleros den Diktator Anastasio Somoza stürzen wollen. Ja, und so negativ und fern von Hartmuths Welt geht das weiter.

Dann liest er die Schlagzeile „*Ansturm auf den deutschen Himmel"!* Ja, dorthin will er, sein Interesse flammt auf, aber als Untertitel liest er dann: „*Ungehemmter Wettbewerb soll die Flugtarife weiter drücken*" und damit ist sein aufgeflammtes Interesse schon wieder erloschen.

Er stößt aber dann auch auf eine heitere Geschichte, quasi eine Kabarett-Einlage von Hansjürgen Jendral, voll von Ironie, voll von jenem Saft, welchen Hartmuth als seelisches Schmerzmittel immer schon schätzte und pflegte. Der Artikel heißt: „*Zauberei zwischen Rührei und Mattscheibe*" und Hartmuth liest:

„Kürzlich las ich, dass es bei uns keine weiblichen Amateur- und Berufszauberer gäbe. Magische Wässerchen, Kaninchen, zerrissene Geldscheine und zersägte Jungfrauen werden ausnahmslos von Männern gehandhabt. Selbst in München ist das so und das verwundert doch sehr, haben sich doch gerade hier zum Beispiel Frauen, Abrakadabra, auf Parteilisten und Stadtratsplätze gezaubert, von denen die Männer nur träumen können. Sicher werden einige Berufe den Frauen für immer ver-

schlossen bleiben müssen – oder können Sie sich eine US-Präsidentin, eine deutsche Bundeskanzlerin oder eine Boxweltmeisterin aller Klassen vorstellen? Und ganz wohl in unserer männlichen Haut ist es uns wohl auch nicht, wenn wir uns in der rasenden S-Bahn vorstellen, dort vorne zwischen all den geheimnisvollen Schaltern und Hebeln im Cockpit säße unsere liebe Ehefrau, die eine kreatürliche Angst schon vor der technischen Handhabung des Staubsaugers hat …"

Er muss grinsen, ein Grinsen, das ihn gleich aber schmerzte. Wie hätte doch die Rosi, sie, die Feministin, gelästert über diesen ironischen Erguss maskuliner Seligsprechung, wenn er ihr dies vorgelesen hätte? Aber gut, er wollte ja nicht mehr an Rosi denken.

Er blättert weiter und stößt auf einen ganzseitigen Bericht mit der Überschrift: *„Anstehen fürs Gipfelglück!"* Das zieht ihn an, das ist sein Thema. Es ist ein Bericht über die immer stärker werdende Faszination, die der 4807 Meter hohe Mont Blanc auf Bergsteiger ausübt. *„An schönen Tagen schaffen es 150–200 dieser Helden, den Gipfel zu erreichen"*, steht da, und weiter: *„… Aufbruch um halb zwei … Nach ungefähr zwei Stunden, wenn die 4000 Meter-Grenze bereits überschritten ist, ist für manche der Aufstieg zu Ende. Als stumme Gestalten stehen sie keuchend im Schnee, nach vorne gebeugt, auf den Eispickel gestützt. Spuren beiderseits des Trampelpfades bestätigen, dass neben Kopfschmerzen und Schwindelgefühl auch Übelkeit zu den Symptomen der Höhenkrankheit gehört … Wer trotz der Plackerei mithält, der kann sich jetzt auf dem letzten Stück von der Erwartung antreiben lassen, dass er ungefähr zur Zeit des Sonnenaufgangs den Gipfel erreichen wird. Und dann steht man oben! Ein grandioses Panorama, doch ein beißender, kalter Wind bläst schnell einen guten Teil des Gipfelglücks die Fels- und Eiswände hinab."*

Hartmuth ist begeistert von der Idee, begeistert von dieser Metaphorik, die ihm seine Zukunftsvisionen skizziert. Doch ist er früh genug aufgestanden? Hat er nicht verschlafen? War seine Rebellion, sein Aufbruch, sein Aus-Zug nicht zu spät, er war immerhin schon 20 Jahre alt? In diesem Alter haben doch die meisten halbwegs „Normalen" ihre Berufsausbildung schon abgeschlossen? Nun gut, dann musste er sich eben beeilen! Was aber, wenn ihn Kopfschmerzen, Schwindelgefühl und Übelkeit überfallen sollten und er schändlich scheitern sollte? Nein, er doch nicht! Oder doch? Na, und wenn schon?! Was ihn aber stört an der Geschichte, ist der beißende Wind auf dem Gipfel des weißen Berges, der das Gipfelglück angeblich entlang der Eiswände wieder hinunter bläst, das passt nicht in seine Pläne.

Er blättert weiter in der Süddeutschen Zeitung und ist dann beim Ernst des Lebens angelangt, bei den Inseraten, bei den Stellenangeboten. Er liest mit pedantischer Sorgfalt, um nichts zu übersehen. Labormechaniker werden gesucht, Universalfräser, Maschinenschlosser, Köche, Kellner, Maler und Omnibusfahrer! Alles Quatsch mit Soße, was soll das? Er ist für nichts qualifiziert und in einen Kuhstall will er nicht mehr, ganz abgesehen davon, dass ein Knecht offenbar in ganz Süddeutschland gar nicht gesucht wird. Eine Haushälterin wird gesucht, eine Reinigungsfrau und auch eine „Spülerin", was immer das sein mag, aber bei der Spülerin ist angemerkt, dass auch freie Kost und Logis angeboten wird. *„Ja, ein Job bei freier Kost und Logis, das wäre schon was!" „Aber ich bin doch keine Spülerin, was soll das überhaupt sein?"*

Der Zug hat die Vororte von München erreicht. Hartmuth ist immer noch unentschlossen. Soll er nach Stuttgart weiterfahren oder nach Frankfurt oder gar nach Hamburg, ans Meer? Ein paar Tausend Schilling hat er dabei, Geld, das er sich über Jahre mühsam erspart hat von dem kleinen Taschengeld, das er vom Vater manchmal bekommen hat, und von den kleinen Belohnungen, die er von anderen Bauern erhalten hat, wenn er auf der Alm auch deren Kühe versorgte. Einen kleinen Spielraum hat er also in diesem Überlebensspiel.

„Münchner Hauptbahnhof" krächzt es aus den Lautsprechern, der Zug hält mit viel Geratter und Gequietsche an, Türen springen auf, Stimmen werden laut. Hartmuth knüpft seine verwaschene, jägergrüne Flanelljacke zu, umhängt sich mit seiner abgewetzten Umhängetasche, nimmt seinen Koffer in die Hand und steigt aus. Bedächtig schreitet er den langen, schmalen Bahnsteig entlang, in Richtung und mit Blick auf die helle, vor Geschäftigkeit dröhnende, riesige Bahnhofshalle. Es ist ihm, als komme er aus einer dunklen Scheune und vor ihm habe sich gerade das große Scheunentor geöffnet, aus dem er nun hinaustritt in die Sonne, geblendet und unsicher.

Szene 2
Ein-Zug

„Dreizehnter September 1998“, flüstert unhörbar die hoch am Himmel stehende Sonnenuhr, indem sie ihre milden Strahlen in die Augen und Herzen der Menschen und Tiere schiebt, um sie zu wärmen, und auch in die Chloroplasten der Pflanzen, um Nahrung sprießen zu lassen. Hartmuth aber denkt nicht an diese solaren Wohltaten, das sind Selbstverständlichkeiten, die selbstverständlich unbeachtet bleiben, so sind die Menschen eben.

Hartmuth hat ganz andere Sorgen an diesem Sonntagmorgen. In müden Gedanken und im bequemen Lehnstuhl versunken sitzt er in dem im Parterre gelegenen Büroraum seines luxuriösen, neuen Wohnhauses in München, Hasenbergl, am nördlichen Rand der Stadt und blickt hinaus auf seinen schönen, großen Garten, auf den von üppigem Schilf bewachten und von Seerosen edel geschmückten Teich und auf das kleine, weiße Festzelt, das den Wintergarten des Wohnhauses in den grünen, gepflegten Sommergarten hinein verlängert und von vergangenen Festlichkeiten Kunde gibt. Nieselregen nieselt leise und kräuselt das Wasser des Teiches und auch die Gedanken und Gefühle von Hartmuth.

Von der Freundschaft

Gestern Abend wurde hier im neuen Wohnhaus sein 40. Geburtstag groß gefeiert. Hartmuth wollte das eigentlich nicht, ihm wäre ein ruhiges Abendessen im Wintergarten mit Agnes und dem kleinen Thomas viel lieber gewesen. Aber Agnes, seine Gattin, war nicht zu bremsen, sie hat alles arrangiert, sie hat die Ehrengäste eingeladen, das Catering Service bestellt, das Festzelt samt allen Tischen und Bänken aufstellen lassen und sogar eine Zwei-Mann-Band engagiert, deren durch Lautsprecher verstärkte bayrische Folklore alle Gäste stundenlang zum Schreien zwang.

Jetzt aber, im Nachhinein, freute ihn das Ganze doch irgendwie. Alle waren gekommen, sämtliche Mitarbeiter der Firma „Bohrer & Egger Versicherungsmakler GmbH", sein strenger Schwiegervater und Geschäftspartner, der Ernst Bohrer, die Schwiegermutter, die launige Hanna, Schulkollegen, vor allem Peter, sein bester Schulfreund, Nachbarn und sogar die alte Wirtin vom „Gasthof zum blauen Bock" hatte es sich nicht nehmen lassen, dem „Horti", wie er überall hieß, die Ehre zu erweisen. Ja, und das Schönste, Thomas, sein 7-jähriges Söhnchen, hat ihm sogar ein Gedichtchen aufgesagt, aufgeregt und mit roten Wangen. Um Mitternacht dann spielte die Band einen großen „Tusch", das Licht ging aus und eine riesige Schokoladetorte mit 40 kleinen, brennenden Kerzen rollte auf einem Servierwagen, wie von Geisterhand geschoben, in das Festzelt. Hartmuth blies die Kerzen mühsam aus und alle applaudierten ob dieser Heldentat und gleich darauf stimmte die Band – ihre bayrische Folklore vergessend – lautstark „Happy birthday to you" an und all die vom ständigen Schreien schon heiseren Stimmen stimmten mit ein oder versuchten es zumindest.

Es folgten Gratulationen und Händeschütteln, Geschenke wurde überreicht und manch einer, der meinte, *„das müsse bei der Gelegenheit schon einmal gesagt werden"*, ergriff das Mikrophon und schließlich ergriff es auch Agnes, die es liebte, wenn alle an ihren rot geschminkten Lippen hingen. Sie stand oben auf der kleinen Bühne, mit dem Mikrophon in der Hand und verkörperte – einem einprägsamen Sinnbild gleich – das Bild einer Frau um die Vierzig, die sich zu helfen weiß. Ihre roten „High Heels" machten sie größer, schlanker und gazellengleich, ihr dunkelgrünes Kostüm „a la mode" kaschierte alle eventuellen figürlichen kleinen Unebenheiten und ihre dunkle Augenschminke verschönerte und vergrößerte ihre ohnehin schon hübschen, mandelbraunen Augen, die aus ihrem mit braun-schwarz melierten Wellen zugedeckten und veredelten Kopf in die Runde der Gäste blickten. Sie sprach mit lockerer, bayrischer Zunge über ihr „Kennenlernen" in der Abendschule, über seinen Einstieg in die Maklerfirma, über ihren gemeinsamen Hausbau und über ihre gemeinsame Entwicklung.

Dann am Ende ihrer Rede wurde Agnes ein wenig indiskret und meinte leise und Aufmerksamkeit heischend: *„Ein paar Mal schon, in romantischen Stunden, habe ich meinem ‚Harti' ins Ohr geflüstert: ‚Harti, mein Edelweiß aus den Zillertaler Alpen!' Denn, meine lieben Freunde, edel ist er, mein ‚Harti', das wissen alle, die ihn besser kennen, an manchen Tagen mehr, an manchen Tagen halt weniger"*, alle lachten. Agnes machte ihre Augen groß und ihr Gesicht geheimnisvoll: *„Er hat etwas selten Samtig-Weißes an sich, wie eben diese schönen Blümchen, die auch in den Alpen selten sind und hier in München gar nicht vorkommen. Ja, ich habe wohl viel Glück gehabt, etwas derart Edles und Seltenes, das der Wind nach München getragen hat, hier zu finden und für mich zu begeistern."* Damit schloss Agnes ihre Hymne auf die Alpenblumen, sie hypnotisierte noch ein paar Sekunden ihren „Harti" mit ihren mandelbraunen Augen und ihrem schönsten Lächeln und legte dann das Mikrophon zurück auf das Rednerpult. Alle waren gerührt.

Hartmuth erschien das alles im ersten Moment ein wenig zu „schmalzig", es war ihm fast ein wenig peinlich, aber dann wurde ihm doch warm ums Herz. Ja, Agnes hatte ihn schon ein paar Mal zum Edelweiß gekürt, das gefiel ihm, weil er gern edel war beziehungsweise erschien, aber es brachte ihn auch in düsteres Grübeln, denn er wollte kein Blümchen sein, das von Agnes oder von irgendwem gepflückt worden war, er war ja aufgebrochen, vor langer Zeit, um Herr zu werden und nicht um gepflückt zu werden.

Als Agnes mit ihren „High Heels“ grazil und unter großem Applaus die Bühne verlassen hatte, war es an ihm, nun allen zu danken. Sein exotischer Tuxer Dialekt hatte sich inzwischen ein wenig an die örtlichen Sprachspiele angepasst, zumindest solange er sich konzentrierte, und seine Variante der deutschen Sprache gefiel und amüsierte rundherum. Er stieg auf die Bühne, die Band machte schon wieder einen „Tusch“, er ergriff das Mikrophon, konzentrierte sich kurz und sprach dann langsam und bedächtig und alle lauschten:

„Irgendwas hat mir nicht gepasst, oben in den Bergen, vielleicht war es die dünne Luft oder die Enge der Alpentäler oder vielleicht war es auch bloß der Südwind, der Föhn, der mich von den Bergen herunter geblasen hat, zuerst nach Gröbenzell und dann nach München. Ja, und als ich ankam, vor genau 20 Jahren, da bin ich gleich fürchterlich gestolpert und lag dann da, auf der Nase, völlig pleite und ohne Zukunft. Aber Eure Freundschaft hat mir die Hand gereicht, hat mir auf die Beine geholfen und mich aufgerichtet. Die Erste, die mir die Hand gereicht hat, das war die Hella, die Wirtin vom ‚Gasthof zum blauen Bock‘.“

Hartmuth zeigte auf die nette, weißhaarige, alte Dame, die an einem Tisch hinten in der Ecke des Zeltes saß, und fuhr fort: *„Und ich freue mich ganz besonders, dass du heute hier bist, Hella!“* Hella nahm ihre grün umrandete Brille ab, stand mühsam auf, warf mit ihrem hübschen, faltigen Gesicht ein freundliches Lächeln in die Runde und winkte euphorisch mit ihrem Gehstock! Großer Applaus!

„Hier in München und in Gröbenzell wurde ich quasi ein zweites Mal geboren und auf die Beine gestellt“, fuhr Hartmuth fort. *„Ja, Freunde, wir Menschen sind hilfsbedürftige Wesen. Es beginnt damit, dass wir gar nicht wissen, wo wir herkommen. Wir sind alle nur hier und feiern, weil eine mystische Kraft uns wollte. Sie hat uns magisch in die Welt geschoben, und wir sind alle nur hier und feiern, weil wir in unserer absoluten Hilflosigkeit dann gleich von der Liebe unserer Mutter aufgefangen und gepflegt wurden und weil wir jahrelang beschützt wurden von der Liebe und Freundschaft der Familie und der Gesellschaft. Ja,*

und an dieser abgrundtiefen Abhängigkeit ändert sich auch nichts, wenn wir dann groß und stark geworden sind, aber je größer und stärker wir werden, umso vergesslicher werden wir, das Bewusstsein von all dem geht uns offenbar irgendwann verloren, wir haben dann ja angeblich Wichtigeres zu tun. Oft, meist erst ganz am Ende ihres Lebens, wenn Menschen in ihren letzten Stunden zurückschauen, kommt ihnen die Bedeutung dieser Mystik, dieser Abhängigkeit, dieser Liebe und dieser Freundschaft wieder zu Bewusstsein und ihnen wird klar, dass das Wichtigste in ihrem Leben eigentlich die Beziehungen zu diesen mystischen Lebenskräften und zu den Menschen gewesen wären, und sie stellen leider allzu oft fest, dass sie am Wichtigsten vorbei gelebt haben.

Liebe Freunde, lasst uns nicht aneinander vorbei leben! Ja, Ihr alle seid mir wichtig, Ihr wart und seid schicksalshaft für mich im positiven Sinne und es ist schön und aufregend für mich, heute mein Schicksal hier versammelt zu sehen und ihm in seine Augen sehen zu können. Ich möchte mich jedenfalls bei Agnes, bei Hella, bei Ernst und Hanna, bei allen Mitarbeitern der Firma und bei Euch allen für Eure Liebe und Freundschaft sehr herzlich bedanken!"

Großer Applaus! Die Gäste waren begeistert und berührt, so schien es, und gleich wurde dann noch einmal feierlich ein Toast auf ihn ausgesprochen und alle tranken und manche betranken sich auf sein Wohl.

Als Hartmuth nunmehr – aus der Distanz einer kurzen Nacht – im Büro seines neuen, luxuriösen Hauses sitzend, die Ereignisse überdachte, fühlte er sich einerseits geehrt oder genauer gesagt „bauchgepinselt", andererseits fühlte er sich aber ganz und gar nicht wohl. Irgendetwas stimmte bei all dem nicht.

Nach seiner kurzen Rede hatte er sich bald dem Alkohol hingegeben, wie so oft in letzter Zeit bei dergleichen Anlässen. Das linderte regelmäßig für ein oder zwei Stunden sein Unwohlsein, löste seine Zunge und stärkte seinen Optimismus, um dann aber ins Gegenteil umzuschlagen, und das war dann immer der Zeitpunkt, zu gehen oder, wenn Gehen nicht erlaubt war so wie gestern, krampfhaft den Anschein eines normalen, sozialen Wesens aufrecht zu erhalten und seine Phase pathologisch anmutender Asozialität hinter grinsenden Gesichtskulissen zu verbergen. Das

Lob, das über ihn ausgeschüttet wurde, mochte er einerseits, andererseits erschien es ihm übertrieben, unecht, künstlich, so als stünde überall ein Zweck dahinter. Er fühlte sich in eine Seifenblase gesetzt, die von innen und außen schön mit Lob in allen Farben bemalt und austapeziert worden war, die aber beim kleinsten Windhauch zu zerplatzen drohte, oder vielmehr gerade im Begriffe war, zu platzen, an diesem regnerisch-kühlen Sonntagvormittag.

Auch seine eigene kurze Rede erschien ihm jetzt im Nachhinein nicht ehrlich, nicht authentisch. Er hatte wie ein Hochstapler von mystischen Lebenskräften gesprochen und von der elementaren Wichtigkeit, Beziehungen zu ihnen zu suchen und zu unterhalten, quasi als sei er da ein Experte. Er hatte seine Rede nicht vorbereitet, das alles war spontan aus ihm herausgekrochen. Er verstand gar nicht, wie ihm so etwas einfallen konnte. In Wirklichkeit hatte er keine Ahnung, wovon er sprach, in Wirklichkeit hatte er die Keime seiner Spiritualität, die er als Kind verspürte, mit den Jahren völlig zugeschüttet und unter seinem „Erfolghaben-wollen" erwürgt und begraben. Hatte er seine spirituellen Bedürfnisse vielleicht nur „fast" erwürgt und hatten die sich spontan in dieser emotionalen Situation zu Wort gemeldet? Hartmuth verstand es nicht, er verstand sich wieder einmal selbst nicht.

Auch die elementare Bedeutung der zwischenmenschlichen Beziehungen hatte er in seiner Rede betont und am Ende sogar alle aufgerufen: *„Liebe Freunde, lasst uns nicht aneinander vorbei leben!"* Ja, gut, er war insoweit ja bemüht, das durfte er schon von sich behaupten, aber für die Pflege zwischenmenschlicher Beziehungen bräuchte man zuallererst einmal Zeit, die ihm aber sein beruflicher Leistungsstress nicht gewährte. Dazu hätte er Prioritäten verschieben müssen, das konnte er aber nicht und dazu war er eigentlich nicht bereit. Also hatte auch dieser Aufruf eher hochstaplerischen Charakter.

Nicht einmal sein herzlicher Dank für die Freundschaft war ganz ehrlich. Er war all diesen lieben Menschen dankbar. Ja, auf jeden Fall, aber irgendwie schien der wechselseitige Zweck dieser Freundschaften wie ein Nagewurm am Ideal „wirklich wahrer Freundschaft" zu nagen. Ja, immer diese Nagewürmer! Er hatte die Hella, die Wirtin vom „Gasthof zum blauen Bock", gebraucht und bald hatte sie ihn aber auch gebraucht und so ähnlich war es mit fast allen, denen er gedankt hatte für ihre Freundschaft. War es so etwa auch mit Agnes? Sollte aber wahre Freundschaft, wahre Liebe, nicht vielmehr frei von jedem Zwecke sein? Oder war das eine Illusion? Hatte er sich verstiegen mit seinem Dank für die Freundschaft? Hätte er nicht vielmehr bei den Tatsachen bleiben und allen für die freundliche Kooperation danken sollen? Etwa gar auch seiner Agnes?

Dazu kam noch, dass er auch mit sich selbst noch keine „wirklich wahre Freundschaft" geschlossen hatte. Hartmuth fühlte seit Jahren eine ihm unerklärliche Divergenz zwischen seinem Innen und seinem Außen. Er war nicht zufrieden mit sich selbst, obwohl alles, wenn er sich und sein Leben von außen betrachtete, so gut zu laufen schien.

Doch trotz all dieser nunmehrigen inneren Nörgel-Turbulenzen: Die Geburtstagsfeier hatte Hartmuth – jedenfalls in den ersten Stunden – auch Freude bereitet. Er war während der Feier von Tisch zu Tisch gegangen, er hatte sich hierhin gesetzt und dann wieder dahin, es war ja seine Feier und er war der Mittelpunkt. Er wurde viel gefragt, gefragt, wie es sich lebte, seinerzeit im Land Tirol, oben in den hohen Bergen, gefragt, wie es zu seinem kuriosen Werdegang gekommen sei, gefragte, wie dies …, und gefragt, wie das … Ja, die äußere und innere Dynamik der Geburtstagsfeier mit ihrer so intensiv nach rückwärts geschobenen Aufmerksamkeit und mit all ihren Färbungen und Verklärungen, die dabei den Bildern der Vergangenheit neu hinzugefügt worden waren, hatte Hartmuth aus seinem Alltagstrott gerissen, hatte seine Gedanken und Gefühle weg gerissen von den Versicherungsakten und all den Problemen, die sich alltäglich vor ihm zu riesigen Bergen aufgetürmt hatten in diesen Jahren. Es tat ihm irgendwie gut, dieses Wühlen in der lang vergangenen Vergangenheit, es war wie ein angenehmes, leichtes Kribbeln, das sich manchmal einstellt, wenn eine betäubte Körperstelle wieder vom Lebenssaft durchrieselt und lebendig wird. Es war wie ein kleiner Urlaub von der seelischen Taubheit, die ihm sein Berufsstress verpasste.

Nachdenklich-matt blickt Hartmuth hinaus auf den Teich. Er ist müde, sehr müde, innen und außen, ja, aber Erinnerungen drängen sich belebend in diese trägen, dunklen Wolken und regen ihn leise an und muntern ihn auf. Es ist, als hätte er gestern Abend begonnen – angestachelt von seinen Gästen – Gefrorenes aus seinem Tiefkühlschrank im Keller seiner Seele zu holen und vor sich auszubreiten: *„samtig-zarte Alm-Milch-Torten, verziert mit vielen schönen Worten, wilde Krautkopf-Phantasien gepaart mit Kinderschokoladeherzen-Utopien, Tiroler Knödel, riesig große, eingetunkt in reichlich Quatsch mit Soße und Münchner Würste, ja, die süßen weißen, die Hartmuth baten, in sie hineinzubeißen …“* und es ist ihm, als wäre all das gerade im Begriffe vor seiner Nase aufzutauen, den weißen Frost abzulegen, weich zu werden und seinen wunderbaren oder weniger wunderbaren Duft zu verbreiten.

Vom Duft betört lässt Hartmuth seine Gedanken und Gefühle zurücksinken in lang vergangene ferne Zeiten.

De brevitate vitae

Am frühen Abend genau heute vor 20 Jahren war er in München angekommen. Als er damals bedächtig den langen, schmalen Bahnsteig entlang in Richtung und mit Blick auf die helle, vor Geschäftigkeit dröhnende, riesige Bahnhofshalle ging, war ihm, als habe sich gerade vor ihm ein großes Scheunentor geöffnet, aus dem er nun hinaustrat in die Sonne, geblendet und unsicher.

Er setzte sich auf eine Bank, um sich an die metaphorische Sonne, an die Lampenlichter, an die Leuchtreklamen und an den Lärm zu gewöhnen, der wie eine dröhnende Wolke über dem Bahnhofsgelände schwebte. Super! Er atmete durch, die Zukunft hatte begonnen, der erste Schritt war getan, auch wenn es ein wackeliger Schritt voll Unsicherheit war.

Geld gibt bekanntlich das Gefühl von Sicherheit und so begab er sich sogleich in eine Wechselstube, wo man ihm für alle seine Schilling-Ersparnisse der letzten Jahre 530 D-Mark gab. Seine Finger strichen mit Ehrfurcht über die fremden Scheine, bevor er sie in seine Geldtasche steckte. Er setzte sich wieder auf eine Bank, beobachtete das Hin und Her der Menschenmassen, lauschte den krächzenden Lautsprechern und versuchte, den Sinn des Gekrächzes zu erfassen. Er las noch einmal in der Süddeutschen Zeitung, er besorgte sich auch die „Frankfurter Allgemeine“ und überflog auch deren Inserate, er studierte auf großen Tafeln die Zugverbindungen in alle Himmelsrichtungen und konnte sich am Ende doch zu nichts entschließen.

Er schlenderte aufmerksam und Zukunft suchend herum und fand vorerst nichts als unzählige bunte Webeplakate und verführerische Leuchtschriften, die ihm in allen Klangfarben zuzuflüstern oder zuzuschreien schienen, was er dann später, wenn er es geschafft haben würde, alles brauchen und kaufen sollte, um ein glücklicher Mensch zu werden. Er beobachtete mit Staunen den riesigen, von Bewegung und Absichten überquellenden Hafen der Züge, in den fortwährend eiserne Titanen hereinpolterten, um dann quietschend und schnaubend Stoffwechsel zu praktizieren, indem alte, erschöpfte und müde Zellen ausgeschieden und neue Nahrung, neue Ziele und neue Absichten aufgenommen wurden, um dann wieder ihre eisernen Schienen wie riesige Arme nach vorne zu werfen und wieder hinaus zu schwimmen, hinaus aus der hellen, dröhnenden Wolke des Bahnhofs, hinaus in das Dunkle, hinaus in die Weite, hinaus in das unbekannte Meer der Zukunft. Ein pausenloses Kommen und Gehen, ein fortwährendes Fließen und Rauschen. Irgendwann wurde Hartmuth müde und er suchte sich schließlich am Bahnhof ein ruhiges Plätzchen, um die Nacht dort zu verbringen. Am nächsten Tag wollte er weitersehen.

Unter der Stiege, im 1. UG, dort, wo es zu den Toiletten ging, da war eine breite, lange Bank, die schien geeignet. Er holte sich noch eine Wurstsemmel und zwei Dosen Bier am Kiosk und machte es sich dort unten gemütlich. Er hatte die zweite Bierdose schon aufgeknackt, als ein junger Mann kam und ihn fragte, ob denn alles in Ordnung wäre mit ihm, ob und wieso er hier schlafen wollte, ob er keine ordentliche Schlafstelle hatte und ob er Hilfe brauchte. Das war ja nett, aber auch demütigend. Er war vom sozialen Bahnhofsdienst, der junge Mann, und aus den etwas verwahrlosten Kleidern, dem abgewetzten Gepäck und den Bierdosen schloss er wohl, dass Hartmuth ein Obdachloser wäre, und da hatte er ja auch vollkommen recht, zumindest für den Moment. Hartmuth erklärte dem jungen, eifrigen Sozialisten in schrägem Hochdeutsch, dass er nur auf seinen Zug warten müsste und dass er morgen weiter fahren wollte. Der junge Mann wünschte ihm viel Glück und alles Gute.

Etwa eine halbe Stunde später – Hartmuth ließ gerade den letzten Schluck des ungewohnt bitteren Dosenbiers durch seine Kehle rinnen – stand plötzlich ein alter Mann vor ihm und meinte: *„Ah, da hat sich ja schon einer in mein Bett gelegt!"* Die wenigen langen, grauen Haare, die er noch hatte, waren im Nacken zu einem kleinen Zopf geflochten, er hatte sich offenbar schon lange nicht mehr rasiert, ein paar Zähne schien er irgendwo verloren zu haben und am rechten Ohr glitzerte ein kleiner Ring, der die „Nicht-Ehe“ mit der Konvention zu dokumentieren schien. Er war im Stile eines Obdachlosen gekleidet und trug schwarze, breite Bergschuhe, deren Schuhbänder ungebändigt herumhingen. In der rechten Hand hielt er einen Trolley mit großen, aufblasbaren Gummireifen, auf den eine riesige, ziemlich ramponierte, dunkle Tasche, ein Bündel mit unzähligen Fächern und Seitentaschen, gebunden war.

Hartmuth erschrak und machte Anstalten, sich zu entschuldigen, aber der Alte meinte: *„Ach was, war ja nur Spaß, wir haben ja beide Platz, ich bin Georg!“* Er sprach strengen, schwäbischen Dialekt und als er den strengen Tuxer Dialekt von Hartmuth vernahm, meinte Georg: *„Ja, bisch vielleicht gar us da Schwitz?“* Ein lebhaftes Gespräch kam in Gang. Georg erwies sich als ein geistreicher Gesprächspartner, positiv und lebensbejahend, der fröhlichste Mensch, mit dem er seit langem gesprochen hatte.

Hartmuth erzählte ihm dann irgendwann vertrauensvoll auch von seinem an diesem Tag gefassten Vorsatz, seine Vergangenheit in Österreich zurückzulassen, sie quasi an der Grenze noch auf österreichischer Seite abzulegen und sie irgendwo im dunklen Keller seiner Seele in eine Schachtel zu legen, diese mit der Etikette „Altkleider“ zu bekleben und sie lange nicht mehr anzusehen und ab Betreten deutschen Bodens nur noch an die Zukunft zu denken. *„Und was hast du vor mit der Gegenwart?“*, fragte Georg und hob die grauen Augenbrauen. *„Die muss vorerst einmal warten“*, meinte Hartmuth, weil ihm nichts Besseres einfiel. Georg stand daraufhin bedeutungsvoll auf, kramte in seinem riesigen, dunklen Bündel herum und zog dann aus einer Seitentasche ein kleines, verschmutztes Büchlein heraus. Auf dem stand: *„Seneca, De brevitate vitae, von der Kürze des Lebens, Lateinisch – Deutsch“*[1] und er begann, darin zu blättern, und las dann langsam und andächtig, wobei er aber gleich nach den ersten Worten die Augen schloss und auswendig zitierte:

„Sehr kurz und voller Sorgen ist das Leben derer, die das Vergangene vergessen, das Gegenwärtige vernachlässigen und vor der Zukunft Angst haben. Wenn sie ans Ende gekommen sind, erkennen die Unglücklichen zu spät, dass sie, ohne etwas zu tun, so lange beschäftigt ge-

wesen sind!"[2] Georg drehte den Kopf zu Hartmuth und blickte ihn durchdringlich an mit seinen dunklen, etwas geröteten Augen, die aber voll Ruhe und Freude schienen. Er blickte ihn an, so als wollte er ihn hypnotisieren, so als wollte er ihm seine Ruhe und seine Freude in den Kopf und in das Herz schieben. Hartmuth war tief berührt, das ging ihn an, das betraf ihn. Da stand etwas auf vor ihm, das er noch nicht kannte, das ihn anzog.

Georg, der Schwabe, las weiter in einem „Schwäbisch", das Hartmuth plötzlich wie gelehrtes Latein erschien: *„Das größte Hindernis im Leben ist die Erwartung, die von Morgen abhängig ist und das Heute zerstört. Was in der Hand des Schicksals gelegen ist, darüber verfügst du, was in deiner Hand ist, das lässt du los!"*[3] Er blätterte weiter und las dann andächtig und langsam weiter: *„Es wird gesagt, es sei nicht in unserer Macht gelegen, unsere Eltern auszusuchen, aber es ist in unserer Macht gelegen, zu entscheiden, in welcher Familie des Geistes wir aufwachsen!"*[4] *„Ja, das ist alles verdammt wahr"*, ging es Hartmuth durch den Kopf. *„Wo hast du das her?", fragte er. „Das Büchlein ist ein Relikt aus meinem Philosophie-Studium, ich betrachte es als meine kleine Bibel und habe es jeden Tag in meiner Hand und in meinem Kopf", antwortete Georg. „Was, du hast Philosophie studiert? Ja, aber woran bist du dann…"*, Hartmuth sprach nicht weiter. *„Du wolltest fragen, woran ich gescheitert bin? Ich bin nicht gescheitert, lieber Freud, aber viele sind gescheitert, leider, viel zu viele!"*

Hartmuth war irritiert und beeindruckt. Sein Plan bezüglich des Umganges mit seiner Vergangenheit und seiner Zukunft wackelte, er wurde eben untergraben, aber er fiel nicht, zu sehr hing ihm die Existenzangst, die Frage, wie er überleben sollte, im Genick und in der Brust, aber er spürte, *„Georg hat irgendwie verdammt recht"*, seine Persönlichkeit und seine Lebensfreude bewiesen es eindrucksvoll. Hartmuth nahm sich schließlich vor, sich später damit zu beschäftigen. Er kramte aus seiner Umhängetasche ein kleines Heft hervor und machte sich ein paar Notizen, für später, während Georg weiter dahinschwäbelte von Seneca und den Stoikern aus alter Zeit.

Das ging so noch eine lange Weile, bis die Müdigkeit die Regie übernahm. Hartmuth nahm noch wahr, wie Georg, der weise Schwabe, sich in seinem dicken Mantel und seiner dicken

Kapuze verkroch, und er nahm auch noch wahr, wie sich Georg ein paar Minuten später wieder erhob, in seinem großen, unergründlichen Bündel auf dem Trolley herumkramte und schließlich eine dünne, ziemlich übel riechende Decke über ihn legte. Das tat richtig gut, denn es war kühl geworden in ihrem weit offenen Schlafzimmer, im 1. UG des Bahnhofes in München nahe den Toiletten.

Als er am nächsten Morgen erwachte, war Georg schon verschwunden. Hartmuth wollte sich zum Frühstück einen Kaffee und eine Buttersemmel besorgen, er fand aber seine Geldtasche nicht mehr, er suchte sie überall, sie war weg.

Die Stunde Null

Hartmuth schiebt sich die warme Decke von den Beinen, erhebt sich aus seinem bequemen Lehnstuhl und sucht in seinem Bücherregal das Notizheft, das damals, als er vor 20 Jahren in München ankam, aktuell war. Er findet es in einem Stapel von alten Heften im untersten Regalfach. „Aus-Zug" steht auf dem Umschlag in großen Buchstaben, geschrieben mit dickem, schwarzem Filzstift. Er setzt sich wieder in seinen feinen Stuhl, zieht die Wolldecke über seine Beine und beginnt, im Heft zu blättern und zu lesen.

„Das war nicht Georg!!!", steht da, dreimal unterstrichen und mit drei Rufzeichen. Ja, davon ist er bis heute überzeugt, Georg war kein Dieb, das musste jemand anders gewesen sein. Aber die Geldtasche war weg. Dreimal durchsuchte er alles, was er hatte, da war nichts, auch nicht unter der Bank und auch nicht hinter der Bank. Wie betäubt saß er da, lange Zeit, der Magen knurrte, er verfluchte den Dieb und er verfluchte sich selbst. Mit nassen Augen schrie er plötzlich zweimal, so laut er konnte, seine Verzweiflung heraus und hinaus in den Bahnhof: *„Verdammt, verdammt"!* Eine Putzfrau, die gerade mit einem Kübel in der Hand das WC verlassen hatte, erschrak, blickte zu ihm herüber, war einen Moment unschlüssig, entschloss sich dann aber doch für die einfachere Variante und ging einfach weiter. Wie konnte er nur so blöd sein, er trug die Geldtasche stets in der Gesäßtasche seiner Jeans. Vielleicht hatte er sich im Schlaf gedreht und der Unterwelt im 1. UG den wertvollsten Teil seines Hinterns geradezu angeboten? Unbeweglich saß er lange da, den Kopf in seinen Händen vergraben.

Dann kam ihm ein Gedanke. Er nahm die Süddeutsche Zeitung in die Hand und suchte das Inserat mit dem Job, wo auch Kost und Logis angeboten worden waren. Ja, da stand es, eine kleine Anzeige war es, eine „Spülerin" wurde vom „Gasthof zum blauen Bock“ in Gröbenzell gesucht. Es konnte sich wohl nur um eine Abspülerin, also um eine Küchenhilfe handeln. Er hatte noch nie von Gröbenzell gehört, wo war das?

Befragungen mehrerer Passanten brachten zum Vorschein, dass es sich um eine Gemeinde – nur ca. 15 Km westlich von München gelegen – handelte und dass man mit einem Regionalzug vom Bahnhof München direkt dorthin gelangen konnte. Hartmuth brach sofort auf. Er begab sich zur entsprechenden Bahnstation, schwindelte sich in den Zug, „hielt die Luft an“ und stieg mit einem Seufzer der Erleichterung in Gröbenzell aus, ohne als Schwarzfahrer aufgeflogen zu sein.

Nach einigem Suchen und Fragen stand er schließlich vor dem „Gasthof zum blauen Bock“, einem großen, mehrstöckigen Gasthof mit Nebengebäude und großem Garten für Gäste und auch für Obst und Gemüse. Er legte das schluderige Gepäck in einen Winkel um die Ecke, strich sich die ramponierte Kleidung glatt, fasste allen Mut zusammen und ging hinein. Die junge Dame an der Rezeption fragte ihn freundlich: *„Was kann ich für Sie tun?“* Hartmuth bemühte sich um sein bestes Deutsch: *„Ich habe gehört, Sie suchen eine Spülerin.“ „Ja“*, sagte sie, *„das stimmt. Wüssten Sie eine? Warten Sie, ich hole die Chefin!“*

Nach ein paar Minuten erschien eine „schnittige“ Dame mit grauen Haaren und grün umrandeter Brille, deren Gang und Gesichtsausdruck eindeutig verrieten, dass sie die Chefin des Hauses war. *„Ja, Grüß Gott, ich habe gehört, Sie wüssten eine Spülerin für uns?“* Hartmuth drückte herum: *„Ja, nein, ja, also ich selbst würde gerne als Spülerin bei Ihnen arbeiten!“* Die Chefin runzelte die Stirn: *„Sie doch nicht! Wir suchen eine Spülerin! Was soll das?“* Hartmuth sah sie flehend an: *„Bitte, Sie werden es nicht bereuen!“ „Ja, haben sie überhaupt schon einmal in einer Küche gearbeitet?“ „Nein, das nicht, aber ich verspreche ihnen, dass ich in spätestens drei Tagen eine gute Spülerin sein werde“*, meinte er mit einem Anflug von ironischem Lächeln. Auch die Chefin musste ein wenig Lächeln beim Gedanken an die bevorstehende wundersame Geschlechtsumwandlung in ihrem Haus. Sie zögerte, sie schaute ihn von oben bis unten an, ging um ihn herum und meinte dann gutwillig: *„Na gut, drei Tage Probezeit! Okay?“* Ja, selbstverständlich war das okay.

Als Hartmuth dann nach einigem Hin und Her alleine in seinem winzigen Personalzimmer im Dachgeschoß des Nebenhauses auf seinem Bett saß, war ihm zum Weinen zu Mute vor Erleichterung und auch vor Scham.

Am Bahnhof heute Morgen, das war die Stunde Null gewesen, da lag er am Boden, jetzt hatte er eben mit viel Glück – ja, Glück muss der Mensch haben – die erste kleine Stufe heraus aus der Null geschafft, auch wenn es zum Schämen war. Ein Mann spült doch nicht ab! Ein Knecht, der Kühe abspült und ihnen den Dreck vom Hintern bürstet, der zehrt zumindest ein wenig vom Bauernstolz und wird so ein wenig erhoben. Aber von welchem Stolz sollte ein männlicher Spüler zehren?

Vor wem aber sollte er sich denn schämen? Niemand kannte ihn hier, er kannte ja nicht einmal sich selbst. Er hatte hier die Möglichkeit, sich völlig neu zu definieren, und denen würde er es schon zeigen und sich selbst auch. Noch am selben Tag um 17 Uhr sollte es losgehen mit der Arbeit und dann – irgendwann – würde es wohl auch etwas zum Essen geben, denn er hatte einen Bärenhunger, der Glückspilz im Unglück.

Die Spülerin

„Probezeit heißt die Zeit, die einem gegeben wird, um zu zeigen, dass man in der Lage ist, die Erwartungen anderer zu erfüllen und so gesehen, ist wohl das ganze Leben nichts anderes als eine Probezeit, dies jedenfalls, solange man nicht auf den Spuren von Georg, dem weisen Schwaben, wandelt“, steht da in dem ziemlich ramponierten 20 Jahre alten Heft, das Hartmuth in Händen hält.

Ja, Hartmuth war damals in der Lage, die Erwartungen der anderen zu erfüllen, er übererfüllte sie geradezu. Um 17 Uhr dieses schicksalhaften Tages empfing ihn dann in der Küche die Milena, die etwas trockene und nicht mehr ganz jugendfrische zweite Küchenhilfe aus Jugoslawien, die mit ihm gemeinsam nun alle niederen Küchenarbeiten zu verrichten hatte. Milena steckte ihn in ein hygienisches Küchenhemd, band ihm eine weiße Schürze mit dem blauen Aufdruck „Gasthof zum blauen Bock“ um, stellte ihn dem Küchenchef, dem Beikoch und dem Kochlehrling vor und wies ihn dann, jeden Tag langsam fortschreitend, in alle Geheimnisse des Geschirrspülens, des Bodenwischens, des Kartoffelschälens und in alle sonstigen Raffinessen der Küchenarbeit und der Betriebsstrukturen des Gasthofes, des übrigen Personals und der Familie der Chefleute ein, soweit sie eben mit diesen Raffinessen und Geheimnissen vertraut war.

Hartmuth war schnell von Begriff und bemüht. Ging es darum, einen schweren Kartoffelsack oder einen Stapel Teller zu tragen, sagte er: *„Lass nur, ich mach das!“* und Milena war nach kurzer Zeit begeistert von ihm und der Entlastung, die er für sie war. Auch der Küchenchef, der bei Stress immer zu fluchen und zu schreien pflegte, war mit ihm zufrieden, wenn er nicht gerade im Stress war. Es war Milena, die der Chefin nach drei Tagen zuraunte: *„Der ist super!“* und damit seine fixe Anstellung sicherte.

An den südlich gelegenen großen Gastgarten grenzte ein Obst- und Gemüsegarten. Hartmuth genoss es, bei Schönwetter dort seine wenigen freien Stunden am Nachmittag zu verbringen. Es ging gegen Ende September, die Äpfel begannen, von den Bäumen zu fallen und am Boden zu verfaulen. Nur relativ wenige Äpfel wurden gepflückt und den Gästen ans Frühstücksbuffet oder in die Zimmer gelegt. Hartmuth ging zur Chefin und meinte, es sei elendiglich schade um die herrlichen Äpfel und man sollte doch den Schatz bergen und die nicht direkt zum Verzehr benötigten Äpfel zu Apfelmus verkochen, denn es handelte sich doch um Elstar Äpfel, die mit ihrer leichten Säure köstliches Apfelmus ergeben würden. *„Ja“*, meinte die Chefin, *„es ist schade, aber niemand hat Zeit für so was.“ „Ich mach das“*, erklärte Hartmuth, und nachdem die Chefin verwundert und zögerlich zugestimmt hatte, opferte er eine Woche lang jede freie Stunde und auch jede Stunde, in der er als „Spülerin“ entbehrlich war, oft auch mit freiwilliger Unterstützung von Milena, um die Äpfel zu pflücken, zu schälen und unter den skeptischen Augen des Küchenchefs zu köstlichem Apfelmus zu verkochen und in Gläser zu füllen, wie er es von seiner Mama gelernt hatte. Die Chefin war entzückt und auch die Gäste, denen das köstliche Apfelmus ans Frühstücksbuffet und neben den Kaiserschmarren gestellt wurde.

Im November erklärte Hartmuth der Chefin, dass es hoch an der Zeit wäre, die Obstbäume, den Perückenstrauch beim Gastgarten und auch die großen Hartriegel-Sträucher im Eingangsbereich zu schneiden, die Hortensie sollte besser im Frühjahr dann geschnitten werden, meinte er. Ja, und wieder endete das Gespräch mit der Chefin, indem er erklärte: *„Ich mach das!“* Die Chefin war wieder begeistert.

Im Frühjahr zimmerte er Hochbeete, um der Schneckenplage im Gemüsegarten Herr zu werden, und wenig später erneuerte er den in die Jahre gekommenen blättrigen Anstrich in der Garage, er reparierte in Zimmermannsmanier Stühle, Tische, Bänke, Kästen und Betten und noch vieles andere, denn er hatte doch einiges gelernt auf der Landwirtschaftlichen Fachschule in Rotholz und von seinem Stiefvater und auch von seiner Mama. Wenn Installateure kamen, sprach er mit ihnen, schaute ihnen zu, um zu lernen, wie was gemacht wird, fragte sie vieles und notierte viel in seinem Heft.

Es dauerte nicht lange und Hartmuth hatte die Blut- und Nervenbahnen des „blauen Bocks“ und auch dessen Verdauungssystem ergründet und war „der Mann für fast alles“ geworden. Manchmal, wenn die Chefin daherkam und er gerade als Gärtner, Tischler, Maler oder Installateur in Aktion war, rief sie voll humorvoller Anerkennung: *„Erstaunlich, erstaunlich, was eine Spülerin so alles kann“!* Er nannte sie bald schon nicht mehr „Chefin“, sondern „Hella“ und sie nannte ihn „Harti“, wobei ihre bayrische breite Zunge das „a“ vom Harti zu einem Zwischending zwischen „a“ und „o“ färbte und auch mütterliche Gefühle mitschwingen ließ.

Ja, so zog es sich hin, sein Projekt der Übererfüllung der Erwartungen, in einer Wolke des Wohlgefallens, die nur ab und zu kurz getrübt wurde von ein paar bissigen Bemerkungen des benachbarten Pensionisten, des grauhaarigen, skeptischen Hannes, der seit Jahren auf der Basis eines Stundenlohnes die notwendigsten Gartenarbeiten beim „blauen Bock“ verrichtet hatte und sich nun von diesem jungen Schnösel an den Rand gedrängt fühlte. Aber das waren nur unwesentliche Randerscheinungen. Hartmuth fühlte sich lange wohl in dieser Wolke des Wohlgefallens.

Irgendwann aber begannen die von außen an ihn gestellten Erwartungen, nicht mehr mit den Erwartungen, die er an sich selbst stellte, übereinzustimmen. Er war kein Hausmeister! Sein Wissensdurst, seine Sehnsucht nach Antworten auf die Frage, was „Mensch sein“ bedeute und seine poetischen Phantasien zogen ihn langsam von der Zufriedenheit mit seinem Hausmeisterdasein weg und aus der Wolke des Wohlgefallens heraus.

Unweit des „blauen Bocks“ war eine neue Diskothek eröffnet worden, die sich in dem immer mehr aufkommenden Neubayrisch „Happy Hour“ nannte. Ein „Hot-Spot“ der „Singles“, die nicht „Singles“ bleiben wollten und wo die bayrischen Musikanten durch Vinyl-Schallplatten ersetzt worden waren, aus deren Ritzen nun Rocksongs wie „I Can‘t Get No Satisfaction“ der Rolling Stones mit einer Wucht herausgekratzt wurden, die durch Mark und Bein ging, besonders dem Hartmuth, der sich auch durch den Text persönlich angesprochen fühlte. Obwohl:

er war inzwischen für seine Verhältnisse „reich“ geworden, denn Hella zahlte einen fairen Lohn und er verbrauchte fast nichts davon. Ein paar moderne Klamotten, ein wenig „Elvis-Presley-like“, hatte er sich vor einiger Zeit aber schon gekauft und seither war er zur „Happy Hour“ – für ihn war das immer so von Samstag 23 Uhr bis Sonntag 3 Uhr – in der Disco, wo ihm die Blicke der dort herumschwirrenden weiblichen „Singles“ zu erkennen gaben, dass er gut aussah in diesen neuen Klamotten. So manches „Techtelmechtel“ hatte sich da schon ergeben.

Dort, in dieser Disco, kam er auch mit Peter ins Gespräch, einem großgewachsenen, blonden Germanen mit schrägem Haarschnitt, dem Sohn eines in Gröbenzell praktizierenden Arztes. Peter erzählte von den Eskapaden seiner Flegeljahre, vom Abbruch des Gymnasiums, von seiner Flucht nach Indien, von seinen Drogenproblemen und auch davon, dass er bei seiner reumütigen Rückkehr wie der biblische verlorene Sohn von seinem Vater wieder in die Arme genommen worden war. Peter arbeitete jetzt vormittags in der Praxis seines Vaters und besuchte seit einem Jahr das Städtische Abendgymnasium in München.

Ja, dieses Gymnasium! Es ließ Hartmuth nicht mehr los, es hatte sich schon mit den ersten Erwähnungen Peters irgendwo in seinen für Zukunftsvisionen zuständigen Gehirnzellen festgehakt. Stundenlang und immer wieder quetschte er Peter aus, um alles darüber zu erfahren, solange bis Peter ihm schlicht und einfach erklärte, er sollte nicht ewig so blöd herumfragen, sondern mit ihm nach München fahren, um sich dort in der Schule umzusehen und sich dann einzuschreiben.

Es war im September 1980 ,als Hartmuth zur Chefin ging und sagte: *„Hella, ich muss mit dir reden!“* Sie setzten sich und Hella meinte, er hätte wohl wieder eine wunderbare Idee, wie man irgendetwas beim „Blauen Bock“ besser machen könne, sie erkannte aber bald, dass es dieses Mal wohl um noch Wichtigeres ging. Hartmuth sprach zögerlich und ernst: *„Hella, ich habe mich entschlossen … das heißt, ich würde gerne … wenn es ginge … ich würde gerne das Abitur machen am Abendgymnasium in München und ich hätte mir vorgestellt … ich würde sehr gern bei dir bleiben … ich würde dich sehr darum bitten … ich hätte mir vorgestellt, halbtags bis 14 Uhr bei* *dir zu arbeiten und dann jeden Tag am späten Nachmittag nach München in die Schule zu fahren!"* Hella ließ ihre Mundwinkel fallen und schob das Kinn vor, sie nahm ihre grün umrandete Brille ab, putzte sie mit der Ecke ihrer Dirndl-Schürze aus dunkelblauem Samt, kniff ihre Augen zusammen, setzte ihre grün umrandete Brille langsam wieder auf, womit ihre Augen wieder groß und empathisch wurden, nahm das vorgeschobene Kinn wieder zurück, hob ihre Mundwinkel wieder nach oben, legte dem Hartmuth die Hand auf den Arm und sage nach langer Pause: *„Na gut, Harti, einverstanden, auch wenn es mir weh tut!"*

Hella erkannte wohl, dass sie ihren dynamischen Harti langfristig nicht halten konnte, wie sie es gerne getan hätte, nicht nur zum Wohle des „blauen Bocks", sondern auch zum Wohle ihrer mütterlichen Gefühle für ihn.

Die Gnade des Vergessens

Die Abendschule war für Hartmuth wie eine Nährmutter, an deren Brüsten er voll Wissensdurst mit Wonne saugte. Neugierig folgte er den Ausführungen der Professoren, machte Berge von Notizen und versuchte, zu verstehen. Alles interessierte ihn, von allen Fächern war er irgendwie begeistert und fühlte sich bereichert, sogar von Latein.

Peter hatte ihn freundschaftlich eingeführt in die Schulgemeinschaft und in ihre Gebräuche, meist saßen sie auch zusammen in der S-Bahn, die sie in 20 Minuten von Gröbenzell nach München und nach dem Unterricht, der von 18 bis 21 Uhr ging, wieder zurück brachte. Es waren drei Jahre vollgestopft bis zum Rande mit Arbeit, neuem Wissen, Strebsamkeit, Anstrengung und Adrenalin.

Die Hauptfächer Mathematik, Germanistik, Englisch und Latein wurden durchgehend in kleinen Portionen unterrichtet und jeweils erst am Ende des Schuljahres geprüft, die Nebenfächer Physik, Chemie, Biologie, Philosophie und Geschichte wurden aber „im Block" erledigt, das heißt, es wurde beispielsweise vier Monate lang intensiv Physik unterrichtet und studiert, dann wurde das Abitur in Physik abgelegt und dann kam das nächste Nebenfach an die Reihe. Die Intensität dieser „Blöcke" formte und filterte auf kuriose Weise den Blick Hartmuths in die Welt und demonstrierte eindrucksvoll die Perspektivität unseres Bewusstseins.

Wenn Hartmuth „als Physiker" von der S-Bahn aus in die Landschaft schaute, dann nahm er deren Physik, also beispielsweise die Statik der Gebäude und der Bäume, wahr und er dachte an die Bindungsenergie in den Atomkernen, welche diese Standfestigkeit erst ermöglichten. Blickte er vier Monate später als „Chemiker" in die Welt, dann löste sich diese in chemischen Formeln auf und blickte er als „Biologe" in die Welt, eröffnete sich ihm das Wunder der Artenvielfalt und die Überlebenskunst der Schmetterlinge und so weiter. Aber auch wenn er auf der Toilette saß und drückend die Augen zudrückte – dieser Ausflug ins Kuriose sei im Hinblick auf die von Hartmuth so geschätzte Ironie erlaubt –, so dachte er als „Physiker“ an die Trägheit der Massen und an die Formeln zur Berechnung der Schubkraft, und wenn er als „Chemiker“ auf der Toilette saß, so dachte er an die verderbliche Wirkung des Methangases für das Klima und als „Biologe“ dachte er an die so segensreiche Symbiose der Menschen mit den Milliarden von Bakterien in ihren Gedärmen, ohne die sie gar nicht leben könnten. Das Seltsame dabei: Die Physiker, die immer Physiker sind, und die Bergbauern, die immer Bergbauern sind, und die Versicherungsmakler, die immer Versicherungsmakler sind, und alle, die lange sind, was sie sind, die merken gar nichts mehr von der Seltsamkeit und Eigenart ihres Blickwinkels, egal, wo sie gerade sitzen.

„Ja, wie würde die Welt jetzt für mich wohl aussehen, wenn ich den Lahnerhof übernommen oder wenn ich Philosophie studiert hätte“, zuckt es durch Hartmuths Kopf. In die Gegenwart zurückkehrend blickt er nachdenklich um sich. Der Büroraum, in dem er sitzt, ist edel eingerichtet, dezente Tapeten, Eichenholzboden belegt mit teuren Teppichen, hinter ihm ein großes, überquellendes Bücherregal, auf dem großen Schreibtisch aus dunklem Mahagoni glänzt ein Computer neuester Bauart. Aus seinem Lehnstuhl und aus seinem derzeitigen „Hartmuth-Blickwinkel“ heraus schaut er durch das große Fenster hinaus auf den sattgrünen Rasen im Nieselregen. Agnes hat ihrem Söhnchen, dem Thomas, einen gelben Gummianzug mit großer Kapuze und schwarze Gummistiefel angezogen, sie sitzt unter dem Vordach und überwacht das Treiben des Kleinen.

Hartmuth beobachtet, wie sein kleiner Knirps vergnügt auf dem regennassen Rasen umherkriecht, wie er eine Schnecke aufhebt und fasziniert beobachtet, wie diese sich ängstlich in ihr Häuschen zurückzieht – das sie vorsorglich immer bei sich auf dem Rücken trägt –, wie er sie wieder behutsam hinlegt und wie er dann mit der rechten Hand einen Regenwurm aufhebt, diesen auf seinen linken Handrücken legt und mit einem Lächeln im Gesicht offenbar fühlt, wie er über seine Hand kitzelt und sich dann von dannen schlängelt. Er sieht aus wie ein grellgelber Astronaut mit schwarzen Moon Boots, sein Schatz, ihr gemeinsamer Schatz, ihr Thomas, der vor kurzem 7 Jahre alt geworden ist.

Wieder sacken seine Gedanken zurück in seine bewegte Vergangenheit, zurück zur Abendschule.

15 Jahre sind inzwischen vergangen. Ja, und was wusste er noch von der Heisenbergschen Unschärferelation, von der Bindungsenergie der Atomkerne, von der Elektrostatik oder vom Periodensystem der Elemente, von den Mendelschen Gesetzen oder von den mikrobiologischen Geheimnissen der Zellteilung oder der Philosophie Kants? Nichts, fast gar nichts mehr! Fast alles war weg und vergessen! Was wusste er noch von Latein? Ja, einen in Akademikerkreisen kursierenden Witz kannte er noch, den er auch oft an den Mann oder an die Frau brachte: *„Karli war auf Kulturreise in Italien mit seiner Gattin. Er, Karli, war humanistisch gebildet, aber beim Lateinunterricht war er in Gedanken wohl meist ganz wo anders gewesen. Da las seine Gattin auf einem Kirchturm unterhalb der Kirchturmuhr die Inschrift ‚mors certa, hora incerta' und sie bat ihn: ‚Karli, du kannst doch Latein, sag mir, was heißt das' und er las, überlegte lange und übersetzte: ‚Todsicher geht die Uhr falsch!'*

Ja, mit solchen Witzen konnte man schon rundherum klarmachen, dass man humanistisch gebildet war, und auch gleich sondieren, ob es auch der Zuhörer war, was man gleich verneinen konnte, wenn er nicht zum rechten Zeitpunkt lachte. Also war vom Latein doch noch ein Nutzen greifbar.

Aber Spaß bei Seite, Faktum war, das musste Hartmuth sich eingestehen, er hatte fast alles, was er damals so begeistert gelernt hatte, schon wieder vergessen. Warum? Weil er es eben nicht gebraucht hatte als Versicherungsmakler, weil er gar keine Zeit mehr gehabt hatte, daran zu denken.

Hartmuth steht auf und setzt sich an den Computer. Vor zwei oder drei Jahren hat er sich nämlich schon einmal Gedanken über die sonderbare Nutzlosigkeit seiner damaligen Anstrengungen und Begeisterungen gemacht und dann versucht, ganz allgemein, die manchmal Mark und Bein erschütternde Vergesslichkeit der Menschen und vor allem seine eigene zu ergründen. Er hatte doch diese Gedanken in einem Ordner gespeichert, wo war er denn? Ja, da war er. Er liest:

„Die Gnade des Vergessens:

Es gibt offenbar einen absoluten Geist bzw. einen gutmütigen Gott – oder wie immer wir diese wohlwollende Energie nennen wollen – der will, dass wir leben und der uns daher auch die dazu notwendige Ausrüstung gegeben hat!

Lebewesen sein bedeutet unter anderem, die Fähigkeit zu haben, nach außen zu wirken, wobei diese Fähigkeit offensichtlich von der Größe des Körpers und der Qualität der Organe bestimmt ist.

Wir Menschen haben eine bestimmte körperliche und geistige Größe oder Kleinheit, welche unsere Wirkung – also unsere Wirklichkeit – in der Welt festlegt. Ein Spatz oder ein Regenwurm hat völlig andere Dimensionen (super, dass ich das aufgedeckt habe!!) und lebt insoweit in einer ganz anderen Welt.

Aber nicht nur die Körpergröße, auch die Qualität unserer Wahrnehmungsorgane ist uns vorgegeben. Wir sehen nur bestimmte Frequenzen des Lichtes und hören Schallwellen nur in einem begrenzten Frequenzbereich und dieselbe Einschränkung gilt für alle unsere Sinne. Aber diese Ausrüstung reicht, um der Umwelt all das zu entnehmen, was wir brauchen, um uns zu orientieren, um nach außen zu wirken, um uns zu ernähren und zu überleben.

Ununterbrochen prasseln von allen Seiten Photonen, Ionen, Atome, Moleküle, Elektronen, elektromagnetische Strahlungen, Luftschwingungen, optische Signale, akustische Signale, haptische Signale und noch vieles mehr auf uns Menschen ein. Wir würden in all dem wohl augenblicklich irre werden und ersticken, hätte Gott uns nicht in eine Rüstung gesteckt, die all das Unnütze abblockt und nur das ganz Wenige durch die Seh-, Hör- und sonstigen seltsamen Schlitze zu uns durchlässt, das wir zum Überleben brauchen.

Ja, es ist nicht zu übersehen: ‚Einschränkung aller Sinne auf das für das Überleben Wesentliche' lautet das eine Prinzip und ‚Abblockung alles anderen' lautet das andere! Ja, und mit diesen göttlichen Worten wurde uns offenbar ein Panzer angelegt, der uns vor der Flut des inso-

weit Unnützen schützen soll, ähnlich dem Sturzhelm und dem gepolsterten Schutzanzug, den die fürsorgliche Mutter ihrem Kleinen aufsetzt bzw. anzieht, bevor er mit dem Tretroller fahren darf.

Nichtbemerken, Nichtfühlen, Nichtriechen, Nichtsehen, Nichthören und Nichtwissen steht markant und in allen Varianten auf dieser Rüstung, quasi als erstes Überlebensprinzip."

Es gefällt Hartmuth, sich wieder einen seiner vielen, schon vor langer Zeit geschrieben und fast schon ganz vergessenen Texte zu Bewusstsein zu bringen und wieder ein wenig herumzuschnüffeln an den Früchten seiner früheren gelegentlichen Expeditionen in das so geheimnisvolle Land namens „Menschsein." Er liest weiter:

„Unser sagenumwobenes Wahrnehmungs- und Erinnerungsvermögen gleicht einem riesigen Lagerhaus. In der Mitte ein großer, langer Gang und rechts und links hohe Stapel tausender Regale und Abteilungen. Bald nach unserer Geburt – mit Inbetriebnahme der grauen Zellen – wird das riesige Eingangstor geschlossen und mit ‚Das will ich und brauche ich gar nicht merken, fühlen, riechen, sehen, hören und wissen' beschriftet. Nur wenige schmale Schlitze bleiben offen – wie oben erwähnt –, durch die also nur ein kleiner Bruchteil von all dem in unser Bewusstseins-Lagerhaus eindringt, was permanent auf uns einprasselt. Dies ist aber immer noch eine unüberschaubare Menge.

Instinktiv und intelligent sucht der Lagerverwalter – dessen Identität unbekannt ist, weil er immer mit Maske herumläuft – aus dieser riesigen eingedrungenen Menge primär das zum Überleben Wichtigste, also das Nützliche, heraus und legt es – mit Etiketten versehen – in entsprechende kleine Schachteln und schiebt diese in die entsprechenden Regale. Der Lagerverwalter lässt aber auch mit sich reden und lagert – über unser Ersuchen – beliebige Gedanken, Gefühle, Bilder oder Kopfkino-Szenen ein, wenn wir ihn fest und oft darum bitten."

Herrlich diese Handwerkerlogik! Oder bescheuert? Hartmuth ist jedenfalls amüsiert und vertieft sich weiter in den Text:

„Sieht man mit der Lupe hin, so erkennt man: Die Schachteln sind eigentlich keine Schachteln, sondern poröse, durchsichtige Hüllen, die alle miteinander geheimnisvoll in Verbindung stehen und kleine oder größere intensiv vernetzte Gruppen bilden, sich ständig bewegen und ändern und von der Großwetterlage außerhalb und vom Klima im Lagerhaus durchdrungen werden. An manchen Tagen ist es freudig hell erleuchtet,

an anderen Tagen düster und manchmal ist die Luftfeuchtigkeit zu hoch und Tränen setzen sich ab auf den sensiblen Hüllen wie Morgentau.

Beim Lagerhaus handelt es sich vermutlich um ein Raiffeisen-Lagerhaus, denn das, was dort eingelagert wird, wurde zum allergrößten Teil genossenschaftlich produziert und wird ebenso verwendet, man denke nur an die Millionen Begriffe, die dort auf Lager liegen, also Worthülsen, in die in genossenschaftlicher Übereinkunft ein bestimmter Inhalt gegossen wurde.“

Ja, Raiffeisen-Lagerhäuser hatte er wahrlich oft besucht als Knecht des Lahnerhofes und immer war er fasziniert gewesen von deren Fülle.

„Eine der wunderbaren Aufgaben der Intelligenz bzw. des Lagerverwalters liegt darin, aus diesen eingelagerten und vernetzten Partikeln in jedem Augenblick genau jene aufzugreifen, welche gerade benötigt werden, um eine Handlung, eine Idee oder einen Satz sinnvoll zu Ende zu bringen. Eine augenblickliche Verdichtung von unzähligen Erinnerungspartikeln, vollbracht von einem genialen Lagerverwalter, der blitzartig all das aus den verschiedensten Teilen des Lagers holt und zusammenstellt, was uns gerade nützt. Das gelegentliche ‚Treten in ein Fettnäpfchen‘ erinnert uns daran, dass auch der geniale Lagerverwalter seine schlechten Momente hat und das peinliche ‚Nichterinnern‘ des Namens einer Person, die gerade vor uns steht und vertraulich mit uns spricht, so als seien wir alte Bekannte, erinnert daran, dass er manchmal einfach schläft.

Seine besonders wichtige Aufgabe besteht aber darin, das Unnütze – also den größten Teil der riesigen eindringenden Menge – einfach durchzuwinken und am hinteren Tor des Lagerhauses wieder in die luftige Vergessenheit zu entlassen. Das ist notwendig, andernfalls würde das Lager völlig verstopft, es würde seine Funktionstüchtigkeit verlieren und der Lagerhalter würde verrückt.

Das Lagergut unterliegt einem ständigen Wandel, denn die neuen Schachteln werden immer vorne am Regal hingelegt und dabei die älteren auf die Seite und zurück geschoben und mit jeder weiteren neuen Einlagerung noch weiter seitlich zurück geschoben. Mit jeder Erinnerung werden die alten Schachteln zwar wieder nach vorne geholt, aber wenn sie lange nicht erinnert werden – wenn sie unnütz geworden sind – landen sie irgendwann rechts und links ganz hinten und fallen letztlich dort vom

Regal hinunter in den Fluss des Vergessens, der rechts und links am Lagerhaus vorbeifließt. Ohne diese permanente Entlastung würde das Haus unweigerlich zusammenbrechen und uns ersticken.

Wir wollen aber nicht zusammenbrechen und ersticken! ‚Alles Unnütze vergessen' heißt also das zweite Überlebensprinzip."

Hartmuth kommt nicht umhin, sich gewahr zu werden, wie sehr er seine Intelligenz in den vergangenen Jahren darauf trainiert hatte, das Versicherungsrecht und die Belange der Firma in den Fokus zu nehmen, denn das bedeutete angeblich „Nutzen". Jahrelang hatte er nur Schachteln mit der Etikette „Versicherungswesen" vorne auf die Regale gestellt und die alten mit den Etiketten „Abendschule" auf die Seite nach hinten geschoben, bis sie hinunter in den Fluss des Vergessens stürzten.

„Was strömt nicht alles auf uns ein, jeden Tag, aus Tausenden von Welt-Bildern, aus Mündern, Zeitungen und Büchern, aus Lautersprechern und TV-Kanälen, aus Internet, Handys, Telefax und E-Mails, und jeden Tag wird es noch mehr. Ich untertreibe wohl, wenn ich behaupte, dass 99 % unserer täglichen Bilder, Gedanken und Vorstellungen zum ‚Müll' gehören und es nicht wert sind, aufbewahrt zu werden. Auch in dieser Hinsicht leben wir in einer Wegwerfgesellschaft ohnegleichen, mit Müllhalden, die uns seelisch zu ersticken drohen.

Also: ‚Weg mit dem Müll!' Die Schwierigkeit liegt aber darin, nicht nur den Müll vom ‚Nicht-Müll' zu unterscheiden, sondern auch aus dem ‚Nicht-Müll' das herauszufiltern, was wirklich zählt im Leben und nie mehr vergessen werden sollte. Ich vermute, das schafft nur, wer tief innen weiß, was er mit dem Rest seines Lebens anfangen will, wer also in der Lage ist, sich eine Richtung zu geben, und damit weiß und fühlt, was zählt, wer also eine Richtungskraft entwickelt, die wie ein Magnet wertvolle Nahrung für diese Seelenrichtung anzuziehen vermag.

Ergebnis des wagemutigen Ausfluges in die Randzonen des undurchdringlichen Dickichts des menschlichen Geistes: Nicht-Wahrnehmen, Unwissenheit und Vergessen – neben Wahrnehmen, Wissen und Gedächtnis in den kleinen lebenswichtigen Bereichen – sind Ruhepolster, Seelenbalsam und Bedingung unseres Lebens! Also fort mit dem Fetisch des „Alles wissen Wollens" und des perfekten Gedächtnisses, es gilt, die Gnade der Unwissenheit und des Vergessens zu erkennen. Und Freunde aufgepasst: Wenn uns künftig wieder einmal unsere oft so peinliche

Vergesslichkeit quälen sollte, so lasst uns doch das folgende kleine tröstliche Gebet aufsagen (wir sollten es halt dann nicht inzwischen schon wieder vergessen haben):

„Gott in seiner Gnade hat uns primär als Nichtwisser und Vergesser gedacht

– um nicht zu sagen als glückliche Idioten – ***also lasst uns gottgefällig leben!"***

Ja, da war sie wieder, die von ihm als Palliativ so geschätzte Ironie, mit der er immer wieder den Unzumutbarkeiten des Lebens und den Unzulänglichkeiten seiner Versuche, es zu verstehen, eine humorvolle Spritze verpasste und damit, anstatt zu verzweifeln, lachen konnte über sich und die Welt.

Er knipst seinen Computer wieder aus, setzt sich in seinen Schaukelstuhl und zieht sich die Decke über die Füße. Da platzt Agnes herein: „*Horti-Schotz, mogst an Kaffee? I hätt a an Marmorkuchen fi di, mogst?"*

Ja, Hartmuth mochte und Agnes begab sich in die Küche, um für ihren „Horti-Schotz" zu holen, was sie versprochen hatte. Doch der Gedanke daran, dass er mit so viel Euphorie die Abendschule besucht und das Abitur gemacht hatte und jetzt, nach 15 Jahren, fast alles schon wieder vergessen hatte, dieser Gedanke beschäftigte ihn weiter. Da passte etwas nicht zusammen. War er damals auf dem Holzweg oder ist er es jetzt?

Als Versicherungsmakler konnte er nur wenig von dem gebrauchen, was er damals der Abendschule seiner geschätzten Nährmutter so wissensdurstig aus den Brüsten gesaugt hatte, ein wenig Mathematik vielleicht und Englisch natürlich. Aber er war ja nicht nur ein Versicherungsmakler, sondern auch ein Mensch, ein „Human" – auch wenn er dies in seinem Stress meist zu vergessen schien – und einem Human sollte doch die humanistische Ausbildung ein Fundament oder zumindest Wegweiser für Denkrichtungen sein. In den ersten Jahren nach dem Abitur waren manche Wegweiser ja noch erkennbar, besonders jene in den Gegenden der Philosophie, der Geschichte und der so faszinierenden Mikrobiologie. Aber auch diese Wegweiser wurden immer noch weiter in den Hintergrund geschoben, sie wurden mit der Zeit unleserlich und fielen schließlich ganz in die Vergessenheit.

Das Problem lag wohl darin, dass er viel zu viel Versicherungsmakler und viel zu wenig Mensch war. Die tägliche Flut der zu bewältigenden Aufgaben ließ den Menschen, den „Menschen Hartmuth“, gar nicht aufkommen und schob ihn auf das Abstellgleis.

Agnes

Der kleine Thomas ist von seinen Abenteuern im zarten Nieselregen inzwischen wieder zurückgekehrt in die warme Stube, wo er jetzt inmitten seiner unzähligen Spielsachen auf dem Boden sitzt, sich mit seinen samtigen Stofftierchen unterhält und ihnen von den Schnecken und ihren bunten Häusern erzählt.

Agnes bringt auf einem Tablett Kaffee und Marmorkuchen für sie beide, sie rückt ein kleines Tischchen nahe an Hartmuth heran, hebt eine Tasse Kaffee mit ihrer rechten Hand vom Tablett, lässt sie demonstrativ über seinen Bauch kreisen und setzt sie dann kunstvoll auf dem kleinen Tischchen ab. Er reagiert so, wie sie es sich gewünscht hat: *„Dass du mich bloß nicht wieder anschüttest!“ „Aber nein“*, sagt sie, *„wir sind ja schon verheiratet“!* Ein schon des Öfteren bemühtes Wortspiel, mit dem sie sich gegenseitig immer wieder gerne an ihr kurioses Kennenlernen erinnerten.

Es war im Herbst 1981, Hartmuth begann gerade sein zweites Jahr an der Abendschule, da meinte Peter, sein Freund, dass da hinten dieser neue, junge, fesche Hase mit den roten Lippen aus der 1. Klasse seine mandelbraunen Augen immer wieder auf ihn, auf Hartmuth, geheftet hätte. Wenn Hartmuth aber dann dorthin blickte, dann schaute der Hase wo anders hin oder auf den Boden und tat jedenfalls so, als sei nichts gewesen. Das ging ein paar Wochen so.

Dann, eines Tages, während der Unterrichtspause stand der neue, junge, fesche Hase aus der 1. Klasse am Kaffeeautomat und ließ sich von diesem zischenden und knurrenden Kaffeekoch einen doppelten Espresso einschenken. Hartmuth stand schräg dahinter und wartete darauf, sich ebenfalls einen Kaffee kochen zu lassen. Da drehte sich der neue, junge, fesche Hase um, ohne den Kopf zu heben, rannte direkt in Hartmuth hinein und schüttete den doppelten Espresso bis auf den letzten Tropfen über sein Hemd.

„Au … auaa!" schrie Hartmuth und *„Tschuldige … tschuldigee!"* schrie der Hase, bei dem es sich – der Leser wird es schon erraten haben – um Agnes handelte. Agnes zerrte ihn dann in die Damentoilette, befahl ihm, das Hemd auszuziehen, schruppte dann im Waschbecken das Hemd mit ihren zarten Fingerchen, deren Nägel verführerisch mit knallrotem Lack bemalt waren, und trocknete es unter dem Warmluft-Händetrockner, während sie seinen gut gebauten nackten Oberkörper samt dem kleinen Brandfleck auf seinem Bauch bewunderte. Als er nach 10 Minuten das Hemd wieder anziehen durfte, drückte sie ihm „zur Entschuldigung", wie sie sagte, mit ihren roten Lippen einen dicken Kuss auf die rechte Wange.

Als Hartmuth dann wieder in seiner Klasse saß, fingen alle, die rechts von ihm saßen, zu grinsen an, denn er hatte einen nicht zu übersehenden geheimnisvollen roten Abdruck auf seiner rechten Wange. Natürlich hat er die vielleicht absichtlich tollpatschige, aber so überaus charmante und sich so rührend um ihn sorgende Agnes gleich auf einen Drink nach dem Unterricht eingeladen. Als er dann erfuhr, dass sie im Stadtteil „Hasenbergl" im Norden von München wohnte, konnte er sich das Lachen nicht verkneifen und als er am nächsten Tag dann dem Peter von seinen Erlebnissen mit dem feschen Hasen vom Hasenbergl erzählte, war das Gelächter überhaupt nicht mehr zu bremsen.

Ja, so haben sie sich kennengelernt, vor nunmehr 17 Jahren, und die Symbolkraft dieser ersten Begegnung für die Grundzüge ihrer Beziehung war mit den Jahren immer deutlicher geworden.

Agnes sitzt ihm nun gegenüber, lacht ihn mit ihren mandelbraunen Augen an und führt mit ihren zarten Fingerchen, die immer noch mit knallrotem Nagellack bemalt sind, die Kaffeetasse zu ihrem Mund. *„Na, Horti-Schotz, wos sogst zu deiner Geburtstagsfeier?"* „Horti-Schotz" sagt nicht allzu viel, er ist müde, aber er lobt sie und bedankt sich und meint, dass er sich sicherlich noch lange an diese schöne Feier erinnern werde, und ergreift dabei ihre Hand, die nach feiner Handcreme duftet und drückt ihr einen Kuss auf den Duft.

Nun ist aber Agnes an der Reihe und aus ihrem rot eingerahmten hübschen Mund beginnen die Worte zu fließen wie frisches Wasser aus dem Gartenschlauch, mit dem sie nun ihr Pflänzchen, ihr Edelweiß, ihren „Horti", zu gießen beginnt. Er mag ihren bayrischen Sound und ihre blumige Ausdrucksweise, mit der sie alle ihre Eindrücke von der Feier zum Besten gibt. Wenn er sich nahe dem Ertrinken fühlt, wirft er einen Gedanken in den Fluss, meist eine Frage, für deren Beantwortung sogar Agnes eine kleine Nachdenkpause braucht, um dann die Berieselungen wieder matt und müde hinzunehmen.

Ja, Agnes war in mancher Hinsicht ein Phänomen, sie kannte alle Nachbarn mit ihren Namen und Geschichten, sie kannte die Namen und Hintergründe der Kunden des Maklerbüros viel besser als er, obwohl er hauptsächlich mit ihnen verhandelte, sie war eine Meisterin des Spiels „Who's Who", eine soziale Netzwerkerin mit Talent. Sie gehörte zu den Menschen, die immer gut beleuchtet erscheinen, die es verstehen, sich in den Mittelpunkt zu stellen, und stets war sie umwölkt von der Sorge um ihr Erscheinungsbild und um ihren Eindruck auf die Menschen. Betrachtete man ihre Ehe als eine Funktionseinheit, so repräsentierte Agnes „die in der Sonne sich räkelnde Außenseite" und er „die arbeitsame, kompetente Innenseite."

Es war aber gerade diese Betrachtungsweise, die ihm bitter aufstieß. Oft hatte er in diesen letzten Jahren das Gefühl, die tiefe gegenseitige Zuneigung ihrer Anfangsjahre habe sich sukzessive in eine Funktions- und Zweckgemeinschaft verwandelt. Zwar gab es auch Stunden, in denen sie beide sich schweigsam wie zwei kleine Häschen aneinander kuschelten, um einfach gegenseitig seelische und körperliche Wärme auszutauschen, aber das wurde immer seltener, das letzte derartige Verschmelzen und Versinken in der Zweisamkeit war schon lange her.

Auch hatte sich zwischen ihnen in ihrem gegenseitigen Verstehen über all diese Jahre etwas entwickelt, das man „eine kleine Subkultur" nennen könnte. Wenn er anderen Personen gegenüber beispielsweise Begriffe wie „Bauernstolz" oder „Zeit-Dung" in den Mund nahm oder vom „beschwerlichen Aufstieg zum Mont Blanc" sprach, so stieß er auf Unverständnis und Rückzug. In der Kommunikation mit Agnes hingegen genügte ein derartiges Wort und sie wusste, was das bedeutete, und umgekehrt verwendete auch sie zahlreiche Begriffe, die nur er richtig verstand. Aber nicht nur ein gemeinsames Vokabular, auch ein gegenseitiges, stillschweigendes Verstehen von Gesten, ein gemeinsames Empfinden von Recht und Unrecht und auch eine erstaunliche Häufung von Gedankenübertragungen hatten sich entwickelt über all die Jahre, ja, eine eigene wertvoll-verbindende Subkultur.

Aber es war nicht zu leugnen: Die intensive berufliche Zusammenarbeit im Maklerbüro und die unvermeidlichen Diskussionen darüber, auf welche Art anstehende Aufgaben und Probleme zu lösen seien, führten unweigerlich immer wieder zu Reibereien, „Verschnupfungen“ und Kompromissen, die im Begriffe waren, auch ihre persönliche Beziehung zur Zweckgemeinschaft zu degradieren und auszuhöhlen. Vielleicht sollte oder musste man das „im Begriffe waren“ weglassen und zugestehen, dass ihre persönliche Beziehung schon erheblich degradiert und ausgehöhlt war.

Als Agnes die Grundschule beendet hatte, wollte sie von „Schule“ nichts mehr wissen. Auf Drängen ihres Vaters, dem Versicherungsmakler Ernst Bohrer, begann sie eine Ausbildung als Versicherungskauffrau, eine duale Ausbildung von drei Jahren, bei der sie wie ein Lehrling im Versicherungsbüro ihres Vaters arbeiten und immer wieder die Berufsschule besuchen sollte. Das funktionierte aber nicht, sie war zu widerspenstig und zu uninteressiert und Ernst war zu ernst und so brach sie nach zwei Jahren ihre Zelte im Büro ihres Vaters ab und tat lange gar nichts, außer mit den Eltern zu streiten, in Discos herumzuhängen und viel zu rauchen. Schließlich kam es zu einem Deal mit den Eltern, bei dem es ihr gestattet und finanziell ermöglicht wurde, eine ausgedehnte Weltreise zu machen, unter der Bedingung, dass sie nach ihrer Rückkehr eine „anständige“ Ausbildung ihrer Wahl in Angriff nehme. Ja, und im September 1981 hatte dann der weltgereiste, neue, junge, fesche Hase aus Hasenbergl seinen schicksalshaften Auftritt in der Abendschule, wo er seine „anständige“ Ausbildung in Angriff genommen hatte.

Der doppelte Mocca hatte sie beide füreinander entflammt. Nach der Abendschule gingen sie regelmäßig in ein nahe gelegenes Nachtcafé mit dem neubayrischen Namen „Talk-Shop“

und diskutierten und knutschten und diskutierten wieder weiter. Hartmuths Begeisterung für all das neue Wissen begeisterte auch Agnes, auch wenn sie ihn immer wieder ermahnte, er sollte doch mit den Füßen auf dem Boden bleiben.

Agnes kam oft mit dem Auto ihrer Eltern zur Schule und oft brachte sie ihn nach der Schule nach Gröbenzell, dies auch in der schlüpfrigen Hoffnung, ein Schäferstündchen mit ihm in seiner Dachkammer zu verbringen. Eine Hoffnung, die auch er hatte und gerne und liebevoll erfüllte.

Ein Jahr ging das so intensiv dahin mit den beiden, bis eines Tages Agnes nach einem kräftigen Schluck Weißwein im Nachtcafé „Talk-Shop" ihrem „Horti" tief und ernst in die Augen schaute und meinte, ihr sei es jetzt ganz ernst mit ihm und es sei an der Zeit, „Nägel mit Köpfen" zu machen und ihn ihren Eltern vorzustellen.

Nägel mit Köpfen

An einem Samstagabend im Oktober 1982 war es dann soweit. Agnes hatte alles mit ihren Eltern arrangiert. Sie holte ihren „Horti-Schotz“ mit dem Auto ihrer Eltern in Gröbenzell ab, sagte ihm mit strengem Blick, was er anziehen und was er nicht anziehen sollte, auf der Fahrt nach München/Hasenbergl erklärte sie ihm noch, was er sagen und nicht sagen sollte, und sie erzählte ihm auch mit wichtigem Gehabe, wie es allgemein um ihre Eltern stand. Offenbar war sie viel mehr aufgeregt als er.

„Versicherungsmaklerbüro Bohrer“ stand auf einer großen, gelben Tafel an der Einfahrt zum Bohrer-Grundstück und dann noch einmal neben dem Eingang zum Büro im Parterre. Es war ein modernes, großes Gebäude mit Flachdach und großen, dunkelglasigen Fenstern, umgeben von einem gepflegten, kleinen Garten.

In der Wohnung oben im ersten Stock wurde Hartmuth von Ernst und Hanna Bohrer sehr freundlich und offensichtlich mit einiger Neugierde empfangen. Sie hätten schon viel gehört von ihm, meinte Frau Borer mit einem verschmitzten Lächeln und wischte sich die Hände in ihrer Küchenschürze ab, bevor sie Hartmuth die Hand gab und mit großen Augen vielversprechend hinzufügte: *„Ich habe uns was Gutes gekocht, nehmt Platz!“* Agnes nahm ihrem „Horti“ den Mantel ab, wischte mit der Hand noch ein paar Härchen von seinem eleganten, dunklen Sakko und schob ihn auf jenen Platz am großen, fein gedeckten Esstisch im großen, eleganten Wohnzimmer, wo er ihrer Meinung nach am besten zur Geltung kam.

Hanna, die ihre leicht rundliche Figur samt adäquatem Kopf mit einem großen, graumelierten Haarknoten gekrönt hatte, der aussah wie ein Vogelnest, war offenbar fast so aufgeregt wie ihre Tochter Agnes. Sie brachte eine kleine Flasche Sekt und vier Gläser und hieß sie alle, anzustoßen auf den freudigen Anlass. Ernst Bohrer, immer noch drahtig, mit strengem Gesicht und schütterem Haar, hatte ihm förmlich die Hand gereicht und sich vorgestellt mit einem nüchternen „Ernst Bohrer". Er musterte nun seinen „Schwiegersohn in spe" von allen Seiten, wenn dieser es nicht merkte, und wusste zuerst wohl nicht so recht, was er von ihm halten sollte, er war am Anfang seltsam wortkarg.

Hartmuth wusste von Agnes, dass Ernst Bohrer 55 Jahre alt war und seit mehr als 25 Jahren als Versicherungsmakler einigermaßen erfolgreich tätig war, dass er zwei Sekretärinnen im Büro hatte, dass die Mama die Buchhaltung machte und dass mit den Erträgen das Haus, das vor 20 Jahren neu gebaut worden war, schon abbezahlt war.

Nachdem die Champignoncremesuppe mit viel Lob für die Küche ihren Weg in die Verdauungsorgane gefunden hatte und nachdem zum dritten Mal mit köstlichem Weißwein angestoßen worden war und die Zungen sich gelockert hatten, begann Herr Bohrer, ein wenig in Hartmuths Vergangenheit herum zu bohren. Er wusste natürlich schon einiges von Agnes.

„Wieso bist du denn desertiert aus dem Bauernstand, du hättest doch den Hof übernehmen können?", wollte er wissen. Hartmuth sah ihn ratlos an, er war etwas in Verlegenheit, denn auf eine psychotherapeutische Sitzung war er nicht vorbereitet. Er stotterte ein wenig herum und meinte dann: *„Vielleicht kann die folgende kleine Fabel meine Desertation ein wenig verständlich machen"*, und er erzählte in den ihm eigenen, etwas exotischen Klangfarben der deutschen Sprache: *„Es war einmal ein Hühnerei"*, alle mussten lachen, *„das – aus welchen kuriosen Gründen auch immer – von einer Entenmamma mit ihren Enteneiern ausgebrütet wurde. Als die Küken geschlüpft waren, war innerhalb der Entenwelt nicht zu übersehen, dass irgendetwas mit der Kleinen nicht stimmte. Dann kam der Tag, an dem die Entenmamma ihre Küken das erste Mal zum Teich führte, um mit ihnen zu schwimmen. Alle Entchen waren schon vergnügt im Wasser und schauten zum Strand, wo das Hühnchen angstvoll und verzweifelt hin und her lief, und sie riefen ihm zu: ‚Komm, du Feigling, komm doch endlich!' Ja gut, aber Hühner können nun einmal nicht schwimmen! Das Hühnchen wollte aber nicht feige sein und es wollte auch mit aller Kraft dazu gehören zur Familie und zur Entengemeinschaft und so sprang das Hühnchen schließlich verzweifelt ins Wasser. Es ruderte und strampelte*

wie wild und kämpfte und kämpfte … aber es war vergeblich! Jämmerlich, ja, ganz jämmerlich ist es dann ertrunken.

Ja", Hartmuth machte eine kleine Pause, *„ich habe wohl das Desertieren dem Ersaufen vorgezogen und deshalb bin ich hier.*" Auf den Bohrer-Stirnen standen immer noch Fragezeichen, aber alle waren gerührt und Agnes drückte ihrem kleinen – Gott sei Dank nicht ertrunkenen – Hühnchen einen dicken Kuss auf die Wange.

Nachdem auch das herrliche Hühnchen-Risotto verdrückt war, wollte Herr Bohrer wissen, was er denn nach dem Abitur vorhatte. Diese Antwort war leicht, denn für Hartmuth war inzwischen klar geworden, dass er weiterhin im „Gasthof zum blauen Bock" halbtags arbeiten würde und daneben Philosophie, Germanistik und Geschichte auf der Uni in München studieren und letztlich als Professor an einem Gymnasium unterrichten wollte.

„Alle Achtung!", meinten Ernst und Hanna im Chor, aber Ernst ließ es sich nicht nehmen, – nach einer kleinen Pause – die Frage hinzuzufügen, ob er sich wirklich von pubertierenden Rotznasen für den Rest seines Lebens quälen lassen wollte und dies noch dazu bei bescheidenem Verdienst. Hartmuth meinte, der Verdienst reichte aus, um ein würdiges Leben zu führen, und es wäre eine schöne Aufgabe, den Rotznasen die Nase zu putzen und sie auf eine humane Spur zu bringen. Auch diese Antwort gefiel.

Aber dem Ernst, der zunehmend Wohlgefallen an seinem „Schwiegersohn in spe" fand, war zu seiner eigenen Überraschung eine ganz neue Idee durch den Kopf gezuckt. Er begann jedenfalls von den Wohltaten zu schwärmen, welche ein Versicherungsmakler im Volk durch fachkundige Beratung verbreitete, besonders weil er damit ja dem so elementaren Sicherheitsbedürfnis der Menschen auf die Sprünge helfen würde, und Ernst fügte noch hinzu, dass ja Versicherungen im Prinzip etwas ersetzten, was unserem Ideal von einer solidarischen Gemeinschaft entspräche, die den hilfsbedürftigen und in Not geratenen Menschen helfen würde. Solche Gemeinschaften, Großfamilien, wo drei oder sogar vier Generationen zusammen wohnten und wirtschafteten, oder Sippschaften, wo alle zusammenhalfen, die gäbe es heutzutage leider kaum noch, sie wären aber lobenswerterweise durch die Versicherungen ersetzt worden. Hartmuth wagte dem entgegen zu halten, dass ja

Versicherungen keine solidarischen Gemeinschaften wären, sondern in der Regel Kapitalgesellschaften, deren Aktionäre möglichst viel Geld verdienen wollten und zumeist versuchen würden, sich mit allen Tricks wie ein Wurm aus ihren Zahlungsverpflichtungen herauszuwinden, wenn es juristisch nur irgendwie machbar wäre. *„Ja, da hast du nicht ganz unrecht"*, meinte Ernst, *„aber genau da kommen wir Makler dann ins Spiel, denn wir verhelfen den Kunden zu ihrem Recht, denn wir sind die Vertreter der Kunden und klopfen den sich windenden Würmern auf die Finger, wenn es nottut."* Hartmuth wollte dem noch entgegenhalten, dass Würmer aber keine Finger hätten, auf die man klopfen könne, er ließ es aber aus Respekt vor Herrn Bohrer bleiben, der offensichtlich glaubte, was er sagte.

Es ging noch eine Weile so weiter. Als, fast um Mitternacht, Erst Bohrer dem Hartmuth zum Abschied die Hand schüttelte, meinte er: *„Hartmuth, ich könnte mir dich sehr gut zuerst als Mitarbeiter und dann als Partner in meinem Versicherungsbüro vorstellen! Überleg dir das einmal!"*

Inzwischen war dem Ernst ja auch vollkommen klar geworden, das sei zur Erklärung seiner für ihn selbst überraschenden Redeweisen und neuen Rederichtungen noch gesagt, dass bei einer derartigen Spielart der Zukunft ja auch seine auf Abwegen befindliche Tochter wieder auf Kurs dorthin wäre, wo er sie ja immer schon haben wollte, nämlich in seinem Versicherungsbüro.

Kaum saßen Agnes und Hartmuth wieder im Auto, platzte Agnes heraus: *„Ja, was hat der sich da plötzlich für einen Floh ins Ohr gesetzt, der Papa?"* Sie freute sich zwar sehr, dass Hartmuth offenbar bei ihren Eltern so gut angekommen war, sie war aber von ihrem Versicherungs-Papa verunsichert worden hinsichtlich ihrer Abwege. Agnes hatte bislang, ganz im Gegensatz zu Hartmuth, zwar noch keine konkrete Vorstellung davon, was sie nach dem Abitur machen wollte, ein Einstieg in das Versicherungsmaklergeschäft ihres Vaters zählte aber definitiv nicht zu ihren Denkvarianten. *„Aber irgendwie"*, dachte sie jetzt, *„gemeinsam mit meinem ‚Horti', vielleicht wäre das tatsächlich was, dieser Floh, der sich da in Papas Ohr gesetzt hat. Wir könnten ja sogar zusammen wohnen in meiner kleinen separaten Wohnung im 1. OG des Elternhauses. Ja, zusammen wohnen, das wäre doch schön."*

Langer Rede kurzer Sinn, nachdem monatelang Ernst Bohrer ernsthaft gezogen und Agnes Bohrer ernsthaft geschoben hatten, zog Hartmuth nach glorreicher Ablegung des Abiturs und nach sehr schmerzlichem Abschied vom „Gasthof zum Blauen Bock“ und all seinem Personal und vor allem von seiner „Ersatz-Mama“ Hella bei den Bohrers am Hasenbergl ein. Es wurden also „Nägel mit Köpfen“ gemacht, Nägel und Köpfe, die allerdings ganz anders aussahen, als er sich das vorgestellt hatte.

Einzug

Der Abschied von seinen Phantasien, in denen er sich als Student in einem Hörsaal der renommierten, altehrwürdigen Ludwig-Maximilians-Universität München sah, umgeben von Wissensdurst und berieselt aus Quellen der Weisheit, war ihm schwer gefallen. Aber er hatte sich nun einmal entschieden, unterstützt vom zwingenden Charme der Familie Bohrer und vor allem von der ihn liebevoll umgarnenden Agnes und auch unterstützt von den von Herrn Bohrer herbeigeführten Einblicken in die letzte Jahresbilanz des Versicherungsbüros, dessen beachtliche Gewinnziffer von Herrn Bohrer dreimal unterstrichen worden war und dessen Ausbaufähigkeit er betont hatte.

Ja, „Gott Mammon" hatte da wohl auch ein wenig seine Finger im Spiel damals, als er sich für diesen Weg entschied, dies muss Hartmuth sich wohl eingestehen. Er schiebt sich ein Stück vom Marmorkuchen in den Mund und blickt hinaus in den Garten. Agnes hat sich inzwischen wieder in die Küche begeben, um ein kleines Mittagessen zuzubereiten.

Die Seerosen draußen auf dem vom Nieselregen berieselten Teich halten ihre Köpfchen geschlossen und lassen sie ein wenig hängen und scheinen ihn nachzuäffen mit ihrer Regenwetter-Traurigkeit. Ihre Stängel führen hinunter in den unsichtbaren, ungreifbaren und geheimnisvoll-schludrigen Moder vergangener Seerosengenerationen und auch damit erscheinen sie ihm plötzlich wie sinntriefende Karikaturen seiner selbst. Sie, diese traurigen, in sich zusammengezogenen Pflänzchen mit ihren unergründlichen Tiefen, sehnen sich offenbar nach Sonne wie auch er.

Hartmuth hatte sich mehrfach abgeseilt. Abgeseilt von der ihn beseligenden Milchstraße, die er vor vielen Jahren als Alm-Milch in wolkenfreien Neumondnächten auf der Lahner-Alm so genüsslich verkostet hatte, und abgeseilt auch von den hohen Gipfeln seiner Uni-Phantasien hinunter in die Welt der scheinbar praktischen Vernunft. Und so saß er dann eben im Versicherungsbüro Bohrer und ging daran, die Randzonen des undurchdringlich erscheinenden Dschungels des Versicherungswesens zu ergründen, diesen mit der Stablampe seines Verstandes nach und nach auszuleuchten, um sich dann immer wieder in das angrenzende Meer des Kleingedruckten zu stürzen, in das Meer der kleingedruckten Versicherungsbedingungen, welches die riesige, von ihm neu entdeckte Dschungelinsel umgab und in dem so viele, die sich dort nicht auskannten, schon ertrunken sind. Es war ein Dschungel in dem selbstverständlich das Dschungelprinzip galt, das hatte Hartmuth bald kapiert, mit dem Unterschied allerdings, dass sich im wahren Dschungel ein Löwe, der eine kranke Antilope gerissen und verzehrt hatte, gelassen und zufrieden in die Verdauungsruhe begab und wochenlang mit Freude das Gedeihen der Antilopenherde verfolgte, während in der Welt der scheinbar praktischen Vernunft, in welche er sich abgeseilt hatte, die ganz großen Löwen gleich die ganze Herde zu verschlingen pflegten, wenn es nur irgendwie möglich war.

Er kam sich in den ersten Wochen und Monaten vor wie ein Analphabet, der nun mühsam anfing, das „Versicherungschinesisch", also die exotische Sprache der Eingeborenen dieser Urwaldinsel, zu lesen und am Computer schreiben zu lernen. Manche seiner Fragen in diesen Tagen verursachten bei den befragten Sekretärinnen so manchen „Augenroller" und bei Herrn Bohrer manchen strengen Blick. Aber Hartmuth hatte Ehrgeiz im Blut, ja viel Ehrgeiz, also viel von jenem sonderbaren Saft, der Menschen hinaus treibt aus ihren behaglichen Stuben, hinaus in die weite Welt, hinaus in die angebetete Sonne der Anerkennung, und mit diesem Motor unter der Haube kam er schnell voran.

Das Zusammenleben mit Agnes in der kleinen, separaten Wohnung im 1. OG des Bohrer-Hauses und das Nebeneinanderwohnen und Zusammenarbeiten mit Ernst und Hanna war an manchen Tagen herrlich, meist war es zumindest konfliktfrei, aber an manchen Tagen fühlte sich Hartmuth eingesperrt im Bohrer-Haus wie ein Wildtier im Käfig.

Er schätzte Herrn Bohrer und dieser schätzte ihn offensichtlich auch, aber Ernst Bohrer war eben ernst, sachlich, leistungsorientiert und erzeugte Leistungsdruck, allein schon durch die Art, wie er sprach, wie er dreinschaute und gestikulierte. Ernst Bohrer wollte wohl auf ihn gar nicht so wirken, da war nichts Bösartiges in seinem Wesen, aber Hartmuth fühlte Druck. Vielleicht war es auch nur der Druck, der laut Drehbuch unserer Kultur mit der Rolle eines Schwiegersohnes immer verbunden ist, oder vielleicht war es auch nur ein Druck, den Hartmuths Ehrgeiz selbst ins das Drehbuch schrieb. Auch die sonst so freundliche und rundliche Hanna hatte gelegentlich ihre Jammer-Launen-Tage, an denen sie ihn und Agnes belagerte und ihnen die Luft zum Atmen nahm.

Das waren Tage, an denen er dann manchmal abends oder am Wochenende für ein paar Stunden auswanderte in die Einsamkeit und Anonymität der geschäftigen Stadt oder den nahe gelegenen Feldmochinger See umwanderte oder umlief oder sich mit einem Buch in eine ruhige Ecke irgend eines ruhigen Lokales setzte, um zu lesen. Agnes verstand und tolerierte diese Ausflüge, zumindest zumeist. Wenn er dann wie ein trauriges Vögelchen ein wenig in Freiheit herumgeflattert war, verwandelte sich in seinem Kopf und in seinem Herzen in der Regel der Raubtierkäfig in einen goldenen Käfig und schließlich wieder in das schöne „Bohrer-Wohn- und Geschäftshaus“, wo er jetzt zu Hause war und in das er also wieder heimflog. Aber es war nicht immer so.

Wenige Wochen, nachdem er seine Arbeit im Versicherungsbüro begonnen hatte, begann auch Agnes, die ja weiterhin die Abendschule besuchte, stundenweise im Büro zu arbeiten und nachdem auch Agnes das Abitur geschafft hatte, arbeitete auch sie ganztags im Büro. Auf zahlreichen Ausbildungsseminaren wurden ihnen beiden von „weisen“ Lehrern, des Öfteren mit nicht wenig gelehrter Anmaßung, die versicherungsrechtlichen Grundlagen beigebracht und auch die tiefenpsychologischen Grundlagen der raffinierten Kunst, Vertrauen bei den Kunden zu wecken und in deren Köpfen die Möglichkeit des Abschlusses eines Versicherungsvertrages zur unumgänglichen Notwendigkeit umzugestalten. Im Grunde genommen ging es dabei darum, Beispiele von Unglücksfällen rhetorisch geschmeidig darzustellen, also Fälle, in denen ein Unglücklicher unglückseligerweise nicht versichert war und wegen dieses bodenlosen Leichtsinns massiven Schaden erlitten hatte. Damit sollte die Angst in den Eingeweiden und im Kopf des Kunden geschürt werden, auch ihm könnte so etwas passieren, um dann eben gleich die heilende Medizin, den Versicherungsvertrag, anzubieten.

Im Grunde genommen war das die seit Tausenden von Jahren – insbesondere in Kirchenkreisen – bewährte Methode der Machtausübung, nämlich zuerst krank bzw. Angst zu machen, um dann die heilende Medizin anzubieten und zu verabreichen. Ja, dieses Machtinstrument bescherte dem Versicherungswesen in den letzten hundert Jahren einen fulminanten Aufstieg und in den verängstigten Menschen die manchmal geradezu paranoide Lust, sich gegen alles nur Erdenkliche versichern zu lassen. So gibt es Filmstars, die ihren Hintern, ihre Beine oder ihr Lächeln versichern lassen, Brautleute, die ihre Hochzeit versichern lassen, und angeblich gibt es sogar Idioten, die sich gegen die Gefahr versichern lassen, von Außerirdischen gekidnappt zu werden, ja, und vielleicht kommt noch die Zeit, wo es auch möglich sein wird, einen Raubüberfall oder einen Betrug dagegen zu versichern, dass man dabei erwischt wird.

Hartmuth waren diese psychologischen Tricks zur Machtausübung und auch der weitum grassierende Versicherungswahn unsympathisch, ja, eigentlich tief drinnen ein Gräuel, auch wenn ihm vollkommen klar war, dass genau diese der Dünger bzw. die Gülle waren, welche das so verehrte Pflänzchen „Gewinn" in der Bohrer-Bilanz so wunderbar gedeihen ließ.

Als er mit Agnes nach einiger Zeit wieder einmal aus nostalgischen Gründen im Nachtcafé „Talk-Shop" saß und sie bei einem Glas Wein über den Versicherungswahn diskutierten, meinte er mit erhobener Stimme ironisch und humorvoll überspitzt: *„Was leben wir bloß in einer Epoche der Hosenscheißer! Was waren das noch schöne Zeiten, als es noch Helden gab, ich meine Männer, so richtige, richtige Männer, lendenbeschürzte Jäger, die mit dem bloßen Speer einen Büffel erlegen konnten, muskulöse, furchtlose Krieger, die ihren eisernen Morgenstern im Kreise sausen ließen, Abenteurer und Freibeuter der Weltmeere mit breitem Hut, Federbusch und Degen, die niemals* *wussten, ob sie je lebend wieder an Land zurückkehrten, Männer mit behaarter Brust und stolzem Blick, die jedes zarte Reh zum Zittern brachten, Ausgeburten der Männlichkeit, auf deren Donnerstimme das Weib erbleichte. Wo, ja wo sind sie geblieben? Wie, wie bloß konnte es soweit kommen? Die mutigen Jäger von einst tummeln sich nun – im Auftrag ihrer Weibchen, versteht sich – im Supermarkt und stehen Schlange um Magermilch und Biokost, die wackeren Krieger von damals gehen heute anstelle ihrer Gattinnen in Karenz und die einstmaligen Freibeuter der Meere verkaufen nunmehr Versicherungen, um jede aufkeimende Gefahr im Keim zu ersticken, sei sie auch noch so klein und mickrig."*

Agnes lachte schallend: *„Horti, Horti, jetzt hast du dich aber verraten! Nein, aber so was von ‚Macho, Macho!' … also wirklich … aber gut, wenn du willst, wenn es dir Spaß macht, dann zittere ich halt wie ein zartes Reh und werde bleich … du musst mir nur sagen, wann!"*

Ja, er liebte es, manchmal über die Welt und auch über sich selbst zu lachen, und Agnes lachte gerne mit.

Faktum war, dass Hartmuth sich nach Kräften bemühte, den Kunden wirklich zu helfen, zumindest in den Anfangsjahren. An erster Stelle stand für ihn der Vorteil für den Kunden und dann erst kam sein Verdienst. Er riet den Kunden auch vom Abschluss überflüssiger Versicherungen ab, er versuchte die Prämien auf das Notwendigste zu reduzieren und kämpfte im Schadensfall wie ein Löwe, um der sich wehrenden Versicherung – um dem sich windenden Wurm – auf die Finger zu klopfen. Hartmuth hatte nämlich inzwischen gelernt, dass diese Würmer tatsächlich Finger hatten, nämlich Finger, mit denen sie nach Maklern griffen, deren Kunden sie auch als die ihren haben wollten, was den Maklern wiederum eine gewisse Macht gegenüber den Versicherungsunternehmen einräumte.

Zu all dem kam noch seine enorme Kompetenz in versicherungsrechtlichen Fragen, die er sich mit den Jahren ehrgeizig erarbeitet hatte. Dies alles gefiel den Kunden und wenn er bei einem die Prämien und damit auch seine Provisionen reduzierte, brachte die Mundpropaganda dieses Kunden zwei weitere Neue und steigerten den Umsatz im Endeffekt.

Agnes erreichte nicht die fachliche Kompetenz von Hartmuth, sie war aber eine talentierte Netzwerkerin, die es verstand, Kontakte zu knüpfen und auszubauen, Meetings mit Firmen aller Art zu organisieren, Werbung zu betreiben und sich und das „Versicherungsmaklerbüro Bohrer" in den Mittelpunkt zu stellen.

Ab dem dritten Jahr des Einstiegs von Hartmuth und Agnes in die Firma begannen die Umsätze sukzessive und markant zu steigen. Es wurden weitere Sekretärinnen und fachkundige Mitarbeiter auch für den Außendienst eingestellt. Das Büro wurde durch einen Zubau vergrößert, der fast den ganzen Garten verschlang und auch im 1. OG und im Keller Büroräume schuf. Es wurde dann bald die „Versicherungsmakler Bohrer & Egger GmbH" gegründet, an der Ernst und Agnes und auch Hartmuth beteiligt wurden.

Vor drei Jahren haben Agnes und Hartmuth dann gemeinsam dieses Grundstück gekauft, das nur ein paar Hundert Meter vom Maklerbüro entfernt ist und darauf ihr eigenes privates Wohnhaus sündteuer erbauen lassen, in das er mit Agnes und Thomas vor etwa einem Jahr eingezogen ist und in dem er nun sitzt und müde hinausblickt auf den Teich mit seinen Seerosen, die ihn in ihrer Regenwetter-Traurigkeit so emphatisch nachzuäffen scheinen.

Der Schatten

Er hatte einen rasanten Aufstieg hingelegt, von außen betrachtet, pekuniär betrachtet, materiell betrachtet, erstaunlich und beeindruckend für die anderen, die sein Inneres nicht sahen und seine Fassaden bewunderten.

Von innen betrachtet aber war es – vor allem in den letzten Jahren – ein sukzessiver Abstieg gewesen, hinunter in die schattigen Keller des Gemüts. Er wurde mit den Jahren zunehmend und immer wieder von einer unerklärlichen Angst und von einem unerklärlichen Schuldgefühl geplagt und er litt manchmal unter bedrückender Einsamkeit inmitten all dem Händeschütteln und Reden mit seinen Kunden, Mitarbeitern und Versicherungsmenschen. Er fühlte sich manchmal wie ein vor einen riesigen Karren gespannter Ochse, der unter der Peitsche zusammenzuckt, die immer wieder auf ihn niedersaust.

Gott sei Dank überwogen die guten und hellen Tage auch in den letzten, schwerer gewordenen Jahren, aber immer wieder fiel Schatten über ihn, der dann durch alle Poren in sein Wesen einsickerte, bleischwer und lähmend. Stunden oder manchmal Tage der Leere, mutlos, hoffnungslos, sinnlos … alles. Von Trostlosigkeit durchflutet, spielte er dann seine Rollen, kraftlos-krampfhaft bemüht, das Dunkel zu verbergen, voll von Ängsten, ausgeschlossen, elend, hohl. Die Freude war verdorrt an diesen Tagen in irgendeiner Wüste, die er nicht kannte, das Gesicht erstarrt und die Augen ausgetrocknet wie leere Pfützen. Matt und ausgelaugt lag er dann manchmal in der Nacht auf dem Sofa und zappte durch die TV Kanäle, ohne Sinn zu finden, der Leere erlegen, der Leere der TV-Programme, der Leere der Programme, die er selbst täglich abspulte, der Leere der Welt, der Leere in seinem Kopf und in seiner Seele. Whisky, an dem er dann an solchen Tagen leblos schlürfte, betörte den bodenlosen Unsinn, rieselte wie Morphium durch seine Venen, betäubte das Taube und lähmte die Lähmung.

„Woher in aller Welt kommen diese Schatten?“, dröhnte es dann oft durch seinen Kopf, er fand aber keine Antwort und verzweifelte an einer Welt, die – wenn es ums Ganze ging – offenbar nur die Fragen erlaubte, nicht aber deren Antworten.

Hilflos diesen Heimsuchungen ausgeliefert, lag er dann da, den Elementen preisgegeben wie ein Nachtschattengewächs, ohne dessen Gelassenheit und Würde jedoch und ohne dessen Demut. Welche dunkle Macht bloß zwang seine Gedanken in diesen bleischweren Stunden oder Tagen in diese Teufelskreise, in diese Kreisel von negativen Hirngespinsten, die sich in seine Seele bohrten wie giftige Pfeile und ihn nicht einschlafen ließen oder in tiefster Nacht an seine Stirn klopften, ihn weckten und quälten? Gedanken, immer wieder kreisende Gedanken und der Boden, auf dem sie wuchsen, war an solchen Tagen verpestet und der Brunnen, aus dem sie flossen, war vergiftet.

Vor Jahren schon hatte er nach dem Erwachen aus einer derartigen dunklen Phase, als es wieder etwas heller um ihn herum geworden war, in Selbstironie den folgenden Reim in sein Notizheft geschrieben:

Die Denker

Kreisende Gedanken ohne alle Schranken
sich in Denkerköpfen endlos zanken.
In Menschen, die im Denken sich versenken
und Leib und Seel darin ertränken,
bis zum Grabe sie dann denkend schwanken,
versinkend dort, im Denken von Gedanken.

Mit Wehmut erinnerte er sich – erinnerte ihn dieses kleine Gedicht – an seine jugendliche Liebe für Poesie, eine Poesie, über die – wie man sieht – auch der Schatten gefallen war mit den Jahren. Ja, *„Nicht denken! Nicht denken! Bloß sein!“*, rief er sich manchmal zu, wenn der Teufelskreisel wieder drohte, seine Runden zu beginnen. *„Zumindest ein paar Minuten nichts denken, das lindert!“*, rief er sich dann zu. *„Und nicht leben heilt“*, fügte er an besonders skeptischen Tagen optimistisch (?) hinzu.

Doch irgendwann, nach Stunden oder manchmal auch erst nach Tagen der Trostlosigkeit, begann sich der seelische Krampf langsam ein wenig zu lockern und Vorboten des Lebensmutes kehrten wieder zurück. Bisher war es jedenfalls immer so gewesen, Gott sei Dank! Er fasste dann wieder etwas Mut und begab sich zu seinem Therapeuten, zu seinem Schreibcomputer in seiner trüben Einsiedelei, in seinem Büro zu Hause, oft mitten in der Nacht. Manchmal saß er dann lange vor dem Bildschirm und wartete, dumpf vor sich hin brütend, auf die Rückkehr der Lebensgeister, um dann mühsam mit seinen schriftlichen Selbstgesprächen zu beginnen, ohne Ziel und ohne zu wissen, wer wem was wozu schrieb. Irre Soliloquien, deren Magie es bislang aber immer wieder geschafft hatte, aus dem Dunst des sich auflösenden Vakuums ein warmes Gegenüber hervorzuzaubern, ein Du, einen guten Pol, einen Ansprechpartner, der sich wohlwollend seiner Einsamkeit gegenüber stellte, ihm ein Echo war und das Vakuum verscheuchte.

Verbundenheiten

Ja, der innere Ansprechpartner war immer wieder zurückgekehrt, Gott sei Dank! Der Gedanke, die herrlich-bunten Seerosen im Nieselregen draußen am Teich würden ihn nachäffen mit ihrer Regenwetter-Traurigkeit, war ein greifbarer Beweis für die Anwesenheit seines inneren Ansprechpartners, der ihn wieder einmal ironisch auf die Schaufel nahm.

Die Geburtstagsfeier, quasi ein soziologischer Kniefall vor seiner Heldentat, dass er nun schon 40 Mal, auf dem blauen Planeten reitend, die Sonne umkreist hatte, dieses Fest mit seinen so intensiv nach rückwärts geschobenen Redeweisen, hatte auch Hartmuths Gedanken und Gefühle nach rückwärts geschoben, zurück zu seinen alten Verbundenheiten, deren magische Bänder ihn in seiner Jugend aufrecht und am Leben hielten.

In Annäherung an die Grenze, damals, 1978, bei seinem Auszug aus dem ungemütlich gewordenen „Zuhause" in den Alpen hatte Hartmuth sich vorgenommen, seine Vergangenheit in Österreich zurückzulassen, sie quasi an der Grenze, noch auf österreichischer Seite, abzulegen und sie irgendwo im dunklen Keller seiner Seele in eine Schachtel zu legen, diese mit der Etikette „Altkleider" zu bekleben und sie lange nicht mehr anzusehen. Ab Betreten deutschen Bodens wollte er nur noch an die Zukunft denken.

Er musste lachen, denn in Wirklichkeit war kaum ein Tag seither vergangen, an dem er nicht in dieser Schachtel herumgeschnüffelt hatte.

Da war seine liebe Mama, deren Stimme er immer noch im Ohr hatte, so als hätte sie gerade zu ihm gesprochen, da war der Vater, der in seinem Kopfkino die Rolle als Hauptdarsteller in einigen Kriegsfilmen, aber auch in manchen abenteuerlich-lustigen Heimatfilmen, besonders aber in Kulturdokumentarfilmen spielte, da war Karli, sein bester Schulfreund und Weggefährte, der ihn mit seinen Fäusten bei manchen kleinen Prügeleien körperlich und seelisch unterstützt hatte, da war der Lehrer Josef Geisler, der ihm Mut zugesprochen und ihn sogar manchmal gelobt hatte, da war Hildegard, seine kleine, lebensfrohe Halbschwester, und da war vor allem Rosi, ihr charmantes Lächeln, ihre rosig-roten Haare, die Sommersprossen auf ihren Wangen, ihr weicher, schön geschwungener Mund, und da war der Zauber des Zauberwaldes …

Für ihn war es heute noch ein Rätsel, wie er Rosi hatte verlassen können. Er war wohl irgendwie in Torschlusspanik damals, getrieben von Trieben, etwas werden zu wollen und etwas haben zu wollen, und dazu war ihm wohl ein kompletter Neuanfang notwendig erschienen. Wenn er heute zurückdachte, war klar, dass es wohl auch andere Varianten gegeben hätte, etwas zu werden. Rosi hatte damals bei ihrem schmerzlichen Abschied beim Gauderfest 1978 weitere Treffen mit dem Hinweis darauf abgelehnt, dass ihr dies zu sehr weh tun würde. Eine psychohygienische Maßnahme in der Art „entweder ganz oder gar nicht“ und sie hatte irgendwie recht damit. Hartmuth kniff Augen und Herz zusammen und fragte sich: *„War es der Respekt vor dieser Psychohygiene oder mein irregeleiteter Trieb, etwas zu werden, oder weil ich mich schämte, oder war es schlichtweg, weil ich ein abgrundtiefes Arschloch bin, dass ich seither nie mehr Kontakt zu Rosi aufgenommen habe?“* Ja, die Fragezeichen schienen Hartmuths Leben zu verfolgen wie eine Meute hungriger Wölfe!

Mit dem Stiefvater und mit Hildegard, seiner Halbschwester, hatte er im Jahre 1984, also etwa sechs Jahre nach seinem Auszug, sechs Jahre nach seiner seltsamen Flucht, erstmals wieder Kontakt aufgenommen, da war Hildegard gerade 16 Jahre alt. Er hatte ihr und seinem Stiefvater einen Brief geschrieben, hatte sich bei ihnen entschuldigt dafür, dass er sich so lange nicht gemeldet hatte, er hatte gefragt, wie es ihnen ginge, hatte seine Situation kurz geschildert, hatte seine Adresse und seine Telefonnummer angegeben in der Hoffnung auf eine Antwort und er hatte gefragt, ob er sie einmal besuchen dürfte. Hildegard hat wenige Tage später bei ihm angerufen, sie hat sich offensichtlich sehr gefreut, endlich von ihm, dem verlorenen Bruder, zu hören, und lud ihn ein, schnellstmöglich zu kommen, und sie meinte, dass auch der Vater sich freuen würde.

Etwa 14 Tage später rollte ein vornehmer, dunkler PKW, viel Staub aufwirbelnd, auf dem holprigen Schotterweg hinauf zum Lahnerhof in Hinteraching, durch den Wald hinauf, vorbei an den steilen Wiesen und vorbei am Heustadel im Feld. Oben auf dem geschotterten Platz zwischen dem talseitig gelegenen großen Kuhstall samt Tenne und dem bergseitigen Lahnerhof, dem stolzen Tiroler Bauernhaus aus sonnenverbranntem Holz, das Denkmalschutz verdient hätte, blieb er stehen.

Agnes hatte es sich nicht nehmen lassen, Hartmuth zu begleiten, und das war gut so, er brauchte sie, denn sie lockerte mit ihrem meist an der Oberfläche dahinplätschernden Frohsinn ein wenig seine Beklemmung. Er war verwirrt und wusste nicht, ob er sich freuen oder schämen sollte, und er wusste auch nicht, wie sein Vater sich verhalten würde, da hatte er einige Bedenken, um nicht zu sagen Angst. Klar war jedenfalls, dass es höchste Zeit war, diese Pilgerreise zurück zum Ursprung zu machen und den Faden wieder aufzunehmen. Er hatte seinem Vater und seiner Schwester Hildegard einiges zu danken.

Er stellte den Motor ab, blieb aber noch zögernd im Auto sitzen, um sich zu sammeln. Agnes sah ihn fragend an. Ein paar Hühner gackerten ihnen entgegen und Agnes rief entzückt: *„Ach schau, Horti, das Begrüßungskomitee! Das ist aber nett!“*

Da kam aber schon Hildegard mit lachendem Gesicht und erhobenen Armen aus dem Haus herausgelaufen und begrüßte sie herzlich. Sie sah gut aus, eine lebhafte, junge Dame mit blonden, lockigen Haaren, die sie zu einem Rossschwanz gezähmt hatte, der sich im Gleichklang mit ihrer offensichtlichen Freude auf ihrem Rücken hin und her warf. Mit einiger Verzögerung erschien dann auch Sepp Egger unter der Tür, er lachte freundlich verhalten, sagte *„Grüß Gott“* und reichte beiden seine kräftige, schwielige Hand.

Hildegard hatte gemeinsam mit Martha, der Schwester von Sepp, ein kleines Mittagessen zubereitet. *„Zillertaler Krapfen, deine Leibspeise!“*, rief Martha ihm freundlich zu. Alle setzten sich in der niedrigen, hölzernen Stube an den Tisch, über dem immer noch oben im Eck das Kruzifix, verziert mit grünen Buchsbaumzweigen, schweigend wachte. Es war Hildegard, die hauptsächlich und aufgeregt redete und erzählte und fragte. Vater, der sich vorerst damit entschuldigte, dass er noch etwas zu erledigen hätte, saß dann, als er nach einiger Zeit wieder kam, ziemlich wortkarg daneben.

Vater schien alt geworden zu sein, älter, als die vergangenen sechs Jahre es an sich erlauben würden. Seine stattliche Figur schien ein klein wenig schmäler geworden zu sein, sein sonnengebräuntes, von Falten durchfurchtes Gesicht war wohl noch kantiger geworden und über seine Augen hatte sich ein dünner, kaum merklicher grauer Schleier gelegt.

Sepp Egger, der stolze Lahnerbauer, bemühte sich offensichtlich, aber ganz tief in ihm hatte sich wohl eine gewisse Unverzeihlichkeit gegenüber Hartmuth festgefressen, ein Gefühl, das durch die Impertinenz des vornehmen Autos und der bepinselten und lackierten, hübschen Dame an seiner Seite noch verkompliziert wurde, auch wenn sie nett daherredete.

Auch Hartmuth war wortkarg, er wollte nicht den Angeber spielen und mehrfach bremste er Agnes ein, die gerne von ihren gemeinsamen Erfolgen sprach. Hartmuth wollte wissen, wie es dem Vater und der Hildegard ging und wie es um den Hof stand. Wie es mit dem Hof weitergehen sollte, wagte er direkt nicht zu fragen, aber aus der Begeisterung, mit der Hildegard von ihrem Leben am Hof sprach, und aus dem Umstand, dass Hildegard gerade die gleiche Landwirtschaftliche Fachschule in Rotholz besuchte, die auch er seinerzeit besucht hatte, war wohl klar, dass für Sepp die Hoffnung nunmehr blondlockig war.

Agnes' Neugierde war erfrischend. Sie wollte alles erfahren und alles sehen und vor allem die Kammer, in der Hartmuth geschlafen hatte, wollte sie sehen, und so wurde sie von Hildegard und Hartmuth im uralten Holzhaus wie in einem Museum herumgeführt. Dann standen sie vor Hartmuths Schlafkammer, sie war verschlossen. *„Ach ja"*, sagte Hildegard und griff sich an den Kopf, *„Vater hat die Kammer zugesperrt, ich muss den Schlüssel holen!"* Ja, mit seiner Desertation war die Kammer zum „verbotenen Ort" geworden. Dies wurde offenbar, als sie die Kammer betraten, nachdem Hildegard sie mühsam aufgesperrt hatte. Der Staub von sechs Jahren hatte sich dort aufgestapelt, Modergeruch und Spinnen hatten sich breit gemacht und Hartmuth glaubte zu erkennen, dass die blecherne Waschschüssel noch genauso dastand, wie er sie damals vor sechs Jahren dort hatte stehen lassen. Die Bettwäsche war verschwunden, die nackten, staubigen Matratzen zeigten Spuren von Feuchtigkeit und Schimmel. Im kleinen Schrank – dessen klapprige Türen offen standen – lagen am Boden noch ein paar alte Klamotten, die Hartmuth dort vor sechs Jahren hatte liegen lassen. An der Wand hing das Foto von seiner feschen, lachenden Mama, ein Foto, das er bald nach ihrem Ableben dort aufgehängt hatte, ihr Portrait, verklärt und mystifiziert vom Staub der Zeit und dem zarten, hellgrauen Schleier der unermüdlich spinnenden Spinnen. Als Hildegard und Agnes wieder auf den Flur hinausgegangen waren, blieb er noch ein paar Minuten alleine in seiner Kammer vor dem Bild seiner Mama und wärmte sich an ihrem verschleierten, liebevollen Blick. Dann ging auch er hinaus und zog mit klammen Gefühlen die knarrende Tür des offenbar verbotenen Ortes hinter sich zu.

Während Hildegard die Tür wieder versperrte, ergriff Agnes voll Mitgefühl seine Hand und zwinkerte ihm aufmunternd zu, so als wollte sie sagen: *„Jetzt hast du ja mich!“* und irgendwie hatte sie ja auch recht mit ihrem Gezwinker.

Sie zeigten der Agnes anschließend auch die Tenne mit all den landwirtschaftlichen Gerätschaften und dem hoch aufgestapelten Heu und natürlich auch die zehn prächtigen Milchkühe und die beiden Kälber im muffigen Stall, dann die Schafe und Ziegen und schließlich gingen sie hinter das Haus und zeigten ihr von dort aus, wie weit hinauf und wie weit hinab die steilen Wiesen und der steile Wald noch zum Lahnerhof gehörten, denn die Agnes wollte alles wissen. Agnes war beeindruckt und gleichzeitig erschüttert, sie bemühte sich redlich, „Nasezuhalten“, „Naserümpfen“ und auch „Augenroller“ zu unterlassen, und war zu tiefst erstaunt, zu sehen, unter welch rustikalen, kargen und hygienisch zweifelhaften Verhältnissen Menschen zu leben und zu wirtschaften vermögen. Ihr „Horti“ mutierte damit quasi zum exotisch verklärten Naturwunder.

Am späten Nachmittag, nachdem Kaffee und Apfelstrudel nach Mamas Rezept gemütlich verdrückt worden waren und nachdem man sich gegenseitig alles Gute gewünscht hatte, rollte der vornehme, dunkle, viel Staub aufwirbelnde PKW auf dem holprigen Schotterweg wieder hinunter ins Tal und nachdenklich hinaus in die Münchner Zukunft.

Mit Hildegard gab es immer wieder nette telefonische Kontakte, sie war sogar einmal, viele Jahre später, mit ihrem Mann, einem tüchtigen Handwerker, bei ihm auf Besuch in München. Hildegard hat kurz vor dem Ableben des Vaters den Hof übernommen und bewirtschaftete ihn gemeinsam mit ihrem Mann.

Ja, was war aus all dieser Verbundenheit mit Mama, mit Vater, mit Hildegard, mit seinem Schulfreund Karli, mit dem Lehrer Geisler und vor allem mit Rosi geworden?

Hartmuth blickt hinaus in den Garten, hinaus in das Nieseln des Regens, er steht auf und beginnt, in seinem Büro auf- und abzugehen wie ein Gefangener in seiner Zelle, den Kopf gesenkt, in Gedanken versunken.

Wie hatte er doch gestern in seiner hochstaplerischen Geburtstags-Dankesrede gesagt: *„Oft, meist erst ganz am Ende ihres Lebens, wenn Menschen in ihren letzten Stunden zurückschauen, wird ihnen klar, dass das Wichtigste in ihrem Leben eigentlich die Beziehungen gewesen wären, und sie stellen leider allzu oft fest, dass sie am Wichtigsten vorbei gelebt haben.“* Ja, Hartmuth hatte damit wohl sich selbst ertappt. Wie war er bloß umgegangen mit seiner Beziehung zum Vater, zu Hildegard, zu Rosi … und zu Karli, den er seit seiner Flucht nicht mehr kontaktiert hatte!?

Er nahm sich vor, sich zu bessern! Es war ja offensichtlich, dass diese Verbundenheiten es waren und dass es die Beziehungen zu Agnes und Thomas, zur Familie Bohrer und zu manchen Freunden waren, die ihn aufrecht und am Leben hielten. Sie waren es wohl, welche ihn auf dem kuriosen Klettersteig des Lebens „auf Spur“ hielten, hinauf auf den himmlischen Mont Blanc, der manchmal die Hölle zu sein schien. Sie, diese Beziehungen, waren wohl die Haltegriffe, an denen er sich fest und aufrecht hielt und hochzog, sie waren die Gewebefasern des Klettergurtes und des Sicherungsseiles, die ihn vor Abstürzen in das bodenlose Nichts gesichert hatten und es noch immer taten.

Abschied vom Vater

Vor Kurzem, im Frühjahr 1997, ist Vater gestorben. Die Nieren versagten, nachdem sie ein paar Monate vergeblich und schmerzhaft versucht hatten, wieder in Gang zu kommen. Hartmuth war bei seiner Beerdigung in Lanersbach, um Abschied zu nehmen von ihm, seinem Stiefvater, der zum Vater geworden war.

Vater, der äußerlich oft so harte und sachliche Bauer, hatte einige wenige Male einen Blick in seinen weichen und herzlichen Kern erlaubt. Einmal erlebte Hartmuth das, als sie nach dem Begräbnis eines Freundes gemeinsam durch den Waldweg wieder hinaufgingen zum Lahnerhof und Vater gerührt und ungewohnt wortgewandt darlegte, dass Begräbnisse für ihn die wertvollsten Veranstaltungen dieser Region wären, denn immer wieder seien es Hunderte von Menschen, die mit viel Anteilnahme dabei wären, um einem Mitmenschen die letzte Ehre zu erweisen, alle emotional vereint in den Klängen der Trauermusik, alle vereint im oft so schmerzhaften Wunder des Lebens und im Mysterium des Todes.

Ja, es war einmal mehr beeindruckend und berührend, wie viele Menschen an der Begräbnisfeierlichkeit teilnahmen, um dem Lahnerbauern, dem Sepp Egger, die letzte Ehre zu erweisen. Auch die Bundesmusikkapelle Tux in ihren hell-silbergrauen Tuxer-Jankern, gefertigt aus dem Loden bzw. der Wolle des von Sepp so geliebten Tiroler Steinschafes, war dabei und im Rhythmus und im Klang des herzergreifenden Trauermarsches von Chopin und vielfach mit Weihwasser gesegnet und besprengt wurde Sepp neben Mama behutsam ins Grab gelegt.

Hartmuth hätte so gerne dem Sepp sein eben fertig gestelltes, herrliches, neues Haus in München/Hasenbergl gezeigt, aber leider kam es nicht mehr dazu. Trotz der Konflikte, die es zwischen ihnen gegeben hatte, fühlte er sich seinem „Vater“ tief und dankbar verbunden. Er war schon am Vortag des Begräbnisses angereist und war auch am Vorabend beim letzten „Beten“ dabei, bei dem sich die Trauergemeinde um den in der Totenkapelle inmitten von Kränzen und Blumen aufgebahrten Sepp Egger versammelt hatte und ihn, dirigiert von einer gebetsmühlenartig mahlenden Vorbeterin, mit unzähligen „Vaterunser" und „Gegrüßet seist du Maria" im Chor christlich berieselte und ihn würdigte und ihm alles Gute wünschte. Hartmuth blieb nach dem Ende der Betzeremonie noch lange und alleine in der Totenkapelle sitzen und versank in Gedanken an das Werden und Vergehen dieses so überaus anstrengend gewesenen Lebens, dessen irdische Reste jetzt – zu Tode erschöpft – vor ihm im Sarg lagen.

Spätabends, am Vorabend des Begräbnisses, in der Kammer im Dachgeschoß des Lahnerhofes, wo er diese Nacht verbrachte, schrieb Hartmuth in sein Heft:

„Billionen von schwingenden Elementarteilchen, jedes für sich im Kerne unbegreiflich, hatten sich in diesem Körper versammelt und sich zusammengetan zu der jede Phantasie sprengenden Mission, ein lebenswilliges Anstrengungszentrum, also einen Menschen, einen Ich-Punkt im All, auf dieser Erde zu konstituieren. Billionen von Musikanten, versammelt zu einem unvorstellbar komplexen Orchester, beseelt von der Aufgabe, die heiter-ironische Musik des Lebens, die tragikomische Sinfonie der Anstrengung, fast 67 Jahre durchzuspielen, dirigiert von einem magischen Dirigenten, von dem wir nichts wissen, und durchklungen von einem Sinn, den wir nicht greifen können. Die Musikanten sind mit den Jahren in die Jahre gekommen, viele konnten den Ton dann nicht mehr halten, die Brillanz des Klanges ging verloren und damit auch die Lebenswillen-Harmonie. Die Bässe wurden blass und bleich und dissonant und sind dann plötzlich ganz verstummt, der Lebensklang verlor so seinen Untergrund und Widerhall und ist sodann im Weltenraum verklungen. Nun ist es still.

Zwei Tage sind seit dem Verklingen der letzten schmerzhaften Harmonien in Moll vergangen, die Musikanten sitzen noch auf der Bühne, tonlos, konsterniert und traurig, sie packen ihre Instrumente ein und bald werden sie sich aufmachen, um sich in aller Welt zu zerstreuen. Die Partitur ist vom Dirigentenpult verschwunden, dort liegt nun der graue Partezettel. Der Geruch von Moder liegt in der Luft.

Ein paar Konzertbesucher sitzen noch im Saal, mit Tränen in den Augen und im Herzen. Dann gehen auch sie. Was ihnen aber bleibt, was sie mit nach Hause nehmen, das sind die Spuren dieses Klangs in ihren Seelen und die Erinnerungen in ihrem Geist.“

Ja, er hatte die Spuren des Klangs seines Stiefvaters, der für ihn sein Vater geworden war, mit nach Hause genommen, mit in seine Seele und in seine Erinnerungen. Es tat ihm leid, dass er ihn enttäuscht hatte, dass er ihn enttäuschen musste, wie er meinte. Er hätte gerne dem Vater noch so viel gesagt, jetzt aber war es zu spät. Es schmerzte ihn, dass Vater nicht mehr war, aber noch viel mehr schmerzte ihn all das, was er ihm noch hätte sagen wollen und sagen sollen und was nun als Ungesagtes bitter in ihm stecken blieb.

Vater hatte ihm in seinen jungen Jahren Halt, Orientierung und Sicherheit gegeben. Mit Mama fühlte er sich auf das Innigste verbunden, sie war sein innerer und Vater quasi sein äußerer Halt, ein Haltegriff, der sich zwar manchmal grob und kalt anfühlte, der aber da war, wenn es darauf ankam.

Aber was war mit seinem leiblichen Vater? Was war mit Hartmuth Oberlohr aus Heidelberg? Was war mit dem in seiner jugendlichen Phantasie so erfolgreichen und tollen Biologieprofessor, der ihm so ähnlich sah und den er in seinen jungen Tagen so oft in einen bunt bemalten Luftballon gesetzt hatte und ihn nach oben steigen und in den Wolken schweben ließ? Ja, was war mit ihm?

Hartmuth senkt den Kopf. Er hatte sich seinerzeit vorgenommen, ihn zu suchen, er hatte auch oft daran gedacht, aber er hat nichts getan, gar nichts. Wieso? Er fühlt die Beklemmung, mit welcher diese offene Frage ihn in die Zange nimmt. Er sieht mit zusammengekniffenem Herzen seiner Inkohärenz in ihre vorwurfsvollen Augen. Er hatte wohl Angst! Ja, Angst, der so schön ausgemalte Luftballon könnte jämmerlich zerplatzen. Ja, das war es wohl. Dazu kam natürlich, dass er einfach keine Zeit hatte. Eine Ausrede, die er in den letzten Jahren in ähnlichen Fällen schon so oft bemühte hatte, dass er sie inzwischen selbst glaubte.

Thomas

Hartmuth beendet sein „Auf und Ab“ in seiner eleganten Büro-Gefängniszelle und geht in die Küche, um sich noch eine Tasse Kaffee zu holen. Agnes, sein so wichtiger Haltegriff am Klettersteig, ist mit Elan dabei, das Mittagessen vorzubereiten. Ihre Lebensenergien scheinen unerschöpflich zu sein. Sogar mit umgebundener Küchenschürze sieht sie gut aus, ein bisschen plattfüßig vielleicht, ohne ihre „High Heels“, aber immer noch schlank und rank wie eine in die Jahre gekommene Rebe eines edlen Weins.

„Na, wie fühlt es sich an als 40er?“, fragt sie verschmitzt. *„Na ja, es geht so, man fühlt sich halt so an der Kippe oder schon darüber. Peter, der Arzt, mein Freund von der Abendschule, spielt ja seit Jahren begeistert Tennis und seit einigen Jahren schon spielt er sogar Meisterschaft in der Seniorenmannschaft eines Tennisclubs. Er meinte gestern, irgendwann komme unweigerlich die Kippe im Leben, bis dahin trainiere man, um möglichst schnell besser zu werden, und dann, ab der Kippe, trainiere man nur mehr, um möglichst langsam schlechter zu werden.“*

Agnes lacht. *„Ach, Horti, aber du doch nicht, mir kommt vor, du wirst immer noch besser!“*, sagt sie schmeichelnd, wissend, dass Lügen manchmal viel gesünder sind als die blanke Wahrheit.

Auf dem Weg zurück in seinen Büroraum, mit der Tasse Kaffee in der Hand, bleibt er an der Wohnzimmertüre kurz stehen. Thomas sitzt im Wohnzimmer am Boden und ist dabei – leise vor sich hin summend – mit Lego-Bausteinen ein Haus zu errichten und einzurichten. Sein nettes Köpfchen, das seine braunen Haare neugierig in alle Richtungen zu strecken scheint, um nichts zu versäumen und seine dünnen Beinchen in dem mit bunten kleinen Blumen bedruckten weichen Stoffhöschen und sein kindliches „Vor-sich-hin-Gesumme“ erscheinen Hartmuth wie das Sinnbild herzergreifender Zerbrechlichkeit, das nach liebevoller Fürsorge ruft.

Erhellt von diesem kleinen Licht setzt sich Hartmuth wieder in seinen Schaukelstuhl und lässt sich schließlich, von den Eindrücken der Geburtstagsfeier und von den zauberhaften Rufen seines Söhnchens geschoben, wieder in die Vergangenheit kippen.

Thomas war sein Sonnenschein, vor allem an hellen Tagen. Nachdem im Jänner 1991 Agnes mit strahlendem Gesicht ihre Schwangerschaft verkündet hatte, nachdem Hartmuth sie liebevoll umarmt und ihren Bauch gestreichelt hatte und nachdem die Schwiegereltern die Hände erhoben und ausgerufen hatten: *„Na endlich!“*, da wurde auch darangegangen, die Hochzeit zu realisieren, die bis dahin immer auf die lange Bank geschoben worden war, weil man eigentlich keine Zeit dazu hatte.

Innerhalb weniger Wochen hat dann aber Agnes im Stile einer perfekten Event-Managerin alles organisiert, sie hat die „Safe the Date“-Karten verschickt, die dreistöckige Hochzeitstorte bestellt und mit großem Aufwand ihr prächtiges Hochzeitskleid gestalten lassen, den Hochzeitsfotografen engagiert und natürlich – so war sie eben – eine acht Meter lange Hochzeitslimousine mit Chauffeur vorfahren lassen. Hartmuth war nur für die Beschaffung der Eheringe zuständig gewesen und er hatte darauf bestanden, dass nach der Trauung das Hochzeitsmahl im Gasthof zum blauen Bock stattfand, wo Hella dann mit einer herzlichen Umarmung „ihre so erfolgreiche Spülerin“ und ihre Gattin Agnes begrüßte. Er hätte seine Agnes viel lieber in kleinem Rahmen und ohne jeden Pomp geheiratet und fühlte sich am Hochzeitstag wie ein Schauspieler, den man wider Willen auf die große Bühne gezerrt hatte und der nun unter dem Applaus des Publikums wie ein Hampelmann seine Rolle zu spielen hatte und sich dabei aber doch irgendwie geschmeichelt vorkam. Ja, gut, er war offenbar für Schmeicheleien doch insgeheim anfällig.

Ganz und gar unvergesslich aber war dann das Erlebnis der Geburt seines Söhnchens. Er war inmitten einer Geschäftsbesprechung, 40 Kilometer außerhalb von München, als am 4. September 1991 Herr Bohrer anrief und ihn informierte, dass bei Agnes die Wehen plötzlich und überraschend eingesetzt hätten und sie in die Gebärstation der Klinik gefahren worden wäre. Hartmuth brach die Besprechung sofort ab, setzte sich in sein Auto und raste – unter Missachtung mancher Verkehrsvorschriften – in die Klinik.

Mit einer zerknitterten, hellgrünen Plastikhaube am Kopf und eingehüllt in einen hellgrünen Plastikanzug, saß er stundenlang da wie ein Frosch am Rand des Teiches, hielt Agnes' Hand presste seinen Bauch zusammen, wenn sie presste, und stöhnte – zumindest innerlich –, wenn sie stöhnte, und er wischte ihr den Schweiß von der Stirn und redete ihr gut zu. Die Hebamme meinte, es sei zwar 14 Tage zu früh, aber es sei alles in bester Ordnung.

Als nach einem letzten, lauten, gebärenden Gestöhne und Geschrei Thomas endlich da lag, vor aller Augen, er, der gerade so schmerzvoll heraus aus der Geborgenheit in die einsame Individualität Gepresste, da war es eine Minute mucksmäuschenstill, dann füllte er, der nagelneue Erdenbürger, zum ersten Mal in seinem Leben röchelnd Luft in seine kleinen Lungen und stieß seinen ersten Schrei in die Welt, der übersetzt hieß: *„Hört alle her, ich bin jetzt da!"* Jubel brach aus in den Herzen und in den Augen von allen, die dabei waren! Tränen rannten über Hartmuths Wangen, er küsste Agnes, küsste ihre schweißgebadete Stirn und ihre Wangen. Die Nabelschnur wurde durchtrennt, das Blut wurde abgewischt und dann wurde dieses kleine, schrumpelige, schreiende Wunder auf den Bauch seiner erschöpften Mama gelegt.

In all dem dramatischen Geschehen hatte Hartmuth aber plötzlich das intensive Gefühl, vor seinen Augen oder besser im Herzen seines Herzens würde eine magische Energie auferstehen und ihn durchdringen, etwas, das ihn heute noch erschaudern ließ, wenn er daran dachte, etwas, das seine Seele tief berührte und ihn sprachlos machte, ein paar wunderbare Augenblicke lang. Es war eine Energie und eine Klarheit, die sich anfühlte wie eine Offenbarung des überweltlichen Seins, wie ein kurzes Aufleuchten des eigentlichen Ursprungs allen Lebens in seinem Bewusstsein, wie ein kurzes Aufwallen jener transzendenten Kraft, die wollte, dass auch dieses Menschlein lebt und in die Welt schreit.

Kann je ein Mensch sich mit Empathie in einen solchen kleinen, wundersamen Knäuel hinein versetzten, der gerade geboren wird, in das Drama, in das Trauma, in den Schmerz, in die Katastrophe des Geburtsvorganges? Nein, er kann es wohl nicht! Die ersten Seiten des Buches des Lebens eines jeden Menschen bleiben immer leer, unsere Geschichten beginnen alle in unserer Abwesenheit bzw. in Abwesenheit unseres Bewusstseins.

Werten wir es – als Optimisten, die wir sein wollen – als Gnadenakt ähnlich der Ohnmacht, die Menschen vor allzu großen Schmerzen in Sicherheit bringt, werten wir es als einen Akt, der „Nichtwissen“ einmal mehr als Gnade offenbart! Agnes hatte sich entbunden von dem, was sie immer mehr beschwert hatte, ihr Schoß wurde wieder leicht. Der kleine Knäuel aber, der leicht und wohlgeborgen wie ein Taucher im nährenden Meer seiner uterinen Höhle geschwebt hatte, wurde aus dieser seligen Verbundenheit und Leichtigkeit in die Individualität und in die Schwere der Erde gestoßen. Eine Last, die er nun – den Gesetzen der Erdschwere unterworfen – zu tragen hatte auf all seinen irdischen Wegen, wohin auch immer sie ihn führen mochten.

Er wurde – aus seiner Perspektive betrachtet – nicht in eine Welt geworfen, denn eine Welt im Sinne eines begrifflichen Zusammenhanges gab es für ihn noch nicht, er wurde ins völlig Offene, in die ängstigende Freiheit, in das unheimliche Unbekannte gepresst, aber gleichzeitig auch in die wunderbare Gegenkraft all dieser Unheimlichkeiten, nämlich in die Liebe, in die liebende Fürsorge, in die liebenden Arme der Mutter, der Agnes, auf deren Bauch er nun lag und von der er gestreichelt und liebevoll beflüstert wurde.

Ja, das waren schöne und magische Erlebnisse und Erinnerungen und wenn er jetzt daran dachte, dann plagte ihn auch gleich das schlechte Gewissen, denn er hatte viel zu wenig Zeit für den Kleinen. Auch bei Agnes war es nicht viel besser, weshalb dann schon vor fast fünf Jahren ein Kindermädchen, nämlich die damals 24 Jahre alte Julia, angestellt wurde. Julia hatte Sozialpädagogik studiert, sie war sehr nett, verstand sich gut mit Thomas und bemühte sich redlich um ihre schwierige Elternersatzrolle. Aber Eltern sind nun einmal nicht zu ersetzen und immer wieder gab es Situationen, in denen dies sowohl der Agnes als auch dem Hartmuth schmerzhaft bewusst wurde, besonders wenn

Thomas von seinen Erlebnissen erzählte und dann vorwurfsvoll raunzend hinzufügte: *„Da hättet Ihr dabei sein müssen, warum wart Ihr denn nicht da!?“*

Julia oder Agnes hatten Thomas meist schon zu Bett gebracht, wenn Hartmuth spät abends von der Arbeit nach Hause kam. Agnes kam zumeist um etwa 18 Uhr nach Hause und hatte zumindest abends noch ein oder zwei gemeinsame Stunden mit ihm. Im Prinzip aber waren sie nur „Wochenend-Eltern“, die dann, wenn sie endlich Zeit für ihn hatten – müde und ausgelaugt, wie sie waren, und wohl auch aus schlechtem Gewissen – ihren Schatz mit allem möglichen Krimskrams verwöhnten, anstatt seiner kindlichen Seele wirklich nachzufühlen.

Die Knirpsl-Geschichte von der Lebensfreude

„Papa, die Mama hat gesagt, wir essen in 20 Minuten!" Thomas, sein Sonnenschein, ist ins Büro gekommen und gleich wird Hartmuths Welt wieder viel heller, innen und außen. Thomas stellt sich vor Hartmuth hin, schaut ihm mit einem verführerischen Lächeln ins Gesicht und meint dann in einem bittenden, unwiderstehlich raunzenden Tonfall: *„Papaaa, mir ist langweilig, erzähl mir doch noch eine Knirpsl-Geschichte!"* Papaaa lacht sein Söhnchen an: *„Ja, gut, dann komm her, du kleiner, mutiger Knirpsl, dann erzähl ich dir eine."*

Hartmuth zieht einen Stuhl heran, auf den Thomas sich ihm gegenüber nun hinsetzt. Das war ein gewohntes Ritual, denn Thomas wollte seinem Papa ins Gesicht schauen, wenn dieser mit dramatischen Mienen und Gesten die Geschichten belebte, und Papa wollte dem Thomas in die großen Kinderaugen schauen, wenn diese im Banne der Geschichte noch größer wurden.

„Ja welche soll ich dir denn erzählen?", fragt Papaaa. Hartmuth hatte sich in den letzten beiden Jahren, in den wenigen Stunden, die er Zeit hatte, manchmal spät abends, wenn er von der Arbeit nach Hause kam und sich ein wenig nach seinem schon schlafenden Söhnchen gesehnt hatte – vielleicht auch aus schlechtem Gewissen, weil er so wenig Zeit für ihn hatte – ein paar Geschichten ausgedacht für Thomas und sich diese zurecht gelegt im Kopf und dann sogar auf Papier. Geschichten, bei denen immer der kleine Knirpsl mit Unterstützung von wunderbaren Fabelwesen phantastische Heldentaten vollbrachte.

„Thomas-Schatz", sagt Hartmuth, *„ich hätte eine ganz neue Knirpsl-Geschichte, sie heißt ‚Knirpsl und die Lebensfreude', magst du?" „Ja, super, Papa!"*, ruft der Thomas-Schatz. Hartmuth öffnet eine Schublade seines Schreibtisches, kramt ein paar Blätter bervor, setzt sich wieder in seinen Lehnstuhl, schaut dem Tho-

mas bedeutungsvoll ins Gesicht, hebt den Zeigefinger, setzt eine dramtische Miene auf und beginnt zu lesen:

„Es war einmal vor langer Zeit ein kleines Inselvölkchen. Das lebte hinter den sieben Bergen, dort, wo die Sonne untergeht, auf einer kleinen Insel, weit draußen im Meer und weit von der Küste des Festlandes entfernt. Es war eine wunderbare Insel, umgeben vom mächtigen Ozean, der seinen Spaß daran hatte, seine großen Wellen in die smaragdgrünen, zauberhaften Buchten der Insel hinein rauschen zu lassen und der vor Freude sein Wasser hoch in die Luft spritzten ließ, wenn ein Fels den Bauch seiner Wellen kitzelte. Ja, auf dieser vom Ozean berauschten Insel lebte also dieses kleine Häuflein von Menschen. Im Norden der Insel lag ein von Baumharz, Pilzen und Moosen duftender Zauberwald. Hm … kannst du das riechen, Thomas?“

Thomas hebt das Köpfchen und schnuppert …

„Ein Zauberwald, in dem Tausende Tiere und Tierchen – den Gesetzen der Natur folgend – friedlich zusammenwohnten, in dem die Vögelchen um die Wette sangen und die Spechte wie Schlagzeuger den Rhythmus dazu klopften. Hm … kannst du das hören, Thomas?“

Thomas spitzt die Ohren und meint dann: „Ja, Papa, ich höre es …“

„Ein Zauberwald, der den Menschen gerne das Holz schenkte, das sie brauchten, um ihre einfachen Holzhäuschen zu bauen und im Winter ein wenig zu heizen, und in dessen Mitte, oben am Fuße eines felsigen, großen Hügels, eine Quelle mit köstlichem Trinkwasser entsprang und von dort in einem kleinen Bächlein fröhlich hinuntergluckste bis ins Meer. Die Menschen dieser so großzügigen Insel lebten glücklich zusammen in einem einzigen, großen Dorf, das an der Südküste lag, umgeben von grünen Hügeln, wo blökende Schafe, meckernde Ziegen und unentwegt Gras kauende Kühe herumliefen und wo auch Gemüse, Wein, Getreide, saftige Erdbeeren und köstliche Kirschen angebaut wurden. Im Dorf hatten es sich die Menschen einfach und gemütlich eingerichtet. Jeder hatte eine Aufgabe für die Gemeinschaft übernommen: Es gab Perlentaucher und Tintenfischer, Kopfgebraucher und Brotteigmischer, Waldkräuter- und Tiergeheimnisse-Kenner und wunderbare Sänger, Beeren-Klauber und Schrauben-Schrauber, Köhler, die Kohlen brachten, und Hirten, die das Vieh bewachten, und es gab viele Rinder und viele lachende Kinder und auch einen Lehrer, der war ein Ge-

dichte-Verehrer, und auch einen Pfarrer, einen kleinen, vornehmen und feinen … ja, sogar einen Bürgermeister hatte das kleine Kaff … jetzt aber – stimmt's? – bist du baff …"

Thomas kichert …

„Ja, und einmal im Monat kam vom Festland ein Dampfschiff, das ein paar Dinge brachte, die auf der Insel benötigt wurden. Ein riesiges, dampfendes Ding war das, das grauen Rauch ausschnaufte und jedes Mal wie ein aufgeregter Elefant brüllte, bevor es am Bootssteg anlegte."

Thomas hört begeistert zu und Hartmuth erzählt weiter von der Insel, auf der alle Menschen in sehr einfachen und bescheidenen Verhältnissen, aber überaus glücklich zusammenlebten und auf der auch Knirpsl mit seinen Eltern, den Bäckern des Dorfes, wohnte …

„Aber dann, eines Tages, geschah es:

Sie kamen mit dem Dampfschiff, mit diesem riesigen, dampfenden Ding, das dieses Mal, bevor es am Bootssteg anlegte, noch aufgeregter als sonst zu brüllen schien. Am Bootssteg stand der Bürgermeister, er hatte seinen besten Anzug angelegt. Dann stiegen sie aus, die drei grauen Herren in ihren vornehmen, grauen Anzügen, schneeweißen Hemden und mit ihren roten Krawatten. Sie trugen graue Hüte und graue Aktentaschen, rauchten graue Zigarren, hatten ein graues Gesicht und schauten ganz wichtig und grau drein. Einer war ein Bankmensch, hieß es, einer ein Unternehmermensch und einer ein Regierungsmensch."

„Was ist das, ein Regierungsmensch und ein Bankmensch" fragt Thomas, Hartmuth erklärt es ihm und fährt fort …

„Gemeinsam mit dem Bürgermeister und ein paar anderen Inselmenschen besichtigten sie die Insel, den Wald, die Küsten, die Wiesen, das Dorf und all die kleinen Handwerksläden. Sie sahen mit abfälligem Grinsen auf die geflickten, alten Schuhe und die nicht immer ganz passenden Hosen und Hemden der Inselmenschen und sie sahen manche Inselmenschen, die am helllichten Tag auf Ofenbänken vor sich hinträumten. Am späten Nachmittag versammelten sich dann die Erwachsenen des Inselvolkes in der Gemeindestube und die grauen Herrn meinten mit wichtiger Miene und Stimme, es sei höchste Zeit, Schwung auf die verschlafene Insel zu bringen. Die Insel solle ein wenig eine Urlaubsinsel werden und ihre Naturschätze, das Holz, der reiche Fischfang und dergleichen sollten genutzt und vermarktet werden, hieß es, sie sei

dazu wie geschaffen, diese schöne Insel. Von Tourismus war die Rede, von einem Hotel, von einem Restaurant, von einer Groß-Fischerei, von einer Groß-Bäckerei, von einer Groß-Schneiderei und von einer Groß-Tischlerei und vor allem von Geld war die Rede, ja, von viel Geld …

Knirpsl spielte gerade vor der Bäckerei seiner Eltern mit Knirpseline, der kleinen Nachbarin mit den großen, blauen Augen und den lockigen, blonden Haaren, die er so gern hatte, als die Eltern von dieser Versammlung nach Hause kamen. Er sah sie die Straße heraufkommen. Die Eltern gingen schneller als sonst und diskutierten heftig, fast als würden sie streiten. Es war, als hätte ihnen jemand einen Floh ins Ohr oder eine Hummel in die Unterhose gesetzt."

Thomas lacht.

„Die halbe Nacht ging das so weiter mit den beiden. Knirpsl konnte kaum schlafen, so laut ging es zu. Er wusste nicht, was plötzlich los war, irgendwas hatte sich geändert. Am nächsten Morgen erfuhr er von Knirpseline, dass es auch bei ihr zu Hause auf einmal laut und hektisch war. Ja, auf einmal gingen die Menschen schneller, hatten Pläne in der Hand und keine Zeit mehr füreinander. Immer sprachen sie von ‚Groß' oder ‚Größer', von ‚Ausbau' oder ‚Neubau' und von ‚Geld'. Ja, plötzlich hieß es sogar ‚Zeit ist Geld'! Niemand lag mehr tagsüber auf der Ofenbank und tat es einmal doch einer, dann wurde er schief angeschaut. Manche begannen sogar, im zauberhaften Wald oben an der Nordseite der Insel zahlreiche Bäume zu fällen. Mit dem dampfenden und brüllenden Dampfschiff hatte man zu diesem Zweck sogar eine Motorsäge auf die Insel gebracht. Als diese dann oben im Zauberwald das erste Mal angeworfen wurde, fuhren die Tiere des Waldes erschreckt zusammen und liefen davon. Die Kinder durften nicht mehr so oft im Wald spielen, denn sie mussten jetzt länger in die Schule gehen, damit etwas aus ihnen wird, hieß es, und mit ‚etwas' meinten sie ‚reich'! Es schien, als hätte sich eine graue Wolke über die Insel gelegt. Die einstmals so lebensfrohen Gesichter der Menschen wurden grau und ihre einstmals so lebensfrohen Augen verloren plötzlich ihren Glanz und wurden traurig. Es war, als sei die einstmals so selige Lebensfreude der Menschen im Boden versickert.

Mit Schmerzen im Herzen fühlten die Kinder die zunehmende Kälte unter der grauen Wolke.

‚Was haben sie bloß?', haben sich Knirpsl und Knirpseline ein paar Mal gefragt und keine Antwort gefunden, außer einmal, da hat die Knirpse-

line, weil sie nicht wusste, was sie sagen sollte, dem Knirpsl einen kleinen Kuss auf die Wange gedrückt und da wurde ihm ganz warm ums Herz.

***In dieser magischen Nacht aber, von der nun die Rede ist**, war ihm kalt ums Herz, ja, sehr kalt. Ihm taten die Menschen leid, er konnte nicht schlafen, er wälzte sich hin und her. Schließlich stand er auf und schlich hinüber zum Nachbarhaus und klopfte an das Fenster der Knirpseline, aber sie hörte ihn nicht. Knirpsl wusste nicht, was er nun tun sollte, daher folgte er einfach seinem Herzen und ging hinunter zum Rand der hohen, steil abfallenden Klippe, welche die große Meeresbucht felsig umfasste. Dort setzte er sich auf einen Stein und schaute hinunter auf das Wasser. Der mächtige Ozean, der früher immer seinen Spaß daran gehabt hatte, seine großen Wellen in die zauberhaften Buchten der Insel hinein rauschen zu lassen, hatte offenbar auch seine Freude an der Insel verloren. Er lag bewegungslos-apathisch da und rührte sich nicht. Auf seiner glatten Oberfläche spiegelte sich der große, rote Mond, der hinten am Horizont des Ozeans schon weit unten stand und sich dort wohl bald schon zur Ruhe legen würde. Plötzlich war ihm, als käme aus dem Mund des roten Mondes oder aus seinem Spiegelbild im Wasser ein großer Vogel geflogen. Knirpsl hob den Kopf, ja, und in diesem Moment setzte sich mit weiten, eleganten Flügelschlägen eine große Eule auf einen Stein ihm gegenüber und schaute ihn geheimnisvoll an, mit ihren großen, kugelrunden Eulenaugen, in denen der Mond sich magisch spiegelte. Die Eule hatte ihre buschigen Ohren aufgestellt und ihre Federn schimmerten im Mondlicht.“*

„Waahh … Wahnsinn“, ruft Thomas mit roten Wangen.

‚Wer bist du?‘, fragte Knirpsl verwundert. ‚Ich bin die weise Eule, eine Helferin der Mutter Erde, die mich schickt, um mit dir zu reden!‘ ‚Mit mir?‘, fragte Knirpsl ganz verdutzt. ‚Ja‘, sagte die Eule, ‚Mutter Erde hat mich geschickt, um mit dir zu reden, weil sie weiß, dass dein Herz besonders voll von unschuldiger, kindlicher Lebensfreude ist. Ein Geist, oder sagen wir besser, ein dummer Kobold, hat diese Insel heimgesucht. Er hat sich hier unter diesen Felsen eingenistet und saugt wie ein riesiger Polyp den Menschen jede Nacht die Lebensfreude aus ihren Herzen. Deshalb wurden die Menschen so grau im Gesicht und es wurde ihnen so kalt im Herzen. Wenn aber ein Herz voll von unschuldiger, kindlicher Lebensfreude dem Kobold gegenüber tritt und ihm mutig in die Augen sieht, dann löst er sich auf und verschwindet wie ein Luft-

schloss im klaren Licht. Mutter Erde meint, du könntest das! Siehst du das Loch dort im Felsen?' Die Eule deutete mit ihrem rechten Flügel in die Richtung des Lochs, das sie meinte. ,Das ist der Eingang zur Höhle, in welcher der Kobold sitzt. Aber es braucht Mut! Überleg es dir!' Die Eule sah ihn mit ihren großen Eulenaugen, in denen sich der Mond spiegelte, noch einmal geheimnisvoll und beschwörend an, dann hob die Eule ihre großen Flügel und schwebte elegant davon.

Knirpsl saß lange unentschlossen da. Er platzte fast vor Aufregung, er schwankte, er fasste Mut, verlor ihn wieder, fasste wieder Mut und verlor ihn schon wieder …"

„Aber er geht hinein, der Knirpsl, stimmt's, Papa?", ruft Thomas mit roten Ohren. Papa fährt fort …

„Die Morgendämmerung begann schon fast zu dämmern, als er all seinen Mut zusammenfasste und in die Höhle stieg. Kaum aber hatte er die Höhle betreten, fühlte er, wie Mut in sein Herz floss, es war wohl Mutter Erde, die ihm half, und je weiter er vordrang, umso mutiger wurde er. Es war dunkel in der Höhle, nur ein paar Glühwürmchen beleuchteten ein wenig seinen Weg, am Boden krabbelte so manches Tierchen, die Wände der Höhle waren voll von Vogelnestern und an der Decke hingen Fledermäuse, die ihm neugierig nachschauten. Weiter hinten in der Höhle war ein matter Schein zu erkennen. Als Knirpsl näher kam, sah er den Kobold. Eine unheimliche und zugleich ulkige Erscheinung. Er hatte die Form eines großen Geiers und schien aus grau glitzerndem Rauch zu bestehen, ein Rauch, der sich ständig zu bewegen schien. Aus seinem Bauch flossen unzählige dünne Fäden, die überall bis zur Decke der Höhle hinaufreichten und dort in den Ritzen verschwanden. Auch die dünnen Fäden schienen aus ständig sich drehendem grauen Rauch zu bestehen und sahen aus wie die Tentakel eines Polypen."

„Was ist das, ein Polyp?", fragt Thomas. Hartmuth erklärt es ihm und liest weiter …

„Der Kobold war dabei, die langen einzelnen Fäden aus den Felsritzen wieder nach unten zu ziehen und wie Wolle zu einem Knäuel zusammen zu knäueln. Rund um ihn herum lagen schon unzählige solcher seltsamer Knäuel. Er stand auf einem hellgelb leuchtenden Haufen von Goldstücken und Goldmünzen und Geldscheinen, die er mit seinen riesigen Geierkrallen umkrallte. Der Kobold hatte Knirpsl den Rücken zugewandt. Knirpsl rief mutig: ,Wer bist du?' Der Ko-

bold erschrak, er hatte offenbar Knirpsl nicht bemerkt. Als er aber sah, welch kleines Menschlein da vor ihm stand, wurde er wieder frecher und meinte: ‚Ich bin der Große-Gold-Geier-Geld-Gier-Geist, das siehst du doch! Manche nennen mich auch GGGGG-Geist!' Der Kobold stotterte fürchterlich!"

Thomas lacht laut auf, ein Lachen, das aber auch ängstlich klingt …

‚Und was machst du da?', fragte Knirpsl. ‚Ja, das siehst du ja, du kleiner Wicht, ich rolle die Tentakel ein, mit denen ich in der Nacht die Lebensfreude von den Menschen zu mir her sauge!', stotterte der Kobold. ‚Und wieso machst du das?', fragte Knirpsl. ‚Ich bin quasi der Geist von Gold und Geld und ich liebe es, wichtig zu sein und im Mittelpunkt zu stehen, deshalb sauge ich jede Nacht Lebensfreude von den Menschen ab und stopfe sie ins Gold und ins Geld und die Menschen meinen dann, dass ihre Lebensfreude bei Gold und Geld zu finden sei, und sie beten mich an!', sagte der Kobold. ‚Aber das ist doch Betrug, Lebensfreude ist nicht bei Gold und Geld zu finden!', rief Knirpsl erzürnt. Der GGGGG-Geist merkte, dass er in seiner Dummheit wohl zu viel verraten hatte, und schaute Knirpsl dümmlich-ratlos an. Genau das aber hätte er nicht tun sollen, der Dummkopf, denn genau in diesem Moment fasste Knirpsl alle seine kindliche, unverdorbene Lebensfreude innerlich zusammen und blickte dem Kobold mit seinen großen Kinderaugen in die Augen!

Hartmuth schaut Thomas an und beide machen die Augen groß.

„Da machte es ‚Paff' und der Schall und der Rauch des GGGGG-Geistes löste sich auf und verschwand wie ein Luftschloss im klaren Licht. Es war nichts mehr von ihm und seinen Rauch-Knäueln da, nur ein übler Geruch, der sich aber bald verzog."

„Paff, paff!", ruft Thomas.

„Das Gold und die Goldmünzen und die Geldscheine, die vorher unter den Krallen des stotternden GGGGG-Geistes so verführerisch geleuchtet hatten, hatten plötzlich all ihren Glanz verloren und sahen nun aus wie nutzloses Blech und altes Zeitungspier, zu nichts zu gebrauchen.

Trunken vor Freude ging Knirpsl nach Hause*. Die dunklen Wolken, die seit Monaten über der Insel lagen, hatten schon begonnen, sich zu verziehen, und drüben im Westen glitzerte der Morgenstern wieder so hell und so groß wie schon lange nicht mehr und auch der Oze-*

an ließ wieder seine großen Wellen in die smaragdgrünen, zauberhaften Buchten der Insel hinein rauschen und vor Freude sein Wasser hoch in die Luft spritzen, wenn ein Fels den Bauch seiner Wellen kitzelte."

„Essen ist fertig", ruft Agnes aus der Küche herüber ins Büro und „Wir kommen gleich" ruft Hartmuth zurück und fährt dann fort …

„Knirpsl erzählte niemandem von den unglaublichen Ereignissen, denn niemand, nicht einmal seine Mama, hätte ihm geglaubt. Aber seiner Freundin, der Knirpseline, erzählte er alles und sie war stolz auf ihren Helden und gab ihm zum Dank einen Kuss auf die rechte Wange und dann noch einen auf die linke Wange.

In den nächsten Tagen wurde nach und nach alles auf der Insel wieder heller, langsamer, freundlicher und herzlicher. Die Gesichter und Herzen der Menschen blühten auf wie Wiesenblumen im Frühling und sie erzählten sich wieder Geschichten, lachten und halfen sich gegenseitig und die Kinder spielten wieder im Wald. Ja, und schließlich fasste das zur gelassenen Zufriedenheit zurückgekehrte Inselvölkchen den einstimmigen Beschluss: ‚Kein Dampfschiff mehr, denn diese schöne Insel schenkt uns alles, was wir zu einem glücklichen Leben brauchen.'

Ja, das war vor vielen, vielen Jahren. Die Menschen auf dem Festland haben diese Insel inzwischen vergessen, sie scheint auf ihren Landkarten nicht mehr auf. Nur manchmal, in den hintersten Ecken der Köpfe mancher alter Menschen, ist noch eine Erinnerung an diese Insel vorhanden und die alten Weisen sprechen dann von der ***Insel der Seligen!"***

„Dort muss es wirklich schön sein", sagt Thomas träumerisch und nachdenklich.

„Ja, und Mutter Erde hat mit Freude die mutige Tat des Knirpsl gewürdigt*, sie hat in die Herzen der Menschen einen kleinen Keim gelegt, der jedes Mal zu einer kleinen Blüte der Lebensfreude aufblüht, wenn ein Mensch einem Kind begegnet, erst recht, wenn das Kind ihm in die Augen schaut oder ihm gar einen Kuss auf die Wange gibt. Und wenn den Massen grauer Gesichter auf den Gehsteigen in den großen Städten ein Kind begegnet, so wirkt dieses Kind wie ein Lichtschein in ihren Seelen und man kann sehen, wie er die Gesichter der Menschen erhellt.*

Irgendwann wird die Insel der Seligen wieder entdeckt werden, so will es die gute Mutter Erde und so wird es sein!"

Thomas und Hartmuth sehen sich lange an und Hartmuth sagt dann: *„Ja, so wird es hoffentlich sein!“* und Thomas, dessen Ohren vor lauter Aufregung ganz rot geworden sind, fügt nachdenklich-euphorisch hinzu: *„Ja bestimmt!“*

Nach einer kleinen Minute des Schweigens ruft Hartmuth: *„Jetzt aber ab in die Küche!“* Sie erheben sich und Thomas läuft voraus in die Küche und beginnt schon auf dem halben Weg zu schreien: *„Maamaa … ich muss dir von der neuen Knirpsl-Geschichte erzählen …“*

Das Kind in ihm

Thomas erzählte während des ganzen Mittagessens der Mama mit kindlicher Euphorie von der neuen Knirpsl-Geschichte, immer wieder fing er damit an. Aber Hartmuth merkte wohl, dass sich aus dem Blickwinkel eines Siebenjährigen manche Aspekte der Geschichte ganz anders darstellten als für ihn. In mancher Hinsicht hatte er seinen Thomas-Schatz mit dieser Knirpsl-Geschichte wohl ein wenig überfordert. Für Thomas standen die kindlich-magischen Aspekte der Geschichte im Zentrum seiner Aufmerksamkeit und Begeisterung, ihren kritischen Inhalt konnte er aber offensichtlich noch nicht erfassen. Hartmuth genoss es dennoch, in der rot-ohrigen Euphorie seines Söhnchens zu baden, und auch Agnes setzte sich gerne zu ihnen ins Bad und lachte und freute sich mit.

Agnes war aber noch immer aufgewühlt von den Ereignissen der Geburtstagsfeier und nachdem sie fertig gegessen hatten und Thomas sich wieder in sein Spielzimmer zurückgezogen hatte, erzählte sie ihrerseits mit Begeisterung noch von diesem und von jenem und vor allem auch von der Bewunderung und vom vielen Lob, welches sie für ihren gemeinsamen beruflichen Erfolg und ihr tolles, neues Haus einstreichen durften. Ihre Begeisterung hatte ihr zwar nicht die Ohren rot angemalt, wie sie es bei Thomas getan hatte, aber in ihren Augen glänzten Stolz und Genugtuung. Für sie standen das Lob und die bewunderungsträchtigen Aspekte der Geburtstagsfeier im Zentrum ihrer Aufmerksamkeit und Begeisterung. Hartmuth freute sich jedenfalls auch über ihre Freude und merkte einmal mehr, wie viel ihr all der Erfolg und all die Anerkennung bedeuteten.

Er ruhte sich nach dem Mittagessen noch ein wenig aus. Dann aber rief schon wieder die Pflicht. Woher der Ruf genau kam, war schwer auszumachen. Das Herz war es sicherlich nicht, das rief. War es die im Kopf verspürte logische Notwendigkeit? Oder war es die Angst des Versagens, die rief? Oder war es einfach Gewohnheit, die zur Selbstverständlichkeit geworden war? Es war Sonntag, früher Nachmittag, höchste Zeit, sich vorzubereiten auf all die Termine und Probleme von morgen.

Hartmuth verabschiedete sich von Agnes mit einer kleinen lethargischen Berührung am Arm und von Thomas mit einem Wischer über seinen Wuschelkopf, beide wussten, was das bedeutete, dann packte er seine Aktentasche und setzte sich in seine Limousine, die an beiden Seiten mit der Aufschrift „Versicherungsmakler Bohrer & Egger GmbH" samt Telefonnummer beschriftet war, um ins Büro zu fahren. Bevor er den Zündschlüssel drehte, schloss er noch einmal kurz die Augen und lehnte sich zurück.

Ein erschütternder Gedanke stieg plötzlich in ihm auf: *„Diese Knirpsl-Geschichte, die seinen siebenjährigen Schatz offensichtlich überfordern musste, hatte er wohl nicht für seinen kleinen Thomas geschrieben, sondern für sich selbst!"*

Ja, das wurde ihm auf einmal bewusst, diese Erkenntnis polterte durch seinen Kopf und erhitzte ihn. Er hatte diesen Hilferuf für das Kind in ihm geschrieben, nein, das Kind in ihm hatte diesen Hilferuf an ihn gerichtet, das Kind in ihm mit seinen großen Kinderaugen, vor deren durchdringender Lebenskraft sich der Große Gold-Geier-Geld-Gier-Geist mit einem „Paff" in Schall und Rauch auflöste, das Kind in ihm, das er immer mehr in den Hintergrund und in die Vergessenheit geschoben hatte und dessen Stimme er im Lärm der alltäglichen Überbeschäftigung schon lange nicht mehr hörte. Es wollte ihm wohl etwas sagen, das „Wesen Mensch" in ihm, die „Wahrheit" in ihm, der Kind-Archetypus des kollektiven Unbewussten, der Kind-Archetypus, den der begnadete Seelen-Tiefseeforscher C. G. Jung in den Tiefen der Geheimnisse des Menschseins ausgemacht hatte. Ja, es war wohl er, der bei ihm, in ihm, angeklopft hatte.

War er bzw. sein angeblich so glamouröses Welt-Ich etwa gar der dämliche Kobold? Verdammt noch mal! Er grinste, aber ihm war nicht nach Lachen zumute, das Grinsen wurde zur Häme. Diese Gedanken bedrückten ihn, drückten ihn schwer in den Sitz der Limousine. Ja, irgendetwas lief schief, das war ja seit langem nicht mehr zu leugnen. Er nahm sich vor, dem nachzugehen, gründlich nachzugehen! Später aber, vorerst musste er ins Büro, denn dort wartete ein Berg von Arbeit und Aufgaben. Er schob diese Gedanken auf die Seite, drehte den Zündschlüssel nach rechts und fuhr los, seinen beruflichen Pflichten entgegen.

Szene 3
Um-Zug

„***Freitag, neunzehnter Mai 2012***“, flüstert unhörbar die hoch am Himmel stehende Sonnenuhr, indem sie ihre milden Strahlen in die Augen und Herzen der Menschen und Tiere schiebt, um sie zu wärmen, und auch in die Chloroplasten der Pflanzen, um Nahrung sprießen zu lassen. Hartmuth aber denkt nicht an diese solaren Wohltaten, das sind Selbstverständlichkeiten, die selbstverständlich unbeachtet bleiben, so sind die Menschen eben.

Hartmuth hat ganz andere Sorgen an diesem Freitagvormittag. Er sitzt an der Frontseite des langen, leicht ovalen Tisches im großen Konferenzraum der Firma „Versicherungsmakler Bohrer & Egger GmbH“ in der 12. Etage eines von dunklem Glas umhüllten neuen Hochhauses in München/Moosbach. Am Konferenztisch, in dessen langer Mitte sich kleine Köstlichkeiten türmen und einige edle Sekt- und Weinflaschen ihrer Entleerung harren, sitzen zwei Steuerberater einer transnational aktiven Steuerberatungsfirma, ein irischer und ein Münchner Rechtsanwalt, Ernst Bohrer, der glorreich pensionierte, aber als Gesellschafter noch wichtige Seniorchef, die übrigen erwartungsfrohen Gesellschafter, die Geschäftsführer, eine ganze Reihe von aufgeregten Abteilungsleitern und ein paar „coole“ Chefsekretärinnen.

Alle schauen gebannt auf Agnes, die eben an der Seite Hartmuths aufgestanden ist, um alle zur Generalversammlung der Firma „Versicherungsmakler Bohrer & Egger GmbH“ und der schon vor sechs Jahren gegründeten Veranlagungs- und Finanzierungsberatungsfirma „Bohrer & Egger Credit Broker GmbH“ und der erst kürzlich gegründeten „Bohrer & Egger Holding GmbH“ herzlich zu begrüßen.

Die Generalversammlung

Ja, es war weiter steil bergauf gegangen mit dem Unternehmen. Die Räumlichkeiten des Büros im Hause der Familie Bohrer waren bald zu klein geworden für die inzwischen mehr als 90 Mitarbeiter und als sich dann die Möglichkeit bot, in das prestigeträchtige neue Hochhaus in München/Moosbach einzuziehen, wurde gleich die ganze 12. Etage angemietet und damit neue imposante Fassaden für das Unternehmen geschaffen und ihm ein glamouröser Anstrich verliehen.

Die großen, fast bis zum Boden reichenden Fenster des Konferenzraumes boten einen wunderbaren Blick hinunter auf München und vor allem auch auf das Schloss Nymphenburg, in dessen riesigem, seltsam-wunderbar die Natur zähmenden Schlosspark über Jahrhunderte lang die Wittelsbacher und deren Verwandte, Freunde oder Feinde oder insoweit Unentschlossene in ihren kuriosen, adeligen Kostümen herumgelegen, herumgelaufen oder herumgeritten sind.

Doch im vornehmen Konferenzraum in der 12. Etage wehte der Wind der Geister in eine ganz andere Richtung. Im Moment hingen alle Augen an den roten Lippen der Chefin, der eleganten Agnes Egger-Bohrer, die in ihren roten „High Heels“ und ihrem, alle eventuell vorhandenen figürlichen Unebenheiten kaschierenden, blassgrünen Kleid „a la mode“ immer noch aussah wie eine Frau, die sich zu helfen weiß, und die es zudem verstand, geschmeidig und charmant zu reden.

Der transnationale Steuerberater zauberte per Power Point, akustisch begleitet von einem schwer nachvollziehbaren Rechnungswesen-Chinesisch, viele Auszüge aus den Bilanzen der drei Firmen auf die große Leinwand und letztlich natürlich auch die Gewinnziffern der einzelnen Unternehmen. Gewinnziffern, die bei der „Bohrer & Egger Credit Broker GmbH“ etwas nach unten gerutscht waren, weil es kuriose Turbulenzen auf dem Finanzmarkt geben hatte und einige der Anleger meinten, verkorkste Ratschläge von „Bohrer & Egger“ seien schuld an ihren Vermögenseinbußen gewesen.

Manche der entsprechend den Bilanzen und Teilbilanzen erfolgreichen Geschäftsführer und Abteilungsleiter schienen sich mit den verkündeten hohen Gewinnziffern aufzurichten und in ihren Sitzen förmlich zu wachsen, ja, sie schienen aufzublühen wie Sonnenblumen in der Sonne des Erfolges, andere hingegen schienen – im Gleichklang mit den als niedrig verkündeten Ziffern – die Köpfe zu senken und zu schrumpfen wie Seerosen im kalten Regen. Der Steuerberater wirkte wie ein strenger Lehrer oder besser wie der liebe Gott Mammon, der mit rauer Stimme die Noten verteilte.

Dann aber ergriff der Geschäftsführer der „Bohrer & Egger Holding GmbH“, der schnauzbärtige irische Anwalt James Harper, das englische Wort und legte mit nicht wenig Selbstbewusstsein dar, dass völlig legal die Gewinne der beiden deutschen GmbHs zu der vor kurzem gegründeten Holding GmbH mit Sitz im Steuerparadies Irland hingeschoben worden seien, dass dort die Körperschaftssteuer nur einen Bruchteil jener ausmachte, welche in Deutschland zu bezahlen gewesen wäre, und dass daraus eine Steuerersparnis in der Höhe von mehr als einer Million resultierte! Großer Applaus vor allem all jener, deren Dividenden und Tantiemen dadurch noch weiter nach oben in die Sonne geschoben wurden!

Schließlich erhob sich William Albright, ein junger Engländer in dunklem „Business-Anzug“ und mit eleganter Lesebrille auf der langen Nase, der an der London Business School seinen „Master in Management“ gemacht und dann noch bei LLOYD gearbeitet hatte und der vor gut einem Jahr als Mit-Geschäftsführer eingestellt worden war. Er hatte im vergangenen Jahr unter anderem bewirkt, dass drei Makler – denen offenbar von „Bohrer & Egger“ sukzessive das Wasser abgegraben worden war – als Mitarbeiter in die Firma „Bohrer & Egger“ integriert worden waren, indem ihnen eine kleine Beteiligung an der GmbH und ein guter monatlicher Gehalt angeboten wurden und diese dafür alle ihre Kunden mit in die Firma nahmen.

William legte unter großem Applaus seine diesbezügliche weitere Strategie für das kommende Jahr dar und nannte auch ein paar Namen der anvisierten, angeblich schon angeschlagenen Opfer. Er präsentierte sich insoweit wortgewandt als Garant für Wachstum und Gedeihen der Firma und so sahen es alle im Konferenzraum, fast alle.

Tina

Hartmuth war schon in einem depressiv-verstörten Gemütszustand zur Generalversammlung erschienen. Er bemühte sich zwar, nach außen den Anschein zu wahren, aber die Teilnehmer der Generalversammlung merkten wohl, dass er nicht ganz bei ihnen war. Irgendwann gegen Ende der langen, intensiven Sitzung war er dann aber innerlich völlig in sich zusammengesackt. Die von nackten Zahlen und bloßer Gewinnorientierung geschwängerte Atmosphäre und der gefühllose Inhalt all dieser vor ihm sich abspulenden Ereignisse, Gesten und Worte schienen permanent an den ohnehin schon schwabbelig-schwachen Beinen seiner Lebensgeister zu sägen und schließlich knickten sie ein. Er hatte den Kopf gesenkt, sich immer wieder den Schweiß von der Stirn gewischt und war in eine nur noch nach unten schauende, starre Schweigsamkeit verfallen.

Als aller Lob und Tadel verteilt und die notwendigen Beschlüsse gefasst waren, wurde die Generalversammlung für beendet erklärt und alle wurden von Agnes zu einem späten, fürstlichen Mittagsmahl in das benachbarte Restaurant eingeladen. Hartmuth wollte nicht mitgehen, er entschuldigte sich bei Agnes und bei den anderen mit kurzen, dumpfen Ausreden. Er war in den letzten beiden Jahren in seinen sozialen Verhaltensweisen seltsam geworden und gab nun wieder einmal eine Kostprobe davon. Agnes sah das Grau in seinem Gesicht und ließ ihm seinen Willen.

Ja, endlich sind alle fort, endlich ist der Spuk zu Ende. Hartmuth ist nun ganz allein im großen Konferenzraum, in dem der neoliberale Geist des William Albright, des jungen „London Masters in Management", und die grobe, laute Stimme des Gottes Mammon immer noch dämonisch nachzuhallen scheinen und Hartmuth glaubt sogar zu fühlen, wie sich dieser Nachhall in den ganz leichten Vibrationen des Mauer- bzw. Stahlgerüstes des hybriden Hochhauses materiell zu erkennen gibt.

Er schenkt sich einen üppigen „Jameson Irish Whiskey“ aus der großen Flasche ein, welche der irische Anwalt, James Harper, als Geschenk aus seiner Heimat mitgebracht hatte. Er schiebt einen Stuhl hin zum großen Fenster mit dem dunklen Glas, er setzt sich und blickt hinaus und hinab auf München, auf die im Schatten der Wolken vor sich hin pulsierende Zivilisation, hinab auf die geschäftige Geschäftigkeit der großen Großstadt. Ihm ist, als säße er in einer hohen Loge eines riesigen Theaters und blicke hinunter auf die große Bühne des verrückten Lebens.

Grotesk und verkehrt erscheint ihm jetzt all das, was er eben erlebt hat, absurd erscheint ihm dieses ganze Theater, in dem er unbegreiflicherweise seit Jahrzehnten als Hauptdarsteller mitgespielt hat wie ein Hampelmann und dabei alle seine Lebenskräfte verzehrt und sich selbst verraten hat. Es wurde eben Bilanz gezogen, die Jahres-Lebensbilanz all dieser Menschen und auch seine eigene. Die Bilanz eines Lebensjahres voll von Anstrengungen, Überanstrengungen, Ängsten, menschlichen Entbehrungen, unerfüllten, inneren Bedürfnissen und Sehnsüchten und der einzige Wertmaßstab dieser Bilanz war die Ziffer, war das Geld. Ja, Geld war der einzige Maßstab, mit dem er und alle diese Menschen bewertet wurden, nichts anderes zählte! Die Akkumulation von Geld war das oberste Ziel aller drei Gesellschaften und aller Mitarbeiter.

Das war krank! Verdammt noch einmal, wie war das krank! Wo blieb der Mensch in dieser Bilanz, wo seine Sehnsucht nach liebevoller Verbundenheit und Geborgenheit, wo blieb da die Menschenwürde, das Wunder LEBEN, das Wunder, das bewirkt hatte, dass in seinem Kopf in den letzten 240 Tagen der Schwangerschaft seiner Mutter, in jeder Sekunde sich mehr als tausend Neuronen ins Leben schoben, dass sich eine Explosion des Geistes vollzog, unbemerkt von ihm und unbemerkt von seiner Mama, wo blieb in dieser Bilanz der liebevolle Umgang mit unserer Mutter Erde, mit ihrem Geist, mit unserem Geist, mit allem Bewusstsein, wo blieb in dieser Bilanz von Soll und Haben das „Sein“?

Hartmuth nimmt einen sehr kräftigen Schluck Whiskey und blickt hinab auf die große Bühne, auf das Amphitheater der zum Konkurrenzkampf dressierten Kämpferseelen, die von ihrer Dressur wohl gar nichts mitbekommen haben und sich vielmehr ihrer „Bildung" rühmen. Die Strategie der London Business School, der zufolge der Löwe „Bohrer & Egger" im nächsten Jahr wieder ein paar kleine Makler-Gazellen verspeisen solle, erscheint ihm nun absurd, ekelhaft und lebenswidrig.

Was ist Leben? Ja, was ist Leben? Niemand weiß es wirklich, weil die im Zentrum allen Lebens stehende geistige Dimension mit unserem kleinen Verstand nicht greifbar ist. Konkurrenz hat dort jedenfalls nichts verloren. Konkurrenz bzw. das von Materialisten und Darwinisten so gern zitierte Dschungelprinzip ist nur eine äußere Randerscheinung im Fluss des Lebens, eine zweitrangige, nachgeordnete Äußerlichkeit könnte man sagen. Leben, soweit wir es begreifen können, ist im Prinzip eine von geheimnisvollen, geistigen Kräften liebevoll gelenkte Kooperation, eine Kooperation von Elementarteilchen – von energetischen Schwingungen –, aus welchen diese geheimnisvolle Lebenskraft lebende Zellen entstehen lässt, aus diesen wiederum Organe und aus diesen wiederum menschliche Körper oder eben Körper irgendwelcher anderer wunderbarer Lebewesen, in denen die Musik des Lebens gespielt wird. Ein fortwährender Prozess der geistig koordinierten Zusammenarbeit von Milliarden von geheimnisvollen Partikeln, von magischen Musikanten, und das Stück, das sie spielen, heißt „Leben!" Wir wären nicht ohne diese liebevolle Kooperation. Konkurrenz der Zellen führt zu Krebs, führt zu Krankheit und Tod, das ist doch vollkommen klar!

Er nimmt einen weiteren kräftigen Schluck Whiskey. Ja, Hartmuth, der so erfolgreiche Gladiator, ist im Begriffe, das Schwert endgültig nieder zu legen und die Arena zu verlassen. Im Hintergrund hört er schon das Aufbrausen der Buh-Rufe des Publikums. Er fühlt sich krank und benebelt im Kopf und im Herzen.

Ampeln winken und blinken wichtigtuerisch herauf in den eleganten Konferenzraum. Hunderte von bunten Autos aller möglichen Rassen marschieren auf Kommando los, in die gleiche Richtung, im Gleichschritt einer Kompanie, der Zukunft ihrer Absichten entgegen, um dann doch dem individuellen Eigensinn zu verfallen und dann dorthin abzubiegen und dann wieder dahin. Tausende Fußgänger auf dem Weg irgendwohin, irgendwohin, wo sie ernsthaft glauben, künftig sein zu müssen. Die Stadt bewölkt von dunklen Wolken, umwölkt vom leisen Brummen der Geschäftigkeit. Die Luft durchwebt und durchstrahlt von einem dichten Filz elektromagnetischer Signale aus Millionen spukhafter Quellen, welche die Milliarden Handys, Computer, Radios und TV-Geräte in aller Welt füttern wie Vögel-Eltern die hungrigen Mäuler in ihren Nestern. Ein Netz elektromagnetischer Schwingungen, welches wie ein gigantomanischer Bienenschwarm den ganzen Globus umschwirrt und uns durchdringt bis in die letzten Zellen.

Ein magisches, unsichtbares Netz, das uns sagt, was man zu denken hat, was man zu glauben hat, was gut und was schlecht zu sein hat und was schön und was hässlich zu sein hat. Ein Netz, das uns in neoliberaler Kolonialherren-Art erklärt, dass die globale Freizügigkeit der Waren, der Personen und des Kapitals, die Privatisierung verstaatlichter Einrichtungen und der Verzicht des Staates auf jedwede Eingriffe in den freien Markt uns allen, oder zumindest jenen, die bereit und fähig sind, „etwas zu leisten", zum Wohle gereichen werde. Ein Netz, das uns schamlos manipuliert und so perfekt tyrannisiert und dressiert, dass wir es gar nicht merken. Ein Filz, der mit seinen perfiden Filzläusen unsere Persönlichkeit überfällt und kolonialisiert mit Dogmen wie *„Konkurrenz entspricht der Natur des Menschen"* und *„Geld ist der wichtigste Maßstab für Erfolg"* und *„Wir brauchen permanentes Wachstum",* um damit unser Gehirn zu waschen, bis wir diese Lügen als Wahrheiten und Verpflichtungen so tief in uns integriert haben, dass wir nur noch apathisch nachplappern: *„Es gibt keine Alternative!"*

Ja, *„there is no alternative"* summt es rund um den Planeten und abgekürzt „TINA" summen geheimnisvoll die Fundamentalisten des Mammonismus, die in den Priesterseminaren, also den Finanzwissenschaftlichen Fakultäten der Eliteuniversitäten dieser Welt, in Cambridge, Oxford, Harvard, Stanton oder Yale ausgebildet werden, welche bekanntlich das Fachchinesisch als Orden im Mund tragen, aus dem dann auch das „TINA" belehrsam ertönt. Ja, die alten Religionen sind tot, es lebe Gott Mammon. Er ist das Maß aller Dinge im umfassendsten Sinne geworden. Es ist ein Glauben ohne Jenseits, der das Paradies hier auf Erden verspricht, in den gläsernen Einkaufstempeln oder in einem der „All-

Inklusive-Clubs" in den USA, in der Türkei, in Afrika oder sonst wo in der Welt. Gott Mammon war es auch, der Hartmuth vor vielen Jahren in das Versicherungsbüro Bohrer geschoben hatte und welcher ihn letztlich hinauf und empor in Richtung Himmel, hinauf in die 12. Etage dieses hybriden Hochhauses gehoben hatte, um hier zu thronen und den neuen Glauben zu verkünden.

Ampeln winken und blinken wieder wichtigtuerisch hinauf in den Konferenzraum, durch die dunklen Glasscheiben und in die düsteren Augen Hartmuths und Hunderte bunter Autos aller möglichen Rassen marschieren schon wieder auf Kommando los, in die gleiche Richtung, im Gleichschritt einer Kompanie, der Zukunft ihrer kämpferischen Absichten entgegen … Hartmuths Handy läutet schon zum dritten Mal, er stellt es auf lautlos, er will gar nicht sehen, wer es war.

Irgendetwas kocht auf in ihm und kocht schließlich über: *„Selbstverständlich gibt es eine Alternative!"*, schreit Hartmuth auf einmal aus vollem Hals gegen die dunkle Fensterscheibe und in den dichten Filz der Stadt, *„natürlich sollt Ihr Geld verdienen, Ihr Idioten, und auch Konkurrenz und Wachstum sind okay! Aber all dies erst an zweiter Stelle und in gezähmter Weise, zuerst kommen die Menschenwürde, die Kooperation und die Solidarität mit den Mitmenschen und die Solidarität mit unserer Mutter Erde, zuerst kommt das Herz, zuerst kommt das Mensch-Sein, kapiert?!"*

Mit den Idioten meint er nicht so sehr die Münchner, die sich unten auf der großen Bühne seines Theaters in ihre Zukunft stürzen, sondern vielmehr die Idioten in ihm, diese habgierigen Teilpersönlichkeiten in ihm, die Geldgier, den Ehrgeiz, die Sucht nach Anerkennung von außen und den Stolz. Er meint all die seltsamen Apostel des „Habens" in ihm, die das „Sein", also seine Eigentlichkeit, sein wahres Wesen, seine wahren Bedürfnisse, völlig an den Rand gedrängt und erwürgt hatten.

Seltsamerweise kommt ihm plötzlich sein Stiefvater in den Sinn und er hat dessen Schreierei im Ohr: *„Du bist ja nichts und du hast ja nichts, du Trottel!"* Ihm dämmert es langsam, dass es wohl auch der bislang unbewusste Nachklang dieser Schreie war, der ihn dorthin getrieben hat, wo er sich jetzt befand. Es würgt ihn, ihm ist schlecht.

Der Findling

Er füllt nochmals Irisch-Whiskey in sein Glas, Whiskey, dessen Spiritus schon begonnen hat, seine Blut- und Nervenbahnen verführerisch und sanft zu streicheln, was er im Moment noch als Liebkosungen empfindet, Liebkosungen, die allerdings manchmal schon in diesen Jahren in massive körperliche Übergriffe ausgeartet waren.

Um 5 Uhr 30 war er gestern aufgestanden wie an jedem Werktag, wozu für ihn auch der Samstag zählte. Er setzte sich dann wie immer auf seinen Hometrainer im kleinen Fitnessraum im Keller seines Wohnhauses und strampelte Atem und Puls in kontrollierte Höhen, angetrieben von seinem Willen, dem Herrn, und ausgeführt von seinem Körper, dem Knecht. Vor sich auf der Lenkstange sein Tablet, das ihm per Kopfhörer „News aus aller Welt" in den schwitzenden Kopf schob. Nach der Dusche erfolgte beim Frühstück die täglich übliche gegenseitige Abklärung der wichtigsten Termine und Pläne mit Agnes und um 7 Uhr 30 saß er schon wieder in seinem luxuriösen Chefbüro in der 12. Etage des mit dunklem Glas ummantelten Hochhauses.

Der Bürodienst der „Normalen" begann um 8 Uhr. Um 9 Uhr war dann die Konferenz mit vier Mitarbeitern eines Großkunden, eines Handelskonzerns, denen beigebracht werden musste, wo die Deckung der von „Bohrer & Egger" vermittelten Haftpflichtversicherung endete und in welchen dunklen, schlüpfrigen Gegenden die Eigenverantwortung des Handelskonzerns und seiner Kunden begann. Um 11 Uhr dann Videokonferenz mit dem Steuerberater und den beiden Rechtsanwälten zur Vorbereitung der heutigen Generalversammlung. Um 12 Uhr 30 Mittagessen mit zwei Geschäftsführern einer großen Transportfirma, welche im freundschaftlichen Plauderton davon überzeugt werden sollten, dass ihre Versicherungsverträge, die sie bei einem Makler-

Konkurrenten abgeschlossen hatten, erheblichen Verbesserungsbedarf aufwiesen.

Nach einer kurzen Mittagspause ging es am Nachmittag dann in der gleichen Tonart weiter. All dies immer wieder unterbrochen von telefonischen Überfällen von speziellen Kunden, die nicht warten konnten und ihn persönlich sprechen wollten und welche seinen ersehnten Atempausen die Luft zu rauben pflegten. Ein täglich neu sich auftürmender Berg von Anforderungen und Aufgaben, die erfasst, aufgearbeitet, sortiert und – soweit es möglich war – delegiert werden mussten. Eine knochenbrechende, entscheidende und zentrale Arbeit im Räderwerk des Betriebes, dessen fachliches Kompetenzzentrum Hartmuth darstellte.

Eine Aufarbeitung, die er, wie auch gestern wieder, in der Regel am frühen Abend anpackte, sobald das Büro offiziell geschlossen war. Er saß dann – nebenher eine Wurstsemmel kauend und Kaffee trinkend – am Computer und verschickte per E-Mail alle möglichen Informationen und Anweisungen an seine Abteilungsleiter oder er sprach Brieftexte und Anweisungen an seine Sekretärinnen in das Diktiergerät, bei denen oft nicht zu überhören war, dass er gerade an seinem Abendessen kaute, oder er studierte verschiedenste Allgemeine Versicherungsbedingungen, Gesetze und die dazu ergangene Rechtsprechung. Um etwa 21 oder 22 Uhr war er normalerweise wieder zu Hause.

Gestern aber war es anders. Als alle gegangen waren, machte er sich – wie immer – wieder daran, den vor ihm liegenden Berg zu bearbeiten. Nach etwa einer Stunde aber war er plötzlich ohne jedwede Vorankündigung seelisch eingeknickt. Er konnte sich absolut nicht mehr konzentrieren. Seine Konzentrations- und Arbeitsbereitschaft, sein Wille, das zu tun, was er tun sollte, schien in erschreckender Weise plötzlich völlig aus ihm ausgeströmt und in irgendwelchen dunklen Kanälen versickert zu sein.

Ein paar Mal schon den letzten Jahren war in seinem Kopf die Metapher aufgetaucht, in der er sich als ein von der heißen Luft des Geredes und der Erwartungen großmächtig aufgepumpter Fesselballon sah, weit oben in dunklen Wolken dahinschwebend, bemalt mit zahlreichen Werbeaufschriften, den wahren Bedürfnissen des Menschseins enthoben und gefesselt durch unzählige

Fesseln. Ja, dieser pompöse Fesselballon war gestern Abend plötzlich löchrig geworden, die heiße Luft, die ihn trug, war verpufft und dann lag er am Boden, bewegungslos, ausgemergelt, eingedrückt und erwürgt von all seinen Fesseln.

Hartmuth, der funktionsuntüchtig gewordene Fesselballon, hatte dann erschöpft den so schwer gewordenen Kopf auf den mit Papieren übersäten Schreibtisch gelegt, die Augen geschlossen und war eingenickt. Er hatte so wohl fast eine Stunde wie in Ohnmacht geschlafen. Als er erwachte, sah er, dass der im Schlaf aus seinem Mund geflossene Speichel zwei Urkunden grausig befleckt hatte. Er starrte lange bewegungslos und dumpf auf dieses unappetitliche Dokument seiner seelischen Erschöpfung. Er fühlte sich leer, bodenlos leer. Da war es wieder, dieses schmerzende Vakuum. Er stand schließlich unendlich langsam auf, wischte die Schande weg, ließ im Übrigen aber alles liegen, trottete zum Lift, stieg in der Tiefgarage in sein großes, luxuriöses Auto und fuhr schließlich wie betäubt nach Hause.

Agnes war noch nicht da, sie war auf einer Benefizveranstaltung, zu Werbezwecken versteht sich. Er warf sich auf das Sofa und zappte geist- und hoffnungslos in den TV-Kanälen herum. Kurz vor Mitternacht kam Agnes nach Hause, berichtete von ihren Erlebnissen und sah wohl, dass ihre Worte ihn nicht erreichten. Sie verkniff sich das Gerede, trank noch ein Glas Wein und legte ihm schweigend ihre Hand auf die Schulter. Sie kannte seine depressiven Zustände, die sich in den letzten zwei Jahren gehäuft hatten. Er tat ihr leid, sie hatte immer wieder versucht, ihm aus solchen Zuständen heraus zu helfen, aber es wollte nicht gelingen. Sie machte sich auch Sorgen um die Firma.

Sie saßen vor dem Fernseher, auf dessen Bildschirm sie beide die Augen geheftet hatten, um sich nicht gegenseitig in die Augen schauen zu müssen. Was auf dem Bildschirm ablief, nahmen sie aber nicht wirklich wahr. Agnes stand nach einer Weile auf, wünschte ihm, begleitet von einer kleinen Streichelbewegung über seine Wange, eine Gute Nacht, wissend, dass dies fromme Wünsche waren, und ging zu Bett.

Auch er legte sich eine Stunde später neben Agnes ins Bett. Er war sterbensmüde, er konnte aber nicht schlafen. Wieder diese quälende Schlaflosigkeit wieder diese unseligen Teufelskreisel-Gedankenspiele. Agnes schlief geräuschvoll. Er stand wieder auf und legte sich auf die Couch im Wohnzimmer. Sein Kopf dröhnte, er schloss für Minuten die Augen. Die Gedanken kreisten in dunklen und bedrückenden Sphären in wirren Spiralen, schnell wechselnde unlustige Themen, Bilder, Gespräche, Gefühle, Probleme, Unsinn. Er öffnete die Augen, doch die Gedanken kreisten schamlos weiter, er schloss sie wieder und verlor sich im Wirbel wilder Phantasien.

Er sah sich plötzlich als großen, dunklen Stein, gefangen inmitten eines kilometerdicken Eises des Tuxer Gletschers. Ja, das war er, Hartmuth, dieser dunkle Stein war er. Und der Gletscher wuchs und wuchs und wälzte sich wie eine riesige Schlange aus dem Zillertal hinaus, er wälzte und schlängelte sich weit hinaus bis in die bayrische Ebene und in gleichartig animalischer Weise schoben und schlängelten sich alle Gletscher der Alpen aus ihren Tälern hinaus in die Ebenen, die vor ihnen lagen. Von ganz weit oben betrachtet sah dies aus wie ein riesiger blau-weißer Eis-Polyp, der sich über den Alpen breit gemacht hatte und nun seine Tentakel ausstreckte. Die Sonne schien das kalt zu lassen, sie schaute in eine andere Richtung. Doch dann, sei es nun aus einer Laune der Natur oder sei es aus Langeweile, drehte sich die Sonne plötzlich wieder ein wenig mehr der Erde zu und beobachtete das kuriose Treiben des eisigen Polypen jeden Tag von neuem. Offenbar begann es sie plötzlich zu interessieren, was da unten so herumschlängelte. Da begann das Eis zu schmelzen und es schmolz und schmolz und eines Tages war alles Eis verschwunden und dann lag er da, er, der dunkle Stein, der Findling, mitten in der bayrischen Ebene, und niemand wusste, wie er, dieser Fremdkörper, dessen Dasein aus der Umgebung heraus nicht erklärbar war, hierhergekommen war. Er blickte voll Angst um sich in die mondlose Nacht. Da gab es nur sein pulsierendes Dasein und die Welt, die ihn schweigend umstand, dunkel und drohend.[7] Er war kein Stein, er pulsierte! Aber er war auch keine Pflanze, kein Tier, kein Geist! Das war er alles nicht, aber wer war er dann? Ja, wer war er? Der Film in seinem Kopfkino verblasste, ohne Antworten zu geben, andere Gedanken, Bilder und Filme stiegen auf.

Da war dann plötzlich das Bild, der Kopfkino-Film, in dem er sich als Kunstmaler sah. Ja, ging es durch seinen wirren Kopf, wenn er mit einem Pinsel in der Hand ein Selbstportrait malen hätte wollen, frei von Selbstbetrug, so hätte er wohl mit einem riesigen Kopf anfangen müssen, um den ein dichter Schwarm von Bienen herumschwirrt und auch ein Schwarm von Flöhen, die in die Ohren kriechen, dann müsste er eine große, aufgeblasene Brust malen, mit breitem Tattoo „Bohrer & Egger", dann hölzerne Gliedmaßen, die von einem eisern verzerrten Willen an der Leine gehalten werden und dort, wo das fühlende Herz, die Seele, das eigentliche Wesen zum Ausdruck kommen sollten, dort wäre ein großes Vakuum, ein Hohlraum, so hohl und dunkel wie die Nacht, die ihn schweigend umstand.

Schräge, nicht enden wollende Depressions-Phantasien, deren Spuren sich wie dunkle Sedimente schwer in seine Brust legten und deren Last auf die Lungen drückte und ihm den Schlaf und den Atem raubten.

Frau Oberlohr

Ja, eine Stunde Schlaf war ihm in der vergangenen Nacht dann doch noch vergönnt gewesen. Als er aber erwachte und als es Zeit gewesen wäre, aufzustehen, fehlte ihm der Wille dazu, er blieb einfach liegen.

Agnes trat an ihn heran, blickte besorgt in sein graues Gesicht und wusste, wie es um ihn stand. Mehrfach schon in den letzten Jahren hatte sie miterleben müssen, wie bittere Depressionen seinen Lebenswillen verschlungen und sein Gesicht in Schutt und Asche gelegt hatten. Er bat Agnes mit leiser Stimme, seine Termine abzusagen, er versprach aber, zur Generalversammlung zu erscheinen, denn die konnte man nicht mehr absagen.

Ja, dieses Versprechen hat er gehalten, allerdings unter massiver Überanstrengung seiner seelischen Kräfte. Er blickt hinab von seiner noblen Loge, hinab auf die riesige Bühne der Stadt. Der Spiritus des Irish Whiskeys hat sich inzwischen in ihm breit und wichtig gemacht.

Ein paar Mal schon in den letzten Jahren hatten ihm gut oder schlecht gesinnte Geister zugeflüstert, dass Agnes ein ungehöriges Verhältnis mit einem 15 Jahre jüngeren Münchner Juristen habe. Hartmuth hat diese Einflüsterungen einfach verdrängt, wie er so vieles verdrängt hatte, immer wieder. Er hat im Verhalten von Agnes nichts Besonderes bemerkt, unter Berücksichtigung der Tatsache, dass ihre Beziehung sowieso immer mehr zu einer reinen Zweckgemeinschaft verkommen war, auch wenn beide versuchten, den Schein der Herzlichkeit zu wahren. Die intensiven täglichen beruflichen Kontakte, Aufgaben und Konfrontationen hatten ihre Liebe aufgerieben und zu einem Haufen Zweck zerbröselt. Hartmuth hat Agnes nie zur Rede gestellt, hätte sie aber tatsächlich einen Liebhaber gehabt, so hätte er ihr gar nicht böse sein können, denn er war in den letzten Jahren eine Zumutung für sie geworden, eine Spaßbremse der Sonderklasse, das war ihm klar.

Thomas, sein geliebtes Söhnchen, für das er nie ausreichend Zeit gehabt hatte und aus dem mit den Jahren ein stattlicher Sohn geworden war, studierte inzwischen gemütlich in Wien. Thomas wollte vom Versicherungswesen und von der Firma „Bohrer & Egger" und dem ganzen Leistungsstress, der seinen Eltern offenbar aus allen Poren quoll, nichts wissen. Er studierte Mikrobiologie, was er genauso gut auch in München studieren hätte können. Thomas war jetzt 20 Jahre alt und gerade in dem Alter, in dem Hartmuth aus dem Zillertal ausgewandert war. Dem Thomas war wohl auch, irgendwie zumindest, nach „vorläufiger Auswanderung" zumute gewesen, weshalb er darauf bestanden hatte, in Wien zu studieren, und es dabei auch geschickt verstanden hatte, dies mit allen möglichen fadenscheinigen Argumenten zu begründen, um seinen spätpubertären Absonderungswillen nicht offen legen zu müssen.

Die Tür des Konferenzraumes öffnet sich, Hartmuths Chefsekretärin, Frau Brigitte Sonnegger, steckt ihren Kopf herein und ruft: *„Ach, da sind Sie ja, ich habe Sie schon überall gesucht!"* Frau Sonnegger, die ihre nette Figur in ein blaues Kostüm gesteckt hatte, geht auf ihn zu, ihre Stöckelschule klacken, Aufmerksamkeit heischend, auf dem Parkettboden im Staccato ihrer Schritte. Aber Hartmuths Kopf dreht sich nicht, er sieht stur hinunter auf die Stadt. Sie blickt ihn lange an, sie versteht, sie kennt sich aus, sie sagt nichts und holt sich mit langsamen Schritten einen Stuhl, um sich neben ihn zu setzen.

Seit vielen Jahren schon war sie seine stille Vertraute. Irgendwann, vor Jahren, hatte er einmal ihren Lohnzettel in der Hand und las ihren ledigen Namen „Oberlohr". Das berührte ihn seltsam, denn das war auch der Name seines leiblichen Vaters, den er nie kennengelernt hatte. Er wusste, dass sie seit vielen Jahren mit ihrem Mann und ihren beiden Kindern in München lebte. Er fragte sie, wo sie eigentlich aufgewachsen sei, und sie erklärte ihm, dass das in Heidelberg gewesen sei und damit wurde ihm schon etwas heiß, denn seine Mama hatte ihm gesagt, dass sein leiblicher Vater in Heidelberg studiert hatte und dort auch wohnte. Er fragte sie weiter, was ihr Vater beruflich gemacht habe, und sie antwortete, dass dieser ein kleiner Verwaltungsbeamter gewesen sei. Gut, also ihr Vater konnte wohl nicht auch sein Vater sein, denn sein Vater war Biologe gewesen. Weitere Fragen hatte Hartmuth nicht gestellt, das hat er aufgeschoben wie so vieles, denn es galt ja, „Versicherungs-Dinge" rasch zu erledigen. Aber seither nannte er sie immer vertrauensvoll „Frau Oberlohr", so als sei sie seine Schwester, was sie ja auch sein hätte können, sie war acht Jahre jünger als er.

Die beiden waren auf jeden Fall in gewisser Weise „Seelengeschwister", denn Frau Oberlohr konnte in seinen Gesten, in der Art, wie er sich bewegte, in seinen Gesichtszügen und vor allem in seiner Stimme erkennen, wie es um ihn stand, und auch er schien manchmal die Fähigkeit zu haben, sie besser zu verstehen als viele andere. Sie beschützte ihn vor den Aufdringlichkeiten der Welt, wenn sie sah und spürte, dass er diesen im Moment nicht gewachsen war, sie brachte ihm eine Tasse Kaffee, wenn er ihrer bedurfte, und sie nahm ihm von all dem Chaos, das auf ihn einströmte, so viel ab, wie sie nur konnte. Frau Oberlohr war gekommen, weil es notwendig gewesen wäre, seine Termine für morgen, Samstag und für den nächsten Montag zu besprechen und vorzubereiten, die Termine für heute waren ja alle abgesagt worden.

Jetzt sitzt sie schweigend neben ihm wie eine gefühlvolle Freundin eben, sie will vorerst nur da sein, ihm schweigend beistehen. Minuten vergehen.

Die Legende von den Göttervögeln

„Frau Oberlohr", sagt Hartmuth nach langem Schweigen mit müder Stimme, *„trinken Sie doch ein Glas Whisky mit mir, dann erzähl ich Ihnen eine Geschichte."* Frau Oberlohr sieht ihn an, steht auf, schenkt sich einen kleinen Whisky ein und setzt sich wieder neben ihn hin. Vor und unter ihnen die große Bühne der Stadt München.

„Seit Jahrtausenden", beginnt er langsam und leise, *„erzählt man sich die Legende von den Göttervögeln.*[8] *Das sind Vögel, die höher fliegen, als die Gipfel des Himalaja aufragen. Sie heißen Göttervögel, weil sie unsterblich sind. Schweben sie einmal in den Lüften, sind sie von den Schwerkräften der Erde entbunden. Sie brauchen keine Nahrung aufzunehmen, da sie sich vollständig selbst genügen. Nie landen sie auf dem Boden, sie halten sich ausschließlich in den höchsten Regionen der Luft auf, sie schlafen auch in der freien Höhe, sie lieben sich unter offenem Himmel und über der offenen Erde, sie scheinen nichts zu gebrauchen, außer Höhe und Weite, so als seien sie imstande, sich durch die Nabelschnur der eigenen Seligkeit zu versorgen.*

Der einzige Augenblick im Göttervogelleben, in dem dieses losgelöste Dasein in Gefahr kommt, gestört zu werden, existiert ganz am Anfang. Denn als erdentbundene Geschöpfe legen die Göttervögel ihre Eier in die Luft. Während das Ei aus größter Höhe der Erde entgegenfällt, brütet die Sonne es aus. Wenn die Mutter hoch genug geflogen ist, dann ist die Zeit, die bis zum Ausschlüpfen des Jungen vergeht, gerade ausreichend, damit das stürzende Ei noch über der Erde von innen her zersprengt wird. Der junge Göttervogel schlüpft in der Luft aus, er fühlt den Sturzwind in den Federn, er fängt sich im freien Fall, er breitet die Flügel aus und beginnt wieder zu steigen. So ist zu der Gattung der seltsamen und wunderbaren Vögel ein neues Exemplar hinzugekommen."

Hartmuth nimmt einen kräftigen Schluck Whisky und fährt fort.

„Aber längst nicht alle Jungen sind so glücklich, noch über der Erde auszuschlüpfen und sich noch in der Luft zu fangen. Vielleicht flog der

Muttervogel bei der Eiablage nicht wie nötig bis in die äußersten Höhen, vielleicht haben Wolken die Sonne verdeckt und dem stürzenden Objekt die zum Brüten nötige Wärme vorenthalten, jedenfalls kommt es immer wieder vor, dass die Zeit für das Götterküken nicht genügt, um sich rechtzeitig zu befreien. Die Schwerkraft der Erde ist zu stark, der Sturz ist zu schnell, die zusammengepresste Gestalt des Kükens bleibt in dem kalkigen Gefängnis eingeschlossen, während sich der Erdboden bedrohlich nähert. Verzweifelt will das Junge heraus, aber es ist zu spät, die Erde saugt mit ungeheurem Sog das stürzende Ei zu sich hinunter und so geschieht, was nie hätte geschehen dürfen und was sich doch allzu oft ereignet: Das Ei zerschellt am Boden.

Wie betäubt steckt das Junge in der zerbrochenen Schale, es ahnt noch einmal, dass es versäumt hat, rechtzeitig aufzufliegen, flügellahm liegt es auf der Erde wie vom Blitz getroffen, von Helligkeit und Schwere niedergeschmettert. Nun wird es nie mehr fliegen lernen. Ist der erste Schock vorüber, so rafft es sich auf, es flattert auf der Stelle, dann resigniert es vor der Schwerkraft und versucht, wenigstens gehen zu lernen. Das gelingt auch meistens. Manche von den abgestürzten Göttervögeln reden in ihrem späteren Leben immerzu davon, wie wichtig für ihresgleichen der aufrechte Gang sei. Aber so viel die vertikalen Tiere auch auf dem Erdboden herumlaufen, sie werden nie das Gefühl abschütteln, dass etwas mit ihnen nicht in Ordnung ist. In einem verborgenen Winkel ihres Gedächtnisses lebt eine Ahnung davon weiter, dass einmal andere Möglichkeiten offen standen, die ihnen vorenthalten blieben und bleiben.[8]

Langes Schweigen.

„Herr Egger“, sagt schließlich Frau Oberlohr, *„eine wunderbare Fabel, vor allem vor dieser Bühne. Sehen Sie doch all diese abgestürzten Göttervögel dort unten, mit denen offensichtlich irgendetwas nicht stimmt.“* Nach einer kleinen Pause fügt sie hinzu: *„Aber die Fabel ist wohl ein Ausdruck östlich-pessimistischer Mystik, welche das Nirwana anstrebt und das Leben auf der Erde als Leiden sieht.“ „Ja ist es das nicht?“*, fährt Hartmuth sie an. *„Ja, es gibt wohl Menschen, die wegen des Gefühls, nicht fliegen zu können, schlaflos werden“*, meint Frau Oberlohr. Hartmuth sieht verdutzt und wie ertappt in ihr Gesicht. *„Aber Herr Egger“*, fährt sie fort *„mir gefällt der Teil nicht, wo es heißt, dass der Absturz nie hätte passieren dürfen, und wo es heißt, sie würden nie mehr fliegen lernen. Was wäre, wenn es Vorsehung wäre,*

dass das passiert, und was wäre, wenn es gerade unsere Aufgabe auf dieser Erde wäre, wieder fliegen zu lernen?"

Hartmuth sieht sie überrascht und fragend an. Frau Oberlohr ist etwas verlegen ob ihrer optimistischen Dreistigkeit.

Nach langer Pause voll gedankenschwerer Blicke hinunter auf das bunte Treiben der vertikalen Tiere atmet sie dann kräftig ein, steht auf und wird wieder geschäftlich. *„Was machen wir nun mit den Terminen?", fragt sie. „Sagen Sie bitte alle ab!"*, er senkt den Kopf. Nach einigem Zögern sagt sie leise: *„Gut, ich sage alle Termine für morgen ab und ich werde am Montag dann früher ins Büro kommen, um die Montagstermine mit Ihnen zu besprechen."* Er nickt zaghaft, ohne wirklich zu glauben, was er da nickt.

Frau Oberlohr steht links, schräg hinter ihm und legt zum Abschied ihre rechte Hand auf seine Schulter. Beide blicken noch eine Weile hinaus und hinunter auf die Bühne, er neigt ein wenig seinen Kopf in die Richtung ihrer Hand. Es ist, als erfühle sie mit ihrer Hand den Schmerz in seiner Seele, und es ist, als merke er, dass sie ihn fühlt. Sie spürt aber auch, dass sie im Moment nichts weiter tun kann für ihn und er allein sein will und so geht sie leise hinaus nach einer weiteren Minute ohne Worte.

An der Außenseite der Eingangstüre des Konferenzraumes dreht sie das große Schild um, welches nunmehr die rote Aufschrift „Bitte nicht stören" zeigt, und sie weist auch das Reinigungspersonal an, die Reinigungsarbeiten im Konferenzraum auf Montag zu verschieben.

Der Irrstern

Es war inzwischen dämmrig geworden in der Welt. Unten auf der großen Bühne wurden nach und nach bunte Kerzen angezündet, Bühnenscheinwerfer angeknipst und die Gebäude bekamen zunehmend das Aussehen von Lampions mit tausenden Fensterchen, hinter denen die Kerzen flackerten, und zwischen den Lampions suchten Autos mit ihren Suchscheinwerfern ihren Weg in die Zukunft. Über die Stadt hatte sich halbkugelförmig eine Erleuchtung gelegt, welche die einbrechende Nacht auf die Seite schob, hinaus aus der Stadt und hinaus in die Verbannung hinter die Peripherie der Stadt. Auch im Konferenzraum war es dunkel geworden. Noch dunkler aber war es in ihm, in Hartmuth.

Vielleicht hatte sie recht, die Frau Oberlohr, seine Seelenverwandte im Stillen, vielleicht wurden wir auf die Erde geschickt, um fliegen zu lernen. Einige wenige Male war es ihm vor vielen Jahren gelungen, beim Hören von Sinfonien etwas zu erleben, was man vielleicht einen ersten kleinen Schritt in diese Richtung hätte nennen können. Vor allem Bruckner-Sinfonien waren es, die ihn damals ansprachen und sein Herz erweiterten, besonders das Adagio der 6. Sinfonie. Das letzte derartige Erlebnis war aber schon lange her, sehr lange. Sein Herz hatte sich wohl zusammengekrampft in den Jahren seither und lag ihm jetzt, als er auf die erleuchtete Bühne hinunter blickte, wie ein Stein in der Brust.

Aber was sollte das überhaupt bedeuten, „fliegen lernen"? Durch die Filter seiner dunklen, matten Seele betrachtet, war dies wohl eher als ein Aufruf zu verstehen, „*endlich die Initiative zu ergreifen, das Fenster zu öffnen, die Arme breit zu machen und 12 Stockwerke im freien Fall hinunter zu fliegen, den Gesetzen der allzu schweren Erde entsprechend, um dann die endlich befreite Seele hinauffliegen zu lassen in die undenkbaren, esoterischen Träume, in die Sphären der Vögel der Götter.*"

Der Geist des Irish Whiskeys hatte begonnen, seinen Geist zu irritieren und ihn für blöd zu verkaufen. Irre erschien ihm alles, was da vor ihm auf der Bühne unter der halbkugelförmigen Erleuchtung ablief, und irre erschien ihm auch, was da ablief in ihm, in seinem dumpf und mechanisch vor sich hin pulsierenden und atmenden Dasein.

Es wäre wieder Zeit gewesen für den Auftritt des Irren, dessen kuriosen Bühnentext er schon vor einiger Zeit einmal sinngemäß aufgezeichnet hatte. Irgendwo in einer Schublade zu Hause, irgendwo in einer Schublade seines am Boden liegenden Lebensgeistes lag der Zettel mit dem Text:

Der Irrstern [5]

Es war vor gar nicht langer Zeit, in dunkler Macht.
Ich hatte mich verwirrt im irren Garten,
lag müde am Boden, roch der Erde Schwere
und atmete den Nebel, der mich umstand.
Ich schloss die tränenden Augen und blickte in das tiefe Dunkel,
in die dunkle Tiefe, zwischen all den fernen, kalten Sternen.
Da begann er langsam und leise zu sprechen, er, der Irre:

„Siehst du den Irrstern, dort, unter dem vollen Mond,
den blauen Delphin, wie er murmelnd seine Bahnen um die Sonne zählt?
Dort laufen Uhren ab, dort ist die Welt in die Zeit gestürzt,
dort, unter dem Mond, das ist der Raum, in dem alles, was entsteht,
seinen Ursprüngen den Tod schuldet, unentrinnbar und leise.
Das ist das sublunare, graue Reich der Demütigung,
das Feld der Gravitation, die alles niederhält und alles niederfesselt,
das Reich der ‚Conditio Humana', das der Kraft der Schwere schwer erliegt.
Das ist der Stern, auf dem wissentlich gestorben wird, ohne zu wissen.
Niemand kommt je lebend von dort fort.
Was immer sich bewegt an diesem Ort,
es bewegt sich hin zum eigenen Ende.
Siehst du das bunte Treiben dort, in dieser großen Stadt, in diesem Tal?
Läufe der Vorläufigen, Läufe in Richtung Westen,
in die Sonnenuntergangsgegend,
in die Todeszone, Volksläufe in den Tod.

Siehst du die Menschen, dort an der Oberfläche?
Oberflächenwesen an der Grenze zwischen der Erde und dem Nichts,
vorläufig aufrecht wandelnde Erdmännchen und Erdweibchen,
die bald zerfallen sein werden zum Staub der Erde.
Siehst du, wie sie verzagt nach oben blicken,
in den unendlichen, dunklen Abgrund,
und wie sie verzweifelt versuchen, ihre ausgetrockneten Seelen zu retten,
indem sie sich in ihre selbst austapezierten Innenräume zurückziehen?

Ja, das ist der Stern, wo die großen Fragen aufgebrochen sind,
die Fragen nach der großen Wahrheit
und die Fragen nach dem Sinn des Seins,
nicht aber die Antworten.

Das ist der Stern der irren Wirren,
der Stern der wirren Irren,
der ewig vergeblichen Suche nach dem Selbst.
Dann verfiel er in Schweigsamkeit, der seltsame Schwätzer.

Ja, es wäre wieder Zeit gewesen für einen Auftritt dieses seltsam pessimistischen Schwätzers. Aber da war nichts mehr in ihm, in Hartmuth, da war kein seltsamer Schwätzer mehr, da war kein Lebensgeist mehr, nicht einmal ein pessimistischer, nicht einmal ein ironischer, da war überhaupt kein Widerpart mehr in ihm, kein Gegenpol, kein Echo. Sein innerster Lebenspartner, sein Genius war verschwunden.[6] Wie ein verblutender Bluter saß er da und fühlte wie sich das Vakuum in ihm ausbreitete.

Die Depression hatte in dieser Stunde so insistierend bei ihm angeklopft wie noch nie. Sie hatte die Türen seines Hauses aufgedrückt, die letzten Lebensgeister verscheucht und wie ein Vampir das Blut aus seinen Adern gesaugt. Was von ihm übrig blieb, war eine bloße Hülle ohne Inhalt, ausgeleerte Gefäße, ein Vakuum, das ihm wie ein Stein im Bauch lag. Die Kinder waren ausgezogen aus ihm und hatten allen Sinn des Daseins endgültig mitgenommen in ihren bunten Koffern.

Er saß nun allein in seiner trüben Zelle, in selbstgewählter Einzelhaft und stierte hinunter auf die große Bühne. Er saß da, im großen, dunklen Konferenzraum wie in einer Totenkapelle, in der alles aufgebahrt lag, was ihm je lieb und teuer gewesen war, seine Agnes, Thomas, seine Mitarbeiter, Freunde, seine Bücher, seine Poesie, sein Geschäftserfolg, sein Frohsinn aus den guten Tagen. Es gab nichts mehr zu sagen. Hartmuth war vom Gefühl und von der Überzeugung durchdrungen, von seinem intimen Förderer – von seinem Lebensgeist – endgültig aufgegeben worden zu sein, und er hasste ihn dafür. Er hasste ihn dafür, ihn zum Leben verführt zu haben und dann auf halbem Wege aufgegeben und von ihm verlassen worden zu sein. Er fühlte sich schäbig betrogen und trank auf das Unwohl des Betrügers den Whisky nun aus der Flasche.

So wie der Bauch eines Cellos, so hat offenbar auch der „Bauch einer Seele“ eine Ober- und eine Unterseite. Geht der Klangboden, der andere Pol, verloren, so stirbt der Klang, die Schwingungen finden kein Gegenüber und verlieren sich im dunklen Abgrund.

Eine weitere Stunde saß er so da, bodenlos, und stierte hinunter auf die Bühne der wirren Irren und hinein in seinen eigenen seelischen Abgrund, aus dem nun einzig und laut der Ruf nach Selbstmord aufstieg wie eine überfällige Pflicht.

Szene 4
Rück-Zug

„Freitagabend, neunzehnter Mai 2012“, flüstert unhörbar die am Himmel stehende Sonnenuhr, die sich allerdings schon vor ein paar Stunden hinter der Erde versteckt hat und nun auf der anderen Hälfte der Mutter Erde ihre milden Strahlen in die Augen und Herzen der dortigen Menschen und Tiere schiebt, um sie zu wärmen, und auch in die Chloroplasten der Pflanzen, um auch dort Nahrung sprießen zu lassen. Aber auch die dortigen Menschen denken nicht an diese solaren Wohltaten, das sind Selbstverständlichkeiten, die selbstverständlich unbeachtet bleiben, so sind die Menschen eben.

Auf Hartmuths Hälfte der Mutter Erde steht der Mond melancholisch am gestirnten Himmel und flüstert den Menschen sorgenvoll die Empfehlung in die Augen, diese doch endlich zu schließen und nach innen zu blicken. Aber seine Widersacherin, die halbkugelförmige Erleuchtung über der Stadt, ruft ihnen zu: *„Bleibt wach, Zeit ist Geld!“*

Absturz

Hartmuth sitzt immer noch apathisch auf seinem Stuhl im Konferenzraum. Nach vorne gebeugt stiert er hinunter auf die kuriose Bühne. Er folgt willenlos den Einflüsterungen des Mondes und blickt nach innen, doch da ist nichts, nur beklemmende Leere, dunkler Abgrund.

Irgendwann, nach langem weiteren Stieren kippt er völlig betrunken und willenlos vom Stuhl und stürzt auf den Boden. Er bleibt einfach liegen, schläft ein, erwacht, erbricht sich und schläft wieder ein.

Die halbkugelförmige Erleuchtung über der Bühnenstadt wirft einen matten Lichtschein in die noble Loge der 12. Etage des mit dunklem Glas ummantelten hybriden Hochhauses und auf das gespenstische Gemälde, welches Hartmuth gemeinsam mit seinem Schicksal dort im Begriffe ist, zu malen.

Hartmuth im dunklen, feinen Anzug, schwarzen, polierten Schuhen, weißem Hemd und mit grüner Krawatte. Er liegt seitlich auf dem Bauch auf dem mit Perserteppichen veredelten und von seinem Erbrochenen verunedelten Parkettboden des großen Konferenzraumes, nahe der dunkelglasigen Fensterfront. Auch der blasse Mond wirft sein mattes Licht durch die großen Fenster auf das am Boden liegende und leise röchelnde Häufchen Elend von einem Menschen. Ansonsten ist es dunkel im Konferenzraum und auch im ohnmächtig schlafenden Hartmuth. Zwei Stühle stehen nahe am großen Fenster und werfen zarte, lange Mondschatten in den Raum und vorne und unten prahlt und strahlt die große, geschäftige, von unzähligen herumfahrenden Suchscheinwerfern durchfurchte Bühne der Geschäftswelt, aus der Hartmuth eben gestürzt ist.

Ein bemerkenswertes Gemälde, das hier dem expressionistischen Pinselkünstler Hartmuth Egger ganz und gar ungewollt gelungen ist. Er hat es vollkommen unbewusst aus seinen seelischen Abgründen und aus seinem misslungenen Werden heraus auf die Leinwand des Lebens geworfen. Ein schaurig-poetischer Ausdruck des Scheiterns und des Ich-Zerfalls, ein expressionistisches Kunstwerk, zu dem wohl der Titel „Abgestürzter Geschäftsmann im Ekel seines Lebens“ passen würde.

In der 12. Etage sind vor Stunden schon alle Lichter ausgegangen, niemand ist mehr im Büro. Auf der Eingangstüre zum Konferenzraum hängt immer noch das Schild mit der roten Aufschrift *„Bitte nicht stören!“*

Agnes war abends selbst noch im Büro gewesen und hatte als Letzte den Bürokomplex in der 12. Etage verlassen, da war alles bereits dunkel, auch das Büro von Hartmuth. Sie wusste nicht, wo er war, und fuhr nach Hause, telefonisch konnte sie ihn nicht erreichen. Als Hartmuth um 23 Uhr immer noch nicht zu Hause war, begann sie, sich große Sorgen zu machen, sie rief ihn mehrfach an, aber er hob nicht ab. Das Handy Hartmuths lag lautlos gestellt in der Tasche seines feinen, dunklen Anzuges und rührte sich nicht, genauso wie auch er.

Irgendwann, lange nach Mitternacht, wurde er geweckt von seiner Übelkeit. Er erhob sich mühsam stöhnend und schwankte im Schwindeltaumel in die WC-Anlage, er versuchte, sich ins Waschbecken zu erbrechen, aber da war nichts mehr in ihm, was er herausbrechen hätte können. Er spülte seinen Mund, trank einen Schluck Wasser und wusch sich das Gesicht. Im Spiegel sah er die Spuren der erbrecherischen Verwüstung auf seinem Hemd und seinem dunklen Anzug und beseitigte sie notdürftig mit ein paar Wischern, um den Makel zu vertuschen.

Er ergriff dann aus bloßer Gewohnheit seine Aktentasche und ging langsam, immer wieder unterbrochen von seitlichen Ausfallschritten, zum Lift und ließ sich vom Abzug – der freundlicherweise seine Fallgeschwindigkeit dämpfte – hinuntertragen und hinunterfallen in die Beton-Katakomben des Hochhauses, hinunter in das zweite Untergeschoss der Tiefgarage. Dort setzte er sich in seinen luxuriösen SUV, seinen „Alleskönner-Geländewagen“, mit dem er noch nie im Gelände war, schaltete die Heizung ein und schlief den Schlaf der Ungerechten.

Am frühen Morgen schon wurde er vom Lärm der beginnenden Geschäftigkeit in der Tiefgarage geweckt. Er setzte sich auf, rieb seine Augen und fuhr los, immer noch erheblich und straßenverkehrsrechtlich sträflich geschwängert von den zahlreichen Promilles, die sich in seinem Körper herumtrieben und sich schelmisch vergnügten.

Der Flug der Brieftaube

Ja, Hartmuth fuhr los wie von einem dunklen Dämon gesteuert, taub, schwer, apathisch, ohne zu wissen, wohin, er fuhr einfach los. Er war auf dem Weg zum Suizid, das war klar, das war die Himmels- oder Höllenrichtung seiner Absichten, das war die Richtung dorthin, wo sein Himmel, der zur Hölle geworden war, zerschmettern sollte. Aber er wusste noch nicht, wo genau dies geschehen sollte, weil er auch noch nicht wusste, wie er sich umbringen wollte. Er fuhr einfach in Richtung Suizid, dumpf und willenlos folgte er einem bleischweren Zwang.

Seiner Autolenk-Motorik waren alkoholisierte Zustände nicht unbekannt, er hatte sie trainiert und Hartmuth ließ sie einfach gewähren. An jeder Kreuzung ließ er ihr ihren Willen und fuhr in jene Richtung, welche seine Motorik, sein inneres, unbewusstes Navigationssystem, der bleischwere Dämon in ihm, wollte.

Das Ortsschild der Gemeinde Gröbenzell tauchte plötzlich vor ihm auf und er rollte vorbei am „Gasthof zum blauen Bock", dessen Blut- und Nervenbahnen er einst mit so viel Lebenseifer studiert hatte, und vorbei an dessen Eingang mit seinen Hartriegelsträuchern, die er vor vielen Jahren mit Hingabe geschnitten hatte. All das berührte ihn heute nicht mehr, auch nicht der Gedanke an die so mütterlich-fürsorgliche Hella, der Wirtin, auf deren Begräbnis er vor ein paar Jahren war und der er mit feuchten Augen, Wehmut und Dankbarkeit Blumen aufs Grab gelegt hatte. Aber das hatte keine Bedeutung mehr, alles in ihm war zusammengekrampft zu einem schweren Stein der Sinnlosigkeit.

Er fuhr weiter in Richtung Süden und näherte sich dem Starnberger See. Als Hartmuth vor vielen Jahren Physik „im Block" an der Abendschule studiert hatte und so „als Physiker" in die Landschaft geschaut hatte, da hatte er mit Begeisterung deren Physik wahrgenommen, also beispielsweise die Statik der Gebäude und der Bäume, oder er dachte an die Bindungsenergie in den Atomkernen, welche diese Standfestigkeit erst ermöglichten. Hatte er als Chemiker in die Welt geblickt, war diese wieder eine ganz andere gewesen und als Biologe wieder eine ganz andere. Wenn er jetzt in die Landschaft blickte, so sah er nur stupide Theaterkulissen und hinter diesen Kulissen nichts als das erschütternde Vakuum, dunkle Schwere.

Der schwarze SUV rollte auf einen Parkplatz direkt am Starnberger See. Hartmuth schob die Lehne seines Sitzes zurück und schloss die trüben, brennenden Augen. Er wollte seinen Selbstmord planen, er wollte der unerträglichen Schwere in ihm und dem überbordenden Drang nach endgültiger Erleichterung eine konkrete Richtung geben, einen präzisen Ort und ein genaues „Wie". Aber schon nach wenigen düsteren Gedankenspielen schlief er gnädig ein.

Nach Stunden weckte ihn das Knurren seines leeren Magens, er hatte schon mehr als 24 Stunden nichts mehr gegessen. Er öffnete die große Türe seines SUV, stieg mühsam aus, schwankte die paar Meter hinunter zum See und erfrischte mit einer Handvoll Wasser sein Gesicht. Die Sonne, die sich inzwischen nach oben, in Richtung Mittag geschoben hatte, blickte jetzt zwischen den Wolken herab auf den See und besprühte die an seiner Oberfläche dahinkräuselnden sichtbaren Auswirkungen des unsichtbaren, leichten Windes mit einem wunderbar glitzernden Perlenglanz. Eine Entenfamilie schwamm vorbei und blickte ihn seltsam an, denn er sah aus wie ein Pinguin, in seinem dunklen Anzug und dem weißen Hemd.

Sein Körper rief – unsinnigerweise – nach Nahrung. Apathisch und ohne Ziel ging er ein paar hundert Meter langsam den Strand entlang. Er wollte sich wohl ein wenig sammeln. Der verführerische Glanz und Sonnenglitter auf dem See erschien ihm wie ein schäbiger Betrugsversuch, ein Gefunkel und Gemunkel, das ihn nichts mehr anging. Er stand plötzlich vor einem kleinen Lebensmittelgeschäft. Sein knurrender Magen schob ihn hinein und besorgte sich zwei Käsesemmeln und zwei Flaschen Wasser. Wie betäubt schlenderte er – dem betrügerischen See entlang – wieder zurück zum Parkplatz, setzte sich in seinen SUV und fuhr dann kauend einfach wieder los, in Richtung Suizid.

Er passierte Bad Tölz und fand sich schließlich im Achental in Österreich wieder und langsam wurde es ihm zur Gewissheit, dass sein Ziel wohl Hinteraching im Tuxer-Tal sein müsste, vielleicht sogar die Lahner-Alm, wo er als Kind so gern gewesen ist. Irgendeine mysteriöse Kraft zog ihn dorthin, zog ihn zurück zu seinem Heimatschlag, geheimnisvoll navigiert und gelenkt wie eine Brieftaube. Zurück zu dem Ort, wo er vor mehr als 53 Jahren als kleiner, blutiger Knäuel unbarmherzig in die Individualität und in die Schwere der Erde gestoßen worden war. In eine Schwere, die er seither nicht mehr loswerden konnte und die ihm jetzt zu schwer geworden war.

Ja, er war unterwegs wie eine Brieftaube auf dem Flug zurück zum Heimatschlag. Wie eine Brieftaube, die genauso wie er, nicht wusste, wie ihr geschah. Er hatte offenbar diesen seltsamen Vogel 1978 mit hinaus nach München genommen, ohne es zu wissen, und heute Früh dort frei gelassen, ohne es zu merken. Aber welche Botschaft trug er mit sich, dieser seltsam-perverse Vogel, der vor hatte, sich in seinem Heimatschlag umzubringen? Wer war der Absender und wer der Empfänger?

Rechts unten zog der Achensee vorbei, dunkelblau und glatt, umringt und bewacht von steil aufragenden, mächtigen Bergen und Felsen, deren Schatten fast den ganzen See bedeckten. Vor langer, langer Zeit, als er die Landwirtschaftliche Lehranstalt in Rotholz besuchte, war er einmal mit Rosi hier oben gewesen, an einem Freitagnachmittag, nach der Schule. Die abenteuerliche Dampflokomotive der Achenseebahn hatte sie mit viel dampfendem Gestöhne und Gepolter vom Inntal hinaufgeschoben nach Pertisau, an den Rand des Sees, in dem sie dann fröhlich wie kleine Kinder schwammen. Er bewunderte Rosis wohlgeformten Körper im bunten Badeanzug, ihren romantischen Blick und ihre geistvolle Heiterkeit und sie machten sogar eine kleine Rundfahrt mit dem großen Linienschiff.

Die Erinnerungen an diesen schönen Tag schmeckten bitter, sehr bitter. Er hatte Rosis rote Haare, ihr sommersprossiges Gesicht und ihr Lachen vor seinen trüben Augen. Was aus ihr wohl geworden war? Ein paar Äußerlichkeiten wusste er, die hatte seine Halbschwester, die Hildegard, ihm besorgt. Rosi war verheiratet in Innsbruck, hatte zwei Kinder, war Professorin am Gymnasium und unterrichtete Philosophie und Geschichte. Aber was war aus dem „Menschen Rosi“ geworden, aus dieser so anmutigen und fröhlichen Seele, die er so schäbig im Stich gelassen hatte? Aber was heißt „im Stich gelassen“? Es war wohl ihr Glück, diesen psychischen Versager los geworden zu sein, der jetzt auf dem Weg war, sich umzubringen!

Dunkle Wolken waren aufgezogen im heiligen Land Tirol und als der schwarze, pompöse SUV mit Hartmuth als apathischem Passagier am Steuer in das Zillertal rollte, wurde er mit ohrenbetäubendem Donner begrüßt und bald begann es, massiv zu regnen. Ja, er war wohl nicht willkommen.

Er, der Neophyt, war seit dem Begräbnis seines Stiefvaters vor 15 Jahren nicht mehr in seiner zur „Un-Heimat“ gewordenen Heimat gewesen und unerklärlicherweise zog es ihn – den Unmenschen – nun dorthin, wo er geboren wurde, um zu sterben.

Seit seinem Auszug, seit seiner Desertation im Jahr 1978, hatte sich viel verändert im Tal. Der Tourismus war eingezogen in die geschäftstüchtigen Köpfe der Zillertaler und hatte zahlreiche Cafés, Restaurants und Hotels überall im Tal und auf den Bergen ausgestreut wie Rosinen auf einem Kuchen, hatte die Wohnhäuser zu Ferienappartementhäuser aufgestockt und die Berge mit Schiliften und Schiabfahrten austapeziert wie einen riesigen Vergnügungspark. Hartmuth sah aber keinen Vergnügungspark, er sah nur befremdliche, vom Regen verwaschene Kulissen und dahinter nichts als den Unsinn von all dem Treiben und allem Leben.

Als er Lanersbach erreicht hatte, machte seine innere Brieftaube Rast am Friedhof. Hartmuth, der schwarz-weiße Pinguin, fand sich im starken Regen am Grab seiner Mama und seines Stiefvaters stehend. Er wusste nicht recht, wieso er dort stand, was er wollte, was ihn dorthin geschoben hatte. War er hier, um sich zu verabschieden? Oder um sich bei ihnen zu entschuldigen? Oder stand er hier im strömenden Regen, um sich in Grund und Boden zu schämen? Er wusste es nicht, er fand jedenfalls keine Worte, es war zu kompliziert, er war zu kompliziert, er war seelisch zu ausgetrocknet.

Er starrte auf das Grab und auf die kleine, weiße Tafel mit der Inschrift und den beiden Fotos. Mama, die ihn früher immer von ihrem kleinen Foto vom Grabstein herunter so liebevoll angelacht hatte – ganz egal, wo in der Welt er sich gerade befunden hatte – sie lachte heute nicht, sie sah ihn nicht einmal an, nein, sie weinte in Strömen! Der dichte, rauschende Regen, der ihm von Kinn und Nase tropfte, hatte ihn schon nach wenigen Minuten durchnässt bis auf die Haut. Sein Stiefvater, der Sepp Egger, blickte ihn auch nicht an, aber er schien gelassener zu sein, Tränen waren nicht seine Sache.

Wo wollte er, Hartmuth Egger, geboren am 13.9.1958 und gestorben am 20.5.2012 begraben werden? Hier in Lanersbach oder in einem anonymen „Massengrab" in der Großstadt? *„Lieber hier, ja viel lieber hier!"*, stieß es ihm weinerlich auf. Nachdem Hartmuth – entgegen seinen Gewohnheiten – sich selbst bekreuzigt und Weihwasser mit einem kleinen Fichtenzweig auf das im Regen fast ertrinkende Grab seiner „Eltern" gesprengt hatte, setzte er sich – völlig durchnässt – wieder in seinen SUV und fuhr weiter und weiter.

Akustisch begleitet vom Knattern der Räder auf dem groben Schotter und dem monotonen Gequietsche des Scheibenwischers, fuhr er schließlich den neuen, steilen Forstweg hinauf, Richtung Lahner-Alm. Erstmals durfte der „Alleskönner-Geländewagen" im Gelände fahren.

Doch schon bald war Schluss damit, denn vor ihm erhob sich plötzlich eine mehrere Meter hohe Barriere aus schmutzigem Schnee. Die Forststraße war von Schneemassen blockiert. Zusammengepresster Schnee, Äste und entwurzelte kleine Bäume, die eine Lawine dort hat liegen lassen, eine Lawine, die wohl vor vielen Wochen schon abgegangen sein musste. Es war noch nicht Almzeit, der Almauftrieb erfolgte üblicherweise immer erst Anfang bis Mitte Juni, der Weg war daher noch nicht geräumt.

Hartmuth blieb erschöpft und ratlos im Auto sitzen, den nassen Kopf auf das Lenkrad gestützt. Der Regen, der etwas nachgelassen hatte, trommelte leise auf die Karosserie. Bräunlich-schmutzige, kleine Bäche suchten sich ihren Weg unter dem Lawinenkegel heraus, rieselten entlang dem inneren vertieften Rand der Schotterstraße talwärts und fanden da und dort auch ihren bräunlich-schmutzigen Weg quer über die Straße und dann hinunter in den regenrauschenden dunklen Wald.

Zurück in den Uterus

Lange saß er so da, zusammengesackt, den Kopf gesenkt, das Gesicht grau wie alles rundherum. Der Regen wollte nicht aufhören zu regnen und trommelte weiter leise auf die Karosserie wie die Trommler eines Exekutionskommandos, die zur Exekution eines Deserteurs riefen.

In dieser makabren Klangwolke stand langsam das „Wie" geisterhaft vor ihm auf und drängte sich in seinen Kopf: *„Ich gehe jetzt in einem Zug hinauf auf das „Latschenköpfel" und stürze mich dann hinunter von der Felswand auf der linken Seite der Lahner-Alm!"*

Ja, so wie jener Stein wollte er hinunterstürzen, der in seinem Jugendgedichtchen „Almidylle" der dort unten grasenden Kuh auf den Zeh gefallen war, und bei diesen Gedanken wurde ihm klar, dass auch seine wie Seifenblasen zerplatzten Kinderträume es waren, die ihn gerade dort hinauf und gerade diese Wand hinunter trieben.

Endlich stieg er aus, aus der Trommel, zog im Regen das klatschnasse dunkle Sakko seines feinen Anzuges aus und warf es wie einen Putzlappen in den Gepäcksraum. Dort lagen auch seine Trainingsjacke und die Laufschuhe, die er stets bereit hielt für seine manchmal spontan initiierten Läufe rund um den Feldmochinger See. Er zog die Trainingsjacke an und, nachdem er sich im Auto mühsam die Laufschuhe angezogen hatte, stieg er aus und band sich noch den dicken, dunklen Mantel um den Bauch. Ein Mantel, der aussah wie ein Talar, der aber auch für Auftritte in der High Society bestens geeignet war oder bei Begräbnissen, was für ihn ohnehin meist auf dasselbe hinausgelaufen war in den letzten Jahren.

Dann ging er los und machte sich auf seinen letzten Weg, über die Lawine hinweg und hinauf zur Lahner-Alm. Das Auto ließ er einfach mitten auf dem Forstweg stehen, unversperrt, mit Aktentasche und Tablet auf dem Beifahrersitz.

Der gepresste Schnee der Lawine war an manchen Stellen schon faul und müde und ließ ihn einsinken bis zu den Hüften, aber seine tödliche Zielstrebigkeit schaffte die Überquerung des Lawinenkegels und dann marschierte er hinauf, den Weg entlang, den er vor vielen Jahren schon hundert Mal gegangen war, damals aber war es noch ein schmaler Viehtriebsweg gewesen. Rechts, unterhalb des Weges, rauschte der vom Schmelzwasser überfüllte Wildbach und stürzte sich übermütig schäumend hinunter in die Tiefen seiner Aufgaben. Ja, der wilde Bach hatte Aufgaben, die noch Sinn und Zweck zu haben schienen, Hartmuths Lebensfluss aber hatte allen Sinn verloren.

Es war ihm inzwischen auch zur Gewissheit geworden, dass er seinen Suizid als Unfall tarnen wolle. Er wollte die Schmach eines Selbstmordes seiner Agnes und seinem Thomas nicht antun. Es sollte daher wie ein Unfall aussehen. Es war klar, dass die ganzen Umstände, in denen er sich bewegte und auf die er sich jetzt zubewegte, für jeden, der nachträglich da hinschaute, ziemlich kräftige Indizien für einen Selbstmord waren. Deshalb hatte er noch vor seinem Abmarsch in sein Tablet, das er im Auto auf dem Beifahrersitz zurückgelassen hatte, unter dem Ordner „Tagebuch" hineingeschrieben: *„Mir geht es heute nicht gut, ich mache jetzt aber eine Wanderung hinauf zum „Latschenköpfel" und ich weiß, dass es mir nachher wieder besser geht."* Agnes wusste, dass er in seinem Tablet quasi ein Tagebuch führte, dem er zwar nicht täglich, aber immer wieder seine Befindlichkeiten anvertraute, sie würde sicherlich dort nachschauen, in ihrem Bemühen, zu verstehen, was passiert war.

Es war schon später Nachmittag, als er sich völlig erschöpft und klitschnass der Lahner-Alm näherte, als er aus dem Wald hinaustrat und hinein in die von steilen Bergen begrenzte Offenheit der Almwiesen. An manchen schattigen Stellen lag noch etwas Schnee. Es war kalt geworden dort oben und er fror. Er zog sich den völlig zerknitterten, nassen und schweren, schwarzen Mantel an, den er um den Bauch gebunden hatte. Aus den Niederungen menschlicher Gemüter heraus betrachtet, sah er nun endgültig aus wie ein diabolischer Kobold auf dem Weg zu Untaten.

Der Regen hatte inzwischen aufgehört, die Wolken hatten sich ein wenig nach oben gezogen und schwebten, dunkel wie ein Höhlendach, über dem Talgrund des Hochtales der Lahner-Alm. Hartmuth schien es, als bewegte er sich hinein in eine dunkle, mit grauer Watte ausgepolsterte riesige Höhle. Von oben, aus den Sternen betrachtet, sah es wohl aus, als kehrte er, der klitschnasse Zerknitterte, zurück in den Uterus des Universums, um dort wieder in der wohligen Geborgenheit des Meeres der Alleinheit zu versinken und seinen zu steinigen Weg auf der zu schweren Erde zu beenden. Aber das war nicht der Blickwinkel Hartmuths, er keuchte, nach vorne gebeugt und niedergedrückt, nach oben, dem Ende entgegen.

Ja, links vorne, in vielleicht 500 Metern, da war sie, die schicksalshafte Wand und ein paar hundert Meter dahinter war der Aufstieg, über den er von hinten hinauf gelangen konnte, um sich dann vorne hinunter zu stürzen. Er hatte es bald geschafft, eine halbe Stunde noch, dann war er oben und konnte ins Jenseits fliegen.

Rechts oben sah er schon den kleinen Hügel, auf dem sich die beiden großen Steine befanden, zwischen denen er in jungen Tagen so oft auf dem weichen Moos gelegen war und in mondlosen Nächten die Milch der Milchstraße getrunken hatte.

In einiger Entfernung, auf der linken Seite, lag die Almhütte. Sie hatte ihr Äußeres in all den Jahren kaum verändert, aber zu seinem völligen Erstaunen stieg leichter Rauch aus dem Kamin. Er blieb lange stehen und staunte, das war völlig unerklärlich, denn die Alm war immer nur während der Almzeit bewohnt gewesen. Hatte ein Bergsteiger sich erdreistet, sich dort für eine Nacht Unterschlupf zu verschaffen?

Ihn sollte es nicht weiter scheren, er ging weiter. Aber da öffnete sich die Tür der Almhütte und ein alter Mann trat heraus und blickte zu ihm herüber.

Georg

Hartmuth ging einfach weiter. Doch der alte Mann kam herüber zu ihm, ohne Eile, aber er kam herüber zu ihm, mit sicheren Schritten. Er sah aus wie ein … ja, unmöglich zu sagen, wie er aussah, er hätte ein Priester sein können oder ein Gauner, der sich hier oben versteckte oder ein in die Jahre gekommener Melker oder ein Einsiedler. Das weiße Haar auf seinem Kopf hatte etwa die gleiche Länge wie sein kurzer, weißer Bart. Er trug ein kariertes Hemd, das zu einem Bergsteiger gepasst hätte, und eine dunkelbraune Flanellhose, die an einen Betbruder denken ließ, und seine Füße steckten in hölzernen Melker-Knospen, in die er offenbar schnell geschlüpft war.

„Ich hab dich schon von weit unten kommen sehen und habe Teewasser für uns auf den Herd gestellt, ein heißer Tee tut gut bei diesem kalten Wetter“, sagte er in feinem Dialekt aus dem vorderen Zillertal. Er tat so, als wären sie alte Bekannte. Hartmuth wollte schon weitergehen und sagen, dass das nett wäre, dass er aber keine Zeit hatte, da streckte aber der Mann, der vielleicht 15 Jahre älter war als Hartmuth, ihm seine rechte Hand zum Gruße hin und sagte freundlich: *„Georg, ich heiße Georg!“* Hartmuth stockte, ergriff zögerlich die Hand, ohne ihn anzusehen und ohne etwas zu sagen. Aber als er diese warme, trockene Hand in seiner nassen, kalten Hand spürte und als der alte Mann dann gleich auch noch kurios in väterlicher Weise seine linke Hand auf seinen nassen, kalten Handrücken legte, da spürte er plötzlich etwas in sich. Es war wie ein winziger Funke, der aufglimmte, tief drinnen in ihm, tief in der Asche seiner ausgebrannten Seele.

Er blickte dem Mann verlegen und scheu ins Gesicht. Es war ein altes, aber lebhaftes Gesicht, sonnengebräunt mit feinen kleinen und ein paar tiefen Furchen, die von viel Erfahrung zu erzählen schienen. Hartmuth fühlte sich von dessen gelassener Freundlichkeit, von der Heiterkeit, die sein Blick zum Ausdruck brachte, und auch von der Selbstsicherheit, die er ausstrahlte, seltsam berührt. *„Komm, das Teewasser kocht schon"*, sagte er mit einem kleinen freundlichen Wink, drehte sich um und ging gemessenen Schrittes zurück zur Hütte, als ob ganz klar wäre, dass er ihm jetzt folgte.

Hartmuth wollte weitergehen. Er ging auch weiter, aber nach ein paar Schritten blieb er wieder stehen. Er zögerte eine lange Weile, er schwankte hin und her, dann aber drehte er wieder um und folgte dem alten, weißen Mann mit den warmen Händen, angezogen von einem feinen, unerklärlichen Magnetismus, der irgendwie ein wenig Form in die Peripherie seines inneren Chaos zu bringen und den Rändern seiner inneren Asche ein wenig Form zu geben schien.

Unter der offenen Hüttentüre blieb Hartmuth aber wieder unentschlossen stehen. Die Wärme des Herdfeuers in der Stube schien ihn auffangen zu wollen wie eine Mama, die eine warme Decke in ihren Händen aufgespannt hält, um sie um ihr nacktes, frierendes Kind zu legen. Hartmuth aber war voll Widerstand und dumpfer Skepsis dieser „Mama" gegenüber und auch sich selbst gegenüber, denn er hatte sich nun einmal festgefressen in das Projekt des Marsches in den Tod – in das Projekt der Erlösung – und er hatte sich schon von all den betrügerischen Verführungen des Lebens losgesagt. Er stand unter der Türe wie an der Schwelle eines schäbigen Selbstverrates. Er hatte aber auch das bodenlos-trostlose Gefühl, gar kein Herz mehr in der Brust zu haben, das zerrissen und verraten werden hätte können von Kräften, die in verschiedene Richtungen zerrten.

Es war nicht sein Wille, der ihn letztlich veranlasste, über die Schwelle zu treten und die Hüttentür hinter sich zu schließen, es war irgendetwas außerhalb der Reichweite seines Verstandes, das ihn sanft hinein schob und hinein zog in die kleine niedere Stube der Hütte und hin zum warmen Herd, neben dem er, in seiner Jugendzeit, so viele selige Stunden verbracht hatte. Er hielt seine eiskalten, nassen Hände in die vom knisternden Holzofen aufsteigende wohltuende Hitze. Wasser tropfte von seinen regennassen Kleidern und von seinem Kopf auf den rauen Holzboden und malte gespenstisch dunkle Flecken darauf.

Georg zog für Hartmuth einen Stuhl ganz nahe zum Ofen hin und drückte ihm ein Handtuch in die Hand. Hartmuth – dick umhüllt von seinem dunklen Kobold-Mantel – setzte sich langsam und mühsam auf die Kante des Stuhls und begann, sich wie ein braves Kind langsam Kopf und Hände zu trocknen. Er stand dann auf, legte den bleischweren, wassertriefenden Mantel ab und setzte sich wieder, um sich weiter zu trocknen. Georg hatte indessen den Tee schon in zwei große Tassen gefüllt und als er ihm eine reichte, sagte er: *„Ich habe etwas selbstgebrannten Zirben-Schnaps hinein getan, das tut gut!“* Hartmuth nahm die warme Teetasse in die Hand, umgriff sie mit beiden Händen und fühlte, wie ihre Wärme gnädig in seine Kälte rieselte.

Er hatte noch kein Wort gesagt, nicht ein einziges Wort. *„Ich heiße Hartmuth“*, warf er nach einem Schluck Tee plötzlich in die Stille.

„Hart mit sich selbst und mutig, stimmt's?“, sagte Georg mit einem neckischen Lächeln nach kurzer Pause.

Hartmuth sah ihn fragend an und nickte bedächtig. Seine Nähe tat ihm seltsam gut, es war, als ob Georg mit seiner freundlich-gelassenen Ausstrahlung und seinem lebensfrohen Blick die Tränen in seiner Seele ein wenig abtupfen würde wie mit einem Wattebausch, einfach so, ohne Worte zu gebrauchen.

Georg stand auf und holte aus der angrenzenden kleinen Schlafkammer ein Hemd, einen Pullover und eine braune Flanellhose und legte all das neben Hartmuth auf den Tisch mit den Worten: *„Zieh das an, wenn du magst, wir hängen dann deine nassen Kleider zum Trocknen auf.“* Hartmuth blieb aber vorerst sitzen.

Er hätte gerne gewusst, woher Georg das Recht nahm, diese Hütte zu bewohnen, aber er wollte nicht reden, er behielt die Frage in seinem Kopf.

„Ich arbeite seit meiner Pensionierung als Almer im Sommer hier oben und die Lahnerhof-Bäuerin, die Hildegard, hat mir erlaubt, die Hütte das ganze Jahr über zu bewohnen“, erklärte Georg kurz darauf. Hartmuth sah ihn überrascht an.

Es folgte langes Schweigen, unterbrochen nur vom Geschlürfe, mit dem einmal der Eine, dann wieder der Andere den warmen Tee in den Mund saugte und die Kehle hinunterrinnen ließ. Hartmuth blickte auf seine wasserdichte Rolex, die ihm Agnes zum Geburtstag geschenkt hatte. Eigentlich hätte er schon seit einer halben Stunde tot sein sollen.

Die Abenddämmerung hatte begonnen zu dämmern, draußen war es ganz ruhig geworden, der Regen hatte sich ausgeregnet, die Trommler des Exekutionskommandos, die zur Exekution des Deserteurs Hartmuth Egger gerufen hatten, hatten ihre Trommeln wieder eingepackt, die Exekution war im letzten Moment abgesagt worden, vorerst jedenfalls. Ein Herold des Königs war auf einem prächtigen Schimmel – oder auf hölzernen Melker-Knospen? – auf den Platz der Exekution geritten, noch bevor die Schüsse fielen, und hatte Einhalt geboten, vorerst jedenfalls. „*Es sei noch etwas zu klären*“, hatte er gemeint, der Herold.

Irgendwann, nach einer schweigsamen Stunde, in der die beiden auch eine kleine Jause bedächtig und langsam verdrückt hatten, stand Hartmuth auf und ging zielsicher auf die Toilette, ein Plumps-Klo an der Hinterseite der Alm.

„*Woher weißt du, wo das Klo ist?*“, fragte Georg nachher überrascht.

„*Ich bin der Hartmuth Egger, der Halbbruder von Hildegard, der Lahnerhof-Bäuerin, ich war in meiner Jugend im Sommer immer hier oben.*“

Georg sah ihn mit großen Augen an: „*Ja, jetzt erinnere ich mich, die Hildegard hat mir einmal ein Foto gezeigt von dir und dem Lahnerhof-Sepp und sie hat mir viel Gutes von dir erzählt.*“

Es folgte wieder langes Schweigen. Plötzlich stand Hartmuth auf, zog langsam, bedächtig und wortlos seine nassen, am Leibe klebenden Kleider aus, hängte sie über zwei Stuhllehnen, nahe dem Holzofen, zog die trockenen an, die Georg ihm auf den Tisch gelegt hatte, und setzte sich wieder an den Ofen, äußerlich nun eingehüllt in Georgs Kleider und innerlich ein klein wenig stabilisiert von Georgs Ruhe.

Die Nacht ist hereingebrochen, nur manch leichtes Rauschen des Windes ist von draußen zu hören und in der warmen Stube das Knistern des Feuers im Ofen.

Nach langer Stille fragt Georg: „*Wieso?*“

„*Was meinst du?*“

„*Du weißt schon!*“

Hartmuth sieht ihn fragend an: *„Ich will dem Leiden endlich ein Ende machen"*, sagt er leise nach langer Pause.

„Welchem Leiden?"

Hartmuth zögernd und leise: *„In mir innen drinnen ist alles leer, vollkommen leer."* Er starrt eine Weile wortlos auf den Boden und fährt dann fort: *„Mein Lebensgeist, mein innerer Widerpart, dieser Schuft, hat mich einfach verlassen. Da ist nur noch ein großes, dunkles, schmerzendes Loch in mir. Seither ist alles vollkommen sinnlos. Wo immer ich gerade bin, was immer ich gerade tue, immer scheine ich mich in einer Totenkapelle zu bewegen, in der alles aufgebahrt liegt, was mir einst lieb und teuer war, alles, ja, absolut alles ist trostlos tot und sinnlos."*

Georg nach langer knisternder Stille: *„Vielleicht ist dein Lebensgeist, dein innerer Widerpart gar kein Schuft!"* Georg dreht den Kopf zu Hartmuth: *„Vielleicht meint er es gut mit dir und will dir helfen, will dir etwas sagen!?"*

„Wenn er kein Schuft ist, dann hat er mich halt verlassen, weil ich ein Arschloch bin."

„Warum denkst du so schlecht über dich?

„Weil ich nichts, was wirklich zählt, auf die Reihe bringe und weil ich alles, was für das wirkliche „Mensch sein" wichtig wäre, immer auf die lange Bank schiebe oder einfach auf die Seite.

„Warum tust du das?"

„Weil ich mir einbilde, keine Zeit zu haben, weil ich bis über beide Ohren zu tun habe in der Firma."

„Warum fixierst du dich so sehr auf die Firma, was willst du damit erreichen?"

Ja, wieso hatte sich in ihm die Selbstverständlichkeit festgefressen, dass die Firma absolute Priorität hatte, wieso ließ er sich von diesem Vampir über Jahrzehnte täglich aussaugen bis auf den letzten Blutstropfen? Wieso hatte er die inneren Ursachen seiner Fixierung auf die Firma nie wirklich hinterfragt? Es lag unter anderem wohl auch daran, dass es zum Wesen der Selbstverständlichkeiten gehört, nicht hinterfragt zu werden. Jetzt aber ist er bereit, zu hinterfragen! Er lässt sich Zeit, er fühlt in sich hinein, er blickt hinunter in diesen Abgrund. Nach einer Weile glaubt er, die Konturen einer Antwort zu erkennen:

„Ja, ich identifiziere mich mit der Firma“, sagt er schließlich, *„ich bin die Firma, ihre Erscheinung ist meine Erscheinung, ihre Qualität ist meine Qualität, ihr Erfolg ist mein Erfolg. Die Firma soll Erfolg haben, das bin ich mir bzw. meinem Ehrgeiz und meiner Agnes und der Familie Bohrer und den Mitarbeitern schuldig.“*

„Was willst du mit dem Erfolg erreichen?“

Lange Pause: *„Anerkennung, ich will, dass die Menschen mich respektieren, ich will, dass ich wer bin und was habe.“*

Das Gespräch läuft in Zeitlupe, mit minutenlangen Pausen. Georg ersucht und ermuntert mehrfach Hartmuth, er solle sich nur Zeit lassen, er solle weniger seinen Kopf befragen, sondern vielmehr sein Herz.

„Lass dein Gefühl sprechen, Hartmuth, dein Herz, deinen Bauch, ja, deinen Bauch, das ist der ehrlichste Körperteil!“

Und Hartmuth lässt sich in seiner inneren Not führen wie ein verirrtes Kind, er hat Vertrauen zu Georg, der ihm plötzlich irgendwie als der Widerpart in ihm erscheint, der sich gnädig wieder zurückgemeldet hat in der Wüste seiner Seele und mit dem er in Dialog treten kann.

„Gut, mit dem Erfolg willst du Anerkennung erreichen. Was willst du aber mit der Anerkennung von außen erreichen?“

„Dass ich mich auch selbst respektiere und mich selbst mag.“

„Und wozu willst du dich selbst respektieren und dich selbst mögen?“

„Weil ich dann in Frieden mit mir und den anderen leben kann.“

„Warum willst du das?“

„Weil ich dann frei von Angst sein kann.“

„Und warum willst du frei von Angst sein?“

Eine seltsame Frage, wer will schon Angst haben, niemand will Angst haben, niemand will unangenehme Gefühle.

Aber Hartmuth bemüht sich, seinen Wunsch nach Angstfreiheit noch tiefer zu hinterfragen, und sagt schließlich: *„Weil ich dann frei bin und tun kann, was mir wirklich am Herzen liegt.“*

„Und was willst du mit solchem Tun erreichen?“

„Dass ich am Ende meines Lebens sagen kann, dass ich die mir wirklich am Herzen liegenden Lebensaufgaben erfüllt habe.“

„Und warum willst du das am Ende deines Lebens sagen können?“

„Weil dann das Leben einen Sinn gehabt hat“, sagt Hartmuth nach langer, langer Pause.

„Und warum willst du einmal sagen können, dass dein Leben einen Sinn gehabt hat?“

Wieder so eine Frage! Jeder wünscht sich wohl, einmal sagen zu können, dass sein Leben einen Sinn gehabt hat. Aber wieso wünschen Menschen sich das? Ja, wieso?

Hartmuth denkt lange nach und fühlt in sich hinein und sagt schließlich leise: *„Weil ich dann spüre, dass ich Teil eines höheren Ganzen bin.*

„Und warum willst du das spüren?“

Hartmuth schließt die Augen. 10 Minuten vergehen, dann sagt er kaum hörbar mit Tränen in den Augen: *„Weil ich es bin!“*

Und dann noch einmal laut, er schreit es fast: *„Ja, weil ich es bin, ich bin Teil eines höheren Ganzen!“*

Georg legt ihm die Hand auf die Schulter: *„Was wäre, wenn dein innerer Widerpart durch seine ‚Zicken' gerade DAS dir sagen wollte? Wenn er in Wirklichkeit dein innerer Förderer wäre?“*

Hartmuth ist tief betroffen und berührt. Lange sitzt er da, schwer atmend, den Kopf auf die Hände gestützt, mit geschlossenen Augen, hinter denen sich eine dunkle, schwere Tür eben einen kleinen Spalt breit geöffnet hat und ein wenig warmes Licht der Verbundenheit in ihn, in seine Seele einströmen lässt. Mattes Licht, das weitere Helligkeit ankündigt und weitere Lebenskraft verspricht. Tränen rinnen über seine grauen Wangen.

Er hatte im Bemühen um authentische Antworten, auf jede Frage mit Sorgfalt nach innen gehorcht und ehrlich geantwortet und er war schließlich in seinem innersten Wesen, in seinem Kern gelandet, in der Quelle, im innersten Ursprung all seiner Beweggründe, all seiner Handlungsmotive, all seiner Intentionen, und diese Quelle erwies sich als seine universelle Verbundenheit, sein „Eins-Sein mit Allem.“[9] Eine Reise ganz nach innen, zu der er wohl nur fähig war, weil seine Seele am Boden lag und nach Erlösung von all seiner irren Verhaftung im Außen lechzte.

Hartmuth blickt aus seinen tränennassen Augen seinem weisen Retter, dem Georg, ins Gesicht und fragt ihn erstaunt: *„Wer bist du?“*

„Ein Freund“, sagt Georg bloß und fügt nach einer Weile hinzu: *„Ich war Volksschullehrer in Fügen, meine Gattin ist leider früh*

verstorben. Seit meiner Pensionierung bin ich Almer und ich liebe es, bei Neumond im Sommer in der Nacht auf dem Moos der Alm zu liegen, die Milchstraße zu bewundern und das Wunder unseres Lebens und die Verbundenheit mit Allem zu spüren."

Mitten in der Nacht legten beide sich dann in die Schlafkammer. Hartmuth konnte aber nicht schlafen. *„Ich bin Teil eines höheren Ganzen"*, hatte er gesagt, ja, geschrien hatte er es und er wiederholte es in Gedanken immer wieder. Er hatte es aber nicht nur gesagt, nein, er hatte es gefühlt, erfahren, ja, erfahren hatte er es! Die Mauer, die er selbst errichtet hatte zwischen seinem Welt-Ich und seinem innersten Wesen, war ins Wanken geraten, sie hatte Risse bekommen und ein wenig Licht war in seinen dunklen Innenraum gefallen, auf einen Keim, der dort so lang verborgen lag, ein Keim, der sich nun freundlich regte, der sich nun öffnete und zarte Sprösslinge des Lebensmutes dem Licht entgegenschob.

Er stand wieder auf und ging hinaus ins Freie, stellte sich mit breiten Beinen auf die schwere Erde, stellte sein Bewusstsein in die stockdunkle Nacht und in das leichte Rauschen der Bäume im kalten Wind und versuchte, das „Eins-Sein" zu fühlen und in sich aufzusaugen wie ein Schwamm. Er war noch ungeübt in dieser Übung und er war wohl noch ein kleines Schwämmchen, aber sie tat gut, diese kleine Fülle, die er aufsaugte, nach so viel Leere. Nach intensiven 20 Minuten legte er sich dann wieder in das warme Bett und hüllte sie ein, die kleine Fülle, in die warme Decke, in der Hoffnung, dass sie bei ihm bleiben und groß werden möge.

Die Welt, in der Hartmuth lebte, die Welt, die er sich aus seiner Ich-Perspektive heraus sein Leben lang in seinem Kopf gebaut hatte, diese seine Welt stellte er sich nun vor als ein sich in permanenter Veränderung befindliches riesiges, feingliedriges und kompliziertes Netzwerk von zusammenhängenden Intentionen, Bedeutungen, Bildern, Erinnerungen, Gedanken, Gefühlen und biochemischen Prozessen. Ein Netzwerk, als dessen innerste und tiefste Wurzel sich nun, erstmals – zwar nur in Spuren, aber in wunderbarer Weise – seine spirituelle, universelle Verbundenheit mit Allem offenbarte, und das nicht nur als Gedanke, sondern als ergreifendes Erlebnis, eine Verbundenheit, die sich als sein innerstes Wesen zeigte. Ja, das gab neuen Mut und neuen Halt, das war ein Durchbruch! Er war nicht allein und verloren. Nein, er war nicht allein und verloren! Da, weit vorne zwischen den Sandstürmen seiner inneren Wüste, hatte sich eine Oase gezeigt, eine grüne Oase mit frischem Wasser, eine Oase des Friedens, der Freude, der Leichtigkeit und der Geborgenheit. Eine Oase, die noch weit entfernt war, welche aber die Richtung vorgab, eine Oase, die das Zeug zu haben versprach, seine Wüste wieder zum Blühen zu bringen.

Mehrfach wiederholte er in seinem Kopf, in seinem Herzen und in seinem Bauch den Prozess, durch den Georg ihn geleitet hatte, aber egal, an welcher Ecke seines Welt-Gebäude-Netzwerkes er anfing, egal, bei welchen Vorfällen, Verhaltensweisen oder Problemen seines Lebens er anfing, wenn er die Kette seiner Motivationen, Intentionen und Absichten tiefgründig, ehrlich und geduldig zurückverfolgte, so landete er letztlich immer auf dieser Oase, in seinem Wesen, in seinem Einssein mit Allem. Und wenn er dann aus diesem Gefühl der universellen Verbundenheit heraus die Intentions-Kette wieder nach oben stieg, wenn er aus dieser seiner eigentlichen innersten Perspektive heraus die Probleme, die ihn zerschmettert hatten, neu betrachtete, so verloren sie viel von ihrer Problematik und Schwere.[9]

Ja, er konnte innerlich sogar schon wieder ein wenig lächeln über sich: *„Ja, lieber Gott mach mich neu, damit ich mich wieder freu!"*, ging es durch seinen Kopf und er freute sich über diese Gedanken, denn offenbar war der Ironiker in ihm wieder zum Leben erwacht und dieser sprach dann weiter: *„Ja, ich war wohl nicht die hellste Kerze auf der Torte!"*, und gleich fügte er hinzu: *„Man darf eben nicht alles glauben, was man denkt, man muss dem Müll eine Abfuhr erteilen!"* Es war eine Wohltat, diese Gedanken wieder denken zu können, wieder über sich selbst ein wenig schmunzeln zu können, zumindest in Gedanken und zumindest ein klein wenig.

Irgendwann in den frühen Morgenstunden schlief er gnädig ein, mit neuen Hoffnungsfunken im Herzen.

Das Licht im Türspalt

Die schon ein gutes Stück über den Bergkämmen stehende Sonne blickte mit Stirnrunzeln – so als sei sie sein strenger Stiefvater – durch das kleine Fenster der Schlafkammer, als Hartmuth am ziemlich späten Vormittag endlich die Augen öffnete. Er hatte ein paar Stunden tief geschlafen.

Ja, wo war er? Welcher Tag und wie spät war es? Wozu war er hier? In wenigen Sekunden hatte er seinen geistigen Computer hochgefahren und sich wieder in Zeit, Raum und Kausalität festgekrallt. *„Ja, ich lebe noch"*, war sein erster Gedanke und im gleichen Augenblick fuhr depressive Beklemmung in seine Brust, als hätte man ihn in einen Schraubstock geklemmt und genau im Moment des Erwachens ein wenig zugedreht. Aber inmitten dieser Beklemmung waren auch mattes Licht, ein wenig Lebenswillen, ein wenig Hoffnung und das war gut so, es reichte jedenfalls, um ihn dazu zu bewegen, aufzustehen und nach vorne zu blicken.

Von Georg war nichts zu sehen. Hartmuth wusch sich am Waschbecken in der Stube sein graues Gesicht, blickte im kleinen, schmutzigen und rissigen Wandspiegel erstaunt und lange in seine verkrusteten Augen und in deren traurig-abgewetzte Röte. *„Ja, er lebt noch, dieser Mensch mit den seltsam trüben Augen!"*

Auf dem Stubentisch lagen Brot, Butter und Käse und daneben ein Zettel, auf dem stand: *„Lass es dir gut gehen, ich bin in der Natur und bin gegen Mittag wieder zurück! Georg."*

Ja, es tat gut ein paar Stunden, allein zu sein, hier oben, wo er in seiner Jugend so viele schöne Stunden verbracht hatte. Hartmuth kochte sich Tee und setzte sich hinaus in die Sonne, hinaus auf die breite, gemütliche Bank vor der Hütte neben der niederen Hütteneingangstüre, die von massiven, grob behauenen und braungebrannten Holzstämmen ehrwürdig eingerahmt war. Im Talgrund hinten zogen letzte dunkle Nebelschwaden wie festliche Seidenschleier im Aufwind anmutig nach oben, der vom

Schmelz- und Regenwasser überquellende Bach rauschte mächtig und erhaben wie eine Kirchenorgel und oben, oberhalb der steilen, beinahe schicksalshaften Felsenwand, zogen zwei Greifvögel ruhig ihre Kreise.

Auch in seinem Inneren zogen viele Gedanken und Gefühle nun ihre Kreise. Für ihn hatte sich heute Nacht die Tür zu einem neuen Sein einen kleinen Spalt aufgemacht. Je mehr er sich diese Erlebnisse, diesen Lichtschein, vergegenwärtigte, umso leichter wurde ihm. Er wollte diese Türe offen halten, ja, das wollte er mit allen Kräften, denn das Licht, das durch diesen Türspalt in sein Leben fiel, wärmte ihn innerlich und gab ihm wieder etwas Lebensmut und Hoffnung, war Nektar und Ambrosia für seine ausgehungerte Seele.

Rechts oben auf der moosigen, kleinen Anhöhe stand der große, alte, edle Ahornbaum, sein Jugendfreund, der schon begonnen hatte, frühlinghaft seine Knospen auszutreiben. Hartmuth betrachtete den alten, noch blattlosen Freund und dann auch seine alten Erinnerungsbilder von diesem Riesen, die ihn in voller Blüte und Reife in seinem grünen, üppigen, hübschen Kleid aus Abertausenden von Blättern zeigten. Stundenlang saß er als jugendlicher Hüterbub oft unter diesem Baum, der ihm manchmal – wenn er kam oder ging – seine fünffingrige Blätterhand zum Gruße zu reichen schien und die er manchmal auch ergriff – damals –, um seinem Freund einen guten Tag zu wünschen.

Hartmuth lächelte seinen Erinnerungen zu und sinnierte: *„Wenn ein einzelnes Blatt dieses wunderbaren Ahornbaumes plötzlich ‚geisteskrank und eigensinnig' würde, wenn es sich ‚in seinem Kopf' – wo immer der sein mag – völlig abgrenzen würde vom Ganzen des Baumes, wenn es sich völlig individualisieren würde, wie ich es mein Leben lang getan habe, und wenn es sich – so wie ich – einbilden würde, es sei etwas ganz Eigenständiges, ja, dann müsste das eigensinnige Blatt wohl depressiv werden und Angst bekommen vor dem Herbst, der es ja unweigerlich irgendwann braun färben und vom Baum herunter blasen wird und der es vergehen und zerbröseln lassen wird zum Staub der Erde, zerstreut in alle Winde. Gott sei Dank kann ein Blatt nicht geisteskrank werden, es wird vielmehr stets umhüllt und getragen vom Leben, vom natürlichen Bewusstsein des ganzen Baumes, zu dem eben auch das all-*

jährliche Werden und Vergehen des Blattes gehört, es wird durchdrungen vom Geist des Ganzen, in dem es aufgeht, in dem es lebt und den es verkörpert. Die Menschen hingegen … ja, leider … scheinen in der Regel nicht so instinktiv gelassen, klug und weise zu sein wie Ahorn-Blätter, denn irgendwann, wenige Jahre schon nach ihrer Geburt, vergessen sie den Geist des Ganzen und begeben sich in die Einzelhaft ihrer selbst gebauten mentalen Gefängnisse! Ist es nicht so? Ich selbst bin ja wohl ein schlagender Beweis dafür."

Diese Baummetapher und auch sein wieder zum Leben erwachtes selbstironisches Sinnieren gefielen ihm. Er lehnte seinen Rücken an die von der Sonne über die Jahrzehnte dunkelbraun, fast schwarz gefärbte, warme Holzwand der Almhütte und schloss die Augen, um zu sehen, ob die in seinem Kopf und in seiner Seele kreisenden Greifvögel weiteres zu greifen imstande wären.

„So wie das Ahorn-Blatt von der Knospe, ja, genau so wurde auch ich von meiner Mama in die Welt geschoben. In den ersten Monaten und Jahren meines Lebens war sie wohl noch da, diese Verbundenheit mit dem Ganzen. Aber dann, ja, dann habe ich mein Ich-Welt-Bewusstsein entwickelt, also dieses riesige, feingliedrige emotional-mentale Netzwerk von zusammenhängenden Bedeutungen, Überzeugungen, Bildern, Erinnerungen, Gedanken und Gefühlen, und habe mich der Welt als Einzelner, als Individuum gegenüber gestellt. Ich habe mein ‚Baum-Sein' vergessen, ich habe vergessen, wer ich bin, ich habe mich letztlich mit der Firma identifiziert, ich habe so getan, als sei ich eine Firma! Grotesk! Ich meinte, das Leben nur im Zeichen erfolgreicher Leistung und im möglichst viel ‚Haben' bestehen und verantworten zu können, und offenbar habe ich ernstlich geglaubt, meine ganze Innerlichkeit, mein ‚Baum-Sein', das sich so oft zu Wort gemeldet hatte, verdrängen zu müssen."

In Hartmuths Phantasie tauchte nun das Bild eines riesigen Ochsen auf, der seine Gesichtszüge trug. Hartmuth verzog das Gesicht und kniff die Augen zusammen, um besser zu sehen, und erschrak, ja, das war er. Ein muskulöser Ochse, der einen riesigen Karren zog, einen Karren vollbepackt mit den Forderungen dieser Welt, die ihre Peitschen in allen denkbaren Farben auf ihn niedersausen ließen. Ein Ochse, der unter jedem Peitschenhieb zusammenzuckte, aus dessen Augen – es waren seine Augen – die Angst des Versagens quoll, dessen rechtes Vorderbein aus Erschöpfung bereits eingeknickt war und der dennoch verzweifelt versuchte, den Karren weiter zu ziehen. Ein Bild herzzerreißender Trostlosigkeit und Verzweiflung. Hartmuth war erschüttert: *„Schluss damit, Schluss damit!“*, rief er sich innerlich zu. *„Ich bin doch kein Ochse!“*

Ja, Hartmuth hatte sich offensichtlich verrannt in seinem Leben und war in einer fast tödlich endenden Sackgasse gelandet. Waren es wohlmeinende Energien aus seinen unergründlichen Tiefen, welche dieses erschütternde Ochsen-Bild in seine Phantasie geschoben hatten, um ihn mit der Nase auf sein Verrennen zu stoßen? Woher bloß kommen solche Gedanken? Woher kommen solche Bilder? Irgendwo in ihm, irgendwo in den unbewussten Tiefen seines Geistes saß offenbar ein Weiser, der ihm eben gesagt hatte: *„Sei doch nicht solch ein Ochse, du Esel!“* Nein, er wollte kein Ochse mehr sein, er wollte kein Leistungstier mehr sein, das sich mit Haut und Haaren mit einer Firma, mit einer Fiktion, identifiziert, und auch seine Karriere als Esel wollte er beenden, denn sein wahres Wesen hatte ganz andere, wunderbare, helle, ermunternde Fundamente. Ja, er hatte gelebt wie ein „geisteskrankes“ Ahorn-Blatt, das nichts vom „Baum-Sein“ weiß!

Er stand auf und holte sich noch eine Tasse Tee aus der Kanne, die am Herd stand. Das Feuer, das er mit wenigen Holzscheitern gemacht hatte, war erloschen, ein wenig Glut war noch vorhanden. Er öffnete das Ofentürchen, legte ein Holzscheit hinzu und blies zweimal, dreimal in den Ofen und schon flammte das Feuer wieder auf, wie auch in ihm Gedanken aufflammten. *„Ja, genau! Ich, mein Körper, mein Leben, ist in mancher Hinsicht auch so etwas wie ein Herdfeuer. Es ist dieser Atemzug jetzt, der mich am Leben hält, nicht der Atemzug vorher und auch nicht der künftige, das Jetzt ist die Quelle, aus der mein Leben fließt. Ich bin aber nicht nur das Herdfeuer, ich bin auch der Blasbalg, der ununterbrochen im Jetzt das Feuer, das in mir brennt, anzufachen hat, der Sauerstoff zuzuführen und Verbrennungsgase abzuführen hat. Aber was rede ich da vom ‚Ich!‘? ES ist ein Blasbalg, der von höheren Kräften kontinuierlich auf- und zugedrückt wird, von höheren gnädigen Kräften, die wollen, dass mein Feuer brennt. Es ist der Atemzug jetzt, der zählt, das Jetzt, dem Ehre zu erweisen ist, hörst du, Hartmuth?“*

Solche Rufe hatte er schon einmal gehört. Der Sandler, der weise vor sich hin schwäbelnde Schwabe, hatte ihm das schon so eindringlich gesagt, damals an seinem 20. Geburtstag, am Tag seiner Desertation, im 1. UG des Münchner Hauptbahnhofes. Hartmuth erinnerte sich und hatte sie im Geiste wieder vor sich, diese dunklen, etwas geröteten Augen, die ihn damals so eindringlich ansahen, als wollten sie ihn hypnotisieren. Ja, er, Hartmuth, war wohl kein gelehriger Schüler gewesen.

Er setzte sich wieder auf die Bank in die Sonne. Er schloss die Augen und fühlte die frische Luft durch seine Lungen streichen. Er ließ sich in Gedanken in die Lüfte heben und schweben, im Jetzt, im leisen Gleichklang mit den beiden Greifvögeln, die immer noch oberhalb der Felswand kreisten und im ganz leisen und in Spuren zu vernehmenden Gleichklag mit allem, was hier oben in dieser Fülle lebte, die er ganz langsam wieder zu fühlen begann und die ihm Aufwind für die Seele war.

Was ist da oben, oberhalb der Greifvögel? Wer oder was ist dieses ‚Es', das mich atmet, was bedeutet ‚Baum' in der Baummetapher, was ist das, ‚das Ganze', mit dem eins zu sein ich in Spuren erfahren habe. Was ist das, mein innerstes Wesen? Was ist das, dieses Licht?"

Seit Jahrtausenden erheben sich in den sehnsüchtigen Herzen der Menschen diese erhabenen Fragen und seit Jahrtausenden greifen sie mit ihren Kinderhänden in die Luft. Die Antworten sind mit mentalen, irdischen Kinderhänden nicht zu greifen, das Unbegreifliche liegt nun einmal zwischen den Worten, zwischen den Sternen und außerhalb von Raum und Zeit und Kausalität.

Und doch, die Antwort ist – ohne Worte – präsent in uns, innen in jedem von uns! Hartmuth hat sie – zumindest einen Hauch von ihr – erlebt in der vergangenen Nacht, in welcher der in ihm verborgen liegende Keim dieser Antwort gnädig aufgegangen war wie eine kleine Knospe im Licht der Sonne. Es hatte sich ein Licht gezeigt, eine Dimension, die den Horizont seines Wissens und Fühlens in unbegreiflicher Weise überschritt. Mit Worten konnte er sich diesem Mysterium nur stammelnd ein wenig nähern und es von fern umkreisen: *„Das war das alles durchwirkende Wesen aller Wesen, das große LEBEN, das Jenseits von Werden und Vergehen, das Jenseits von Geburt und Tod!"*

„Ja, ich bin wohl ein Bürger zweier Welten: dieser von Raum, Zeit und Kausalität begrenzten und bedingten Ich-Welt, in der ich bislang gelebt habe, und einer anderen transzendenten Wirklichkeit außerhalb von Zeit, Raum und Kausalität. Ich, Hartmuth Egger, geboren am 13.9.1958 und fast verstorben am 20.5.2012, bin wohl in beiden Welten zu Hause, beide Welten gehören zur Ganzheit meiner Person."

Er lächelte, er hatte also tatsächlich eine Doppelstaatsbürgerschaft, aber er hatte nur einen Staatsbürgerschaftsnachweis in seinem Aktenschrank, die zweite Staatsbürgerschaft hatte er bislang geheim gehalten, so geheim, dass er selbst gar nichts davon gewusst hatte.

Der stolz in seiner Fülle vor sich hin rauschende Wildbach klang in Hartmuths Ohren wie eine mächtige Orgel, wie die Mark und Bein durchdringende Orgel der Pfarrkirche St. Wolfgang in Jenbach, die sich zum dramatischen Finale aufgeschwungen hatte. Impressionen, die lange, sehr lange, zurück lagen. Die Erinnerung an diese Klänge stimulierte ihn, nährte sein Bedürfnis nach Harmonie, ihm war nach Musik zumute, nach erhebender Musik.

Hartmuth hatte in seinem bewegten Leben eine Phase, es waren wohl nur zwei oder drei Jahre gewesen, in denen er mit Leidenschaft und Hingebung Musik zu hören liebte und verstand. Das war allerdings schon sehr lange her, 20 Jahre vielleicht oder noch mehr. Es waren vor allem Sinfonien, die ihn bezaubert hatten, also bloßer, erhebender Klang, ohne störende Worte und sein bevorzugter Seelen-Bruder war damals Anton Bruckner. Vor vielen Jahren – nach dem Besuch eines Bruckner-Konzertes in der Philharmonie im Gasteig in München – hatte er seine meditativen Musikerlebnisse und meditativen Bemühungen sogar niedergeschrieben. Es waren dies Aufzeichnungen, welche auch als Anleitung und Stimulation für weitere Konzerterlebnisse gedacht waren, Aufzeichnungen aus hellen Tagen. Warum diese Begeisterung in ihm eingeschlafen war, ist ihm jetzt völlig unbegreiflich, wie so vieles was er gemacht hatte in seiner Karriere „als das ins Geschirr genommene Leistungstier".

Jetzt aber, hier oben auf der Lahner-Alm, war ihm plötzlich wieder nach Musik zumute, ihm war nach einem musikalischen

Hochamt zumute, zu Ehren der wundersamen Energien, die ihn überleben ließen.

Er hatte auf seinem Tablet, welches er auf dem Beifahrersitz seines SUV zurückgelassen hatte, zwei Bruckner-Sinfonien gespeichert und auch seine alten Aufzeichnungen über seine damaligen Musikmeditationen. Er musste das holen, es ging nicht anders, das musste jetzt sein.

Brückner

Er erhob sich, zog sich seine inzwischen an der Herdwärme getrocknete Sportjacke und seine Laufschuhe an und begab sich auf den Weg hinunter zu seinem Auto, um sein Tablet zu holen. Zuvor hatte er noch dem auf dem Stubentisch liegenden Zettel hinzugefügt: *„Ich bin gleich wieder zurück, Hartmuth!"*

Er ging langsam mit behutsamen Schritten und fühlte mit Erleichterung die allmähliche Rückkehr seiner Lebensenergie, ein klein wenig davon zumindest. Er hörte wie schon lange nicht mehr auf das Klopfen seines Herzens, auf seinen Atem, auf das fröhliche Gezwitscher der Vögel, die ihm Mut zuzurufen schienen, und er hörte das leise Rauschen des von der Sonne durchstrahlten Waldes im leichten frischen Wind. Mit etwas mehr Geschick als am Vortag, überquerte er den schmutzigen Lawinenkegel, der, wie er jetzt erst bemerkte, von einer Lawine stammte, die – den dortigen Lawinen-Gewohnheiten folgend – auf einem altbekannten, breiten Lawinenstrich abgegangen war, wo Lawinen über die Jahrhunderte eine Trasse der Verwüstung in den Wald geschlagen hatten, ähnlich denen, die neuerdings von Menschen für Starkstromleitungen oder Seilbahnen in den Wald gehauen werden.

Der unversperrte SUV stand unversehrt da wie ein bockiger Esel. Hartmuth fuhr ihn ein Stück zurück und stellte ihn brav in eine Ausweiche, er holte sich sein Handy aus der Tasche seines dunklen Sakkos, das wie ein nasser Fetzen im Kofferraum lag, er nahm das Tablet zu sich, versperrte das Auto und begab sich wieder auf den Weg hinauf zur Lahner-Alm. Es wäre Zeit gewesen, Agnes anzurufen, sie war sicherlich in großer Sorge um ihn, die Arme. Das Handy war aber von Feuchtigkeit durchdrungen und wollte nicht telefonieren, es stellte sich einfach tot. Agnes musste warten.

Ja, Agnes, wie sollte er ihr seine Eskapaden erklären? Er würde es auf eine neue Art tun, das war für ihn klar, auf eine Art, die von dem warmen Lichthauch beleuchtet sein sollte, welcher seit letzter Nacht barmherzig seine Seele ein wenig wärmte.

Mit jedem Schritt und mit jedem Atemzuge saugte er Partikel weiterer Zuversicht und weiterer Lebensenergie aus der ihn umgebenden Natur auf, aus dem Dröhnen des Baches, aus dem Gesang der Vögel und aus den Licht- und Schattenspielen, welche die Mittagssonne in den Wald und auf das grüne, duftende Moos warf. Er hatte wohl noch einen weiten Weg vor sich, aber einen Weg vor sich zu haben, das war schon viel. Am frühen Nachmittag war er wieder oben. Der Weg erschien ihm heute wesentlich kürzer als gestern.

Georg stand am Herd und rief, als er Hartmuth hereinkommen sah: *„Heute gibt es Pressknödelsuppe!“* Hartmuth ging hin zu ihm und legte ihm freundschaftlich die Hand auf die Schulter. Georg drehte sich um, beide sahen sich lange an, Georgs Augen waren voll Freude und Hartmuths noch etwas mattes Gesicht war voll Dankbarkeit. *„Danke!“*, sagte Hartmuth bedeutungsvoll und dann noch einmal: *„Danke Georg!“ „Dank besser dir selbst bzw. deinem inneren Förderer, deinem Genius, der dich auf diesen Weg geschickt hat“, meinte Georg. „Könnte es sein, dass dieser innere Förderer Georg heißt?“*, fragte Hartmuth verschmitzt.

Georg lachte. *„Wo warst du?“*, fragte er. *„Ich war unten bei meinem Auto, ich habe mein Tablet geholt, auf dem ich Bruckner-Sinfonien gespeichert habe, mir war auf einmal nach Musik zumute, mir war auf einmal nach Bruckner.“ „Bruckner!“, rief Georg. „Ich liebe Bruckner, ich höre ihn oft hier oben, sieh her!“* Georg ging hinaus und zeigte Hartmuth euphorisch die zwei kleinen Lautsprecherboxen, die er unter dem Vordach der Hütte im Freien angebracht hatte, eine rechts der breiten Bank und eine links davon. *„Wir horchen nach dem Mittagessen gemeinsam, okay!?“*

Die Pressknödelsuppe schmeckte vorzüglich. Eine Speise, die er so oft als Jugendlicher dort oben mit großem Appetit in sich hineingelöffelt hatte und deren Geschmack ihn jetzt an seine glücklichen Zeiten auf dieser Alm erinnerte. Das Grau im Gesicht Hartmuths war fast verschwunden und hatte einem leichten Rosa Platz gemacht, ein Rosa, das seine Kraft offenbar aus der

Anstrengung der Wanderung und aus dem langsam zurückkehrenden Lebensmut bezog. *„Wo bist du gewesen?"*, wollte Hartmuth wissen und Georg erzählte ihm dann begeistert von seiner heutigen Wanderung hinauf auf das Kreuzjoch, auf fast 2.200 Meter, ein beliebtes Ziel passionierter Bergsteiger, das einen herrlichen Rundblick auf das Alpenpanorama gewährte. Georg berichtete weiter, dass er heute oben auf dem Gipfel sogar zwei alte Freunde getroffen habe, *„zwei junge Hüpfer um die Vierzig"*, wie er sagte, deren Volksschullehrer er vor langer Zeit gewesen wäre, dass sie ihn mit dem freudigen Ausruf: *„Mei schau, unser Lehrer!"* begrüßt hatten und dass es großen Spaß gemacht hatte, mit dem Überblick, den der Gipfel dort oben gewähre, auf die alten Zeiten und manche kleine Spitzbübereien hinab- und zurückzublicken. Georg erzählte auch ein wenig vom Werdegang der beiden „jungen Hüpfer" und es war offensichtlich, dass er sich immer noch mit seinen einstigen Schülern verbunden fühlte.

Nachdem sie die letzten Löffel der Pressknödelsuppe verdrückt hatten, setzte sich Hartmuth hinaus in die Sonne, hinaus auf die breite Bank mit der von der Sonne schwarz gebrannten Rückenlehne, und suchte auf seinem Tablet den alten Musikmeditationstext, den er vor vielen, vielen Jahren nach einem Bruckner-Konzert einmal zusammengestellt hatte, gefangen in der Euphorie der damaligen Empfindungen. Im Zuge des Gespräches war zum Vorschein gekommen, dass Georg CDs von allen Bruckner-Sinfonien hatte, und sie einigten sich auf die 6. Sinfonie wegen ihres besonders berührenden Adagios. Georg setzte nun die Musikanlage in Betrieb und nahm dann neben Hartmuth Platz, draußen in der Sonne, auf der breiten Bank.

Erste Akkorde! Es klang wunderbar und mächtig. Die ersten Klänge schon berührten Hartmuth, sie befeuchteten seine Augen, sie rüttelten ihn leise auf, sie erinnerten ihn an längst vergessene Gefühle des Aufgehobenseins, des Eintauchens im Klang. Das Rauschen des Baches wurde bald übertönt von diesen wundervollen Harmonien, ja, auch er, der Bach, schien leise zu werden und andächtig zuzuhören. Von den Bergen, von der beinahe schicksalshaften Felswand, hallte es zurück wie ein aufmunternder Ruf der Natur, wie ein durch alles Sein hindurch vibrierender Ruf des Universums, wie ein Aufruf zur gelebten Harmonie. Hartmuth sah auf sein Tablet und rief sich seine alten Beschreibungen ins Gedächtnis, Zeugnisse lang zurückliegender musischer Euphorie, die in ihm so lange unter Schutt begraben lag und die offenbar jetzt wieder in dünnen Spuren in sein Bewusstsein nach oben gekrochen kam:

„Erste Akkorde, erste berührende Akkorde, breit und geheimnisvoll in den Raum gewoben. Sie streicheln, beruhigend, besänftigend, lindernd, erleichternd und gemahnen – Beschwörungsformeln leise murmelnd – zur Ruhe. Sie werben mit unentrinnbarer Magie um Achtsamkeit, sie werben um mein Bewusstsein, ja, um mein Bewusstsein! Lass los, sagen sie, lass um Himmelswillen endlich los, lass los die Flut der Gedanken vom Gestern, die ängstigenden Bilder vom Morgen, die ewigen und immer wiederkehrenden, fruchtlosen Gedankenkreisel, die dein Bewusstsein in ihrem Sog gefangen halten und deine Seele in den Abgrund reißen. Lass sie einfach bleiben, diese unseligen Kreisel, dreh dich einfach um und sieh mich an, sagen sie, schließ die Augen und hör mir zu, sonst nichts, nichts sonst. Gut! Nun bist du auf dem Weg nach innen, du hast ihn gerade betreten, diesen friedvollen Pfad, diesen Pfad zur Leichtigkeit und Freude, die am Grunde allen Seins liegt und dem alles entspringt, auch diese Musik. Ja, das sind die Beschwörungsformeln, die sie liebevoll ins Ohr flüstern, sie, diese ersten berührenden Akkorde, breit und geheimnisvoll in den Raum gewoben.“

Das tat gut! Das tat sehr gut! Hartmuth horchte und las weiter:

„Ein Tor öffnen in eine andere Richtung, ja, eines der vielen Tore zum Innenraum öffnen. Den Klang und sein prickelndes Schwingen hereinbitten wie einen lieben Freund, ihn durch das Chakra an der Nasenwurzel hineinströmen lassen, nach innen, hineinfließen lassen in das Gehirn, diesem rätselhaft-wundervollen und zugleich quälenden Organ mit seinen geheimnisvollen Windungen und seinen wunderlichen Neuronen, deren Zahl – so sagt man – jener der Sterne in unserer Galaxis annähernd gleichkomme. Beobachten, wie sie denkt, diese Galaxis, aus der Distanz, Raum schaffend. Beobachten, wie er denkt, dieser geschwätzige Sklaventreiber, und zusehen, wie der Strom der Musik die Gedanken überspült, und die Erleichterung fühlen, die aufblüht, sobald dieser Quälgeist etwas Ruhe gibt, und das Prickeln genießen, wenn Klangfar-

ben durch alle Hirnzellen oszillieren, sie beleben und ihnen neues Bewusstsein ihrer selbst einflößen, so, als habe man einen Vorhang aufgezogen, um Licht einzulassen in den Innenraum, der dunkel lag, um nun zu sehen und zu spüren, was dort ist und wer man sei."

Hartmuth spürte mit Wohlbehagen das Prickeln des Klanges in seinem Kopf und unter seiner Haut, das seine erstarrten Sinne wieder ein wenig zum Leben erweckte. *„He, aufgewacht, Ihr Schlafmützen!"*, schien es seinen todmüden Zellen zuzurufen und der Aufruf schien von den Bergen im Widerhall der ergreifend-mächtigen Harmonien verstärkt zurückzukommen.

Was für eine Bühne für dieses Erwachen aus der Totenstarre! Was für ein Klangpanorama! Er las weiter auf seinem Tablet und ließ sich weiter hineinsinken in den Klang:

„Doch fühlen wir weiter, zu den Augen, zu meinen Augen, durch die Bewusstsein sieht. Durch sie, die im Dunkel ihrer Höhlen versiegt und zerfallen sein werden, dann im Grab, die jetzt jedoch, in diesem Augenblick, so voll von Leben von innen strahlend auf die Lider blicken und hinein in die Welt. Jede ihrer Zellen einbetten und durchströmen lassen vom Zauber des Klangs, Glaskörper, Netzhaut, Iris, Lider, Wimpern, Augenbrauen, die unbegreifbaren Wechselspiele der Milliarden Neuronen meiner Galaxis, welche die Welt in bunten Bildern in das Bewusstsein spiegeln. Das Sehen ‚an sich' spüren und vergegenwärtigen, das Sehen aller hier auf dieser Bühne der Natur, das Sehen aller Lebewesen dieser Erde, durch deren Augen Bewusstsein sieht. Alles, alles wird durchflutet von Bruckners Sinfonie, wird von seinem Geist ergriffen, alle Augen der Welt durchströmt von Leben, von Harmonien geschaukelt, von Schlacke befreit, neu belebt, erleichtert, ermuntert, erheitert.

Prickelnde Schwingungen im Inneren der Nase, im Geruchssinn, im Mundinneren, in den Zähnen, am Gaumen, im Geschmack, in der Kehle bis hin zum Ohr, jenem magischen Zugang zu den Tiefen meiner Seele, zu den Tiefen aller Seelen. Hören, nur hören, jetzt! Mit jeder Zelle! Hören, wie mein Atem sich in den sinfonischen Rhythmus legt. Dem rauschenden Zug des Atems lauschen, den das Ruder der Natur zieht und der auch diese Sinfonie bewegt, dem Riemenschlag lauschen, mit dem jetzt, in diesem Moment, die Lungen aller Lebewesen gefüllt und wieder entleert werden, ob sie es wahrnehmen oder nicht, milliardenfach, überall, eingetaucht in das bedeutungsschwere Meer der Luft, das mich mit allen verbindet und verknüpft, mit allen, denen je der Odem des Lebens eingehaucht. Das Unbedingte hören, das im Rhythmus des Atemrauschens liegt, seiner Vor- und Rückwärtsbewegung lauschen, die allem Leben eignet, den Takt der Sinfonie als Takt des Lebens hören und fühlen. Die liebevolle Fürsorge spüren, die in der Kraft liegt, die mich atmet. Hören, nur hören, jetzt! Nicht urteilen, nicht analysieren! Nur hören und spüren, wie die Musik durch die Zellen rieselt, wie die Organe sich im Klange wiegen, laben, erfrischen, auflachen, wie sie selbst zur Geige greifen, wie sie selbst musizieren, im unendlichen Orchester des Universums!"

Es war begeisternd, er konnte wieder fühlen, ein wenig zumindest, ja, er konnte wieder Musik fühlen und erleben. Eine Fähigkeit, die er in seinem Leistungsstress und der damit verbundenen psychischen Erschöpfung verkümmern hatte lassen, unbegreiflicherweise. Eine Fähigkeit, die bis zur Unfühlbarkeit und Unerlebbarkeit zusammengeschrumpft und verhungert war. Hartmuth las weiter in seinem Tablet und erinnerte sich auch wieder an seine Wahrnehmungen, damals im Konzertsaal, bei seinem Blick auf die junge, hübsche Geigerin in der ersten Reihe.

„Wer ist es denn, der da musiziert? Diese hübsche, junge Frau an der ersten Geige mit ihren langen, schwarzen Haaren, welche im Rhythmus der Sinfonie in Wellen fallen, die ihren schlanken Körper so anmutig bewegt und mit ihren geschmeidigen Fingern so kunstfertig die Saiten ihrer Geige drückt und so hingebungsvoll musiziert. Wer ist sie? Wer musiziert da? Frau N.N., geboren am … studiert bei … befreundet mit … musisch hochbegabt …? Nein, nein, diese Geschichtchen sind es nicht, die hier so kunstvoll Geige spielen! Streichen wir alle diese mentalen Konstruktionen, welche die junge Dame über sich selbst und ihre Bekannten über sie angesammelt haben, eliminieren wir alle diese Hirngespinste! Wer musiziert dann? Es bleibt nur dieser dunkle Raum zwischen den Sternen, diese alles schaffende Intelligenz, dieses große umfassende Bewusstsein, das als ihr Körper in Erscheinung tritt und musiziert, wundervoll musiziert und sich damit seiner selbst bewusst wird, sich selbst feiert! Es ist dieses große, umfassende Bewusstsein, Om, das LEBEN, die Transzendenz, welche sich des Geistes und der Hand des ‚Tonerl' Bruckner bediente, um zu dieser wunderbaren Sinfonie zu inkarnieren, um sich so selbst zu erfahren und zu feiern. Ja, es ist dieses Bewusstsein,

welches sich aus der Stille in die Form dieser Sinfonie gegossen hat und in dieser eleganten, musischen Gestalt durch die Jahrhunderte strömt, aus der absoluten Stille in den Geist Bruckners, in dessen Hand, auf dessen Notenblatt und von dort weiter in den Geist und durch die Körper von Generationen von Dirigenten und Musikern in aller Welt und nun durch den Geist und durch den Körper dieser anmutigen Geigerin, in ihre linke Hand, wo es – dieses Bewusstsein – mit schwindelerregender Schnelligkeit und Leichtigkeit ihre Finger auf die Saiten drückt, in ihren rechten Arm, mit dem es mit atemberaubender Präzision den Bogen zieht, die Bewegungen hunderter Muskeln koordiniert und alle Sinne zusammenspielen lässt. Ja, es ist dieses große, umfassende Bewusstsein, dieser absolute Geist, der in jeder Zelle eines jeden Lebewesens Milliarden Atome dirigiert zur mystischen Sinfonie des Lebens, die uns durchklingt, solang wir leben, ungehört und unverstanden.

Am Ende seiner Aufzeichnungen hieß es dann noch: *„Erkenne dich selbst" forderten die alten mentalen Griechen auf einer Inschrift am Eingang zum Orakel von Delphi, offenbar intuitiv spürend, dass mentale Selbsterkenntnis stets orakelhafte, dunkle Spekulation bleiben muss! Streichen wir diese irreale, mentale Forderung und setzen wir an ihre Stelle eine real erfüllbare, eine heilbringende Botschaft: ‚Erfahre dich selbst'! und lass Dir von Bruckner – der eigentlich ‚Brückner' heißen sollte – dem großen spirituellen Meister, dabei helfen."*

Von dieser gefühlsintensiven Euphorie alter, lang vergangener Tage war Hartmuth noch weit entfernt, aber ein wenig davon spürte er wieder in sich und dies gab neue Hoffnung. Ja, Bruckner war damit für ihn endgültig zum „Brückner" geworden, der ihm eine Brücke zurück ins vibrierende Musik- und Lebensgefühl gebaut hatte. Er war immer noch voll Schatten, er befand sich also noch auf der Brücke, aber er war zumindest auf dem Weg auf die andere Seite, dorthin, wo es hell war, und das ermutigte ihn, das war der Kern seiner neuen kleinen Euphorie, seiner neu beginnenden Bejahung des Lebens.

Die letzten mächtigen Schlussakkorde der Sinfonie verhallten in den Bergen und in ihren Seelen. Hartmuth und Georg blieben noch lange ruhig sitzen. Es gab hier oben, Gott sei Dank, keinen voreiligen, rauschenden Applaus, der Hartmuth im Konzertsaal immer so gestört hatte, weil er dem wunderbaren, ausklingenden Klang die Stille – seinen Ursprung – raubte, die Stille, aus der er entstanden war und in die er wieder zurückgekehrt war. Hier oben auf der Lahner-Alm wurde dem Klang nach dessen Verklingen nicht die Stille geraubt, nein, sie wurde gefeiert, vom Bach mit lebensfrohem Orgelspiel, von den Vögeln mit Lobgesang, vom Wald mit anerkennendem Rauschen im leichten, kalten Wind und von den beiden Menschen auf der breiten Bank mit Schweigen.

Nach langer, langer, besinnlicher Stille … irgendwann … im Nachklang des geistigen Nachklangs klopfte aber Agnes bei Hartmuth an, in seinem Kopf und in seinem Gewissen. Sie war vor vielen Jahren manchmal geduldig neben ihm gesessen in der Philharmonie und hatte sich wohl mehr an seiner Begeisterung und am Ambiente als an der Musik begeistert, aber sie war dabei, sie hatte seine kurzen Ausflüge in diese Welt der magischen Vibrationen unterstützt. Es wäre höchste Zeit gewesen, Agnes anzurufen, es war eine Gemeinheit, sie so lange in quälender Ungewissheit und Sorge zu lassen, das hatte sie nicht verdient, er wollte sie damit nicht für irgendetwas bestrafen, nein, das wollte er nicht. Auch seine Verantwortung für die „Bohrer & Egger Versicherungsmakler GmbH“ kroch wieder mit ihrem vollen Gewicht in seine Eingeweide und drückte ihn aus den luftigen Höhen der Bruckner-Magie wieder auf die schwere Erde.

Hartmuth stand auf und holte sein Handy, das inzwischen, auf einem Stuhl neben dem warmen Ofen liegend, getrocknet war. Der kleine Bildschirm leuchtete wieder auf, aber es gab keine Verbindung. Georg beobachtete seine Bemühungen und informierte ihn mit einem bedauernden Gesichtsausdruck, dass die Lahner-Alm in einem Funkloch liege und Handys hier leider nicht funktionierten, dazu müsse man weit hinauf oder weit hinunter gehen.

„Okay, Georg, ich geh noch eine Runde, ich versuch es weiter oben.“ Mit diesen Worten zog Hartmuth seine Sportjacke an, steckte sein Handy in deren Tasche und machte sich auf den Weg.

Revision

Ja, Bruckner hatte seine Sinne wieder angestachelt und angeregt, er hatte ihm auf die Brücke geholfen und er war wieder auf dem Weg hinüber ins Helle, hinüber ins Leben. Aber wie sollte es dann auf der anderen Seite der Brücke weitergehen mit ihm und seinem Leben?

Nachdenklich und langsam stapfte Hartmut hinein in das Hochtal, hinein in den felsigen, mächtig-erhabenen Talgrund, auf dessen höchsten Spitzen noch Schnee lag, der von der späten Nachmittagssonne mit einem Hauch von Rosa romantisch verzaubert wurde. Auch an einigen schattigen Stellen der Alm lag noch etwas Schnee, ihre sonnigen Bereiche waren teilweise noch sumpfig, aber an manchen Stellen hatte der Almboden den Wechsel seiner Garderobe von Braun-Grau auf lebendiges Grün in allen Schattierungen, auf Gelblich, Bläulich und Rosa fast schon abgeschlossen. Auf den „Schokoladeseiten" der Hügel waren die besonders lebenslustigen Gräschen und Blümchen bereits dabei, sich wieder richtig hübsch zu machen, hübsch für die Feste mit den Bienen, Schmetterlingen und sonstigen Gästen im Sommer.

Nach einer guten Stunde begann er müde zu werden. Er setzte sich auf einen Stein und blickte hinunter auf die großteils schon wieder im Schatten liegenden Felsen, Büsche und Weideflächen der hügeligen Lahner-Alm, dem liebsten Ort seiner Kindheit. Er holte sein Handy hervor, um Agnes anzurufen, aber es funktionierte nicht. *„Sorry, Agnes!"*, raunte er sich selber zu, stand auf und ging noch ein wenig weiter nach oben, aber auch da gab es keine Verbindung. „Funkloch"! Ja, vielleicht war das auch ein Grund, warum er sich hier oben immer so wohl gefühlt hatte, denn der die Sensibilitäten unmerklich betörende elektromagnetische Filz störte hier nicht, er verschonte dieses Paradies der Ruhe und Gelassenheit.

Er steckte sein Handy ein, setzte sich an den Rand des fröhlich vor sich hin rauschenden und schäumenden Baches und versenkte langsam seine Gedanken und Gefühle in ihn, in den Fluss des Flusses, der keinen Anfang und keine Ende zu haben schien und seit Jahrtausenden einfach floss, ohne Unterlass, gespeist aus unerschöpflichen, magischen Quellen. Wie der Fluss des Lebens könnte man sagen, sofern man sich als Ahornblatt des „Baum-Seins" bewusst war.

Hartmuth stieg auf zwei steinigen Stufen hinab zum Bach, beugte sich hinunter, bildete mit seinen beiden Händen eine Schale, füllte sie mit Wasser, hob sie hoch und betrachtete den nun in seinen Händen ruhenden winzigen Teil des großen Flusses. Wie klein sie war, seine Schale, wie mickrig seine Fassungskraft im Vergleich zum unendlichen Fluss des Lebens! Und dennoch: Er hielt ihn in seinen Händen, den rauschenden Fluss, ja, das Leben war in seinen Händen und überall in ihm und um ihn. Er trank bedächtig einen großen Schluck und erfrischte sein Gesicht.

Der Nachmittag neigte sich langsam dem Abend zu, die Sonne hatte sich zur Ruhe gelegt und mit ihr auch der rosafarbene Zauber auf den Bergspitzen. Hartmuth hatte sich entschlossen, diese Nacht noch auf der Lahner-Alm zu verbringen. Er wollte sich noch eine kurze Auszeit gönnen und sich bemühen, den neuen Lebensmut, das neue Helle, in ihm zu würdigen und dankbar zu pflegen, sich dem Licht zu öffnen und sich auf die Suche zu begeben, um in diesem neuen Lichte neue, hellere Wege in die Zukunft zu finden. Ihm war klar, dass manches in seinem Leben sich gravierend wird ändern müssen.

Eines der allerschönsten und ergreifendsten Erlebnisse seines Lebens war die Geburt seines Sohnes Thomas gewesen. Trotzdem hatte er in der Folge sein Bedürfnis, dem Thomas ein liebevoller Vater zu sein, weitgehend seinem beruflichen Stress geopfert.

Natürlich hatten sich Agnes und Hartmuth erwartet, dass Thomas beruflich einmal in ihre Fußstapfen treten würde und Thomas hatte derartigen Andeutungen vorerst auch gar nicht widersprochen. Vor etwa drei Jahren aber fing er an, widerspenstig zu werden, es war im selben Jahr, in dem er dann auch bravourös das Abitur ablegte.

Der materielle Reichtum, in dem die Familie äußerlich glanzvoll lebte, war für Thomas vorerst eine belanglose Selbstverständlichkeit, dann wurde er zu etwas Unnötigem und schließlich in manchen seiner Erscheinungen zu etwas Peinlichem. Ja, auch die Eltern waren ihm damit in manchen Aspekten peinlich geworden. Thomas begann, Alternativen zu bevorzugen, einfachste Bekleidung, sparsamen Konsum, plötzlich hatte er einen kleinen, dunklen Ring am Ohr und als Auto wollte er einen uralten, klapprigen Mazda, obwohl Hartmuth bereit gewesen wäre, ihm ein „anständiges" Auto zu spendieren. Gleich nach dem Abitur begab Thomas sich – bepackt mit einem riesigen Rucksack – mit zwei gleichgesinnten Freunden auf einen drei Monate währenden „Interrail-Europa-Trip", der sie vor allem in die südlichen Länder Italien, Frankreich, Spanien und Portugal führte. Sie übernachteten in ihren Zelten irgendwo in der Natur am Rande der Städte, an einem Strand, an Flüssen, in dunklen Wäldern, oder – wenn es gar nicht anders ging – eben in Campingplätzen und suchten und fanden viel aufregenden Kontakt mit Ihresgleichen.

Als Thomas von dieser Reise braungebrannt und mit ein paar Rasta-Locken im Haar zurückkam, erklärte er, dass er sich definitiv dazu entschlossen hatte, Mikrobiologie zu studieren und dass man gar nicht erst versuchen sollte, ihn davon abzubringen. Es kam zu einigen heftigen Diskussionen vor allem auch mit Agnes, die ihm vorwarf, er wäre zu blöd, um zu kapieren, welche tollen Chancen die Firma „Versicherungsmakler Bohrer- und Egger GmbH" ihm bieten würde. Die Beleidigung ignorierend erwiderte er mit zusammengekniffenen Augen, mit um Verständnis bittender Geste und ruhiger Stimme: *„Mama, ich will nicht so leben wie Ihr, ich will wirklich leben!"* Das saß! Das schmerzte, ja, das schmerzte massiv, vor allem weil beide wussten, dass Thomas irgendwie recht damit hatte. Agnes sagte nichts mehr, sie hatte Tränen in den Augen und drehte sich ab.

Der Umstand, dass Agnes und Hartmuth in leitender Position im selben großen Unternehmen tätig waren, hing wie ein Damoklesschwert über all ihren ohnehin spärlichen familiären Freizeitaktivitäten. Beim gemeinsamen Mittagessen an Sonntagen beispielsweise haben beide sich zumeist redlich bemüht, dem

Thomas Aufmerksamkeit und Zuwendung zu schenken, aber zwischen Agnes und Hartmuth genügte oft eine kleine Bemerkung und das Haar – welches das Damoklesschwert über ihren Köpfen in Schwebe gehalten hatte – riss, das Schwert stürzte herab, zerstach die familiäre Gemeinsamkeit und Agnes und Hartmuth begannen – anstatt am feinen Mittagessen – an beruflichen Problemen herum zu kauen und emotional zu diskutierten oder gar zu streiten … und Thomas saß dann daneben und musste traurig-machtlos zusehen, wie seine Eltern sich von ihm abwandten, sich von ihm entfernten und ihn in der Trostlosigkeit der Ausgeschlossenheit sitzen ließen.

Hartmuth blickte melancholisch hinunter in das weit unten liegende und ihm fremd und fern gewordene Tuxer-Tal.

Wieso studierte Thomas ausgerechnet Mikrobiologie? Woher kam die Leidenschaft für dieses Studium? Gab es geheimnisvolle Schwingungen, die ihn mit Opa, dem Biologen, verbanden? Waren es genetische Anweisungen? Irgendwie schien Hartmuth jedenfalls nun mit diesen „Abwegen" seines Sohnes einverstanden zu sein: *„Thomas war wohl der Klügere."*

Jetzt war er in Wien, sein groß gewordener Held aus der „Knirpsl-Geschichte von der Lebensfreude", und er hatte ihm bislang nur Geld geschickt, keine väterliche Zuneigung, keine Herzenswärme, keine Lebensfreude. Ja, er nahm sich vor, den ihm fremd gewordenen Thomas in Wien zu besuchen und sich dabei zu bemühen, nicht „lästig" zu sein, sondern einfach das „Liebevoller Vater-Sein" ein wenig zu üben, auch wenn es wohl zu spät war. Es war ja eine Schande, dass er noch nie in Wien war, um zu sehen, wie es Thomas dort ging, ob er glücklich war, ob ihn sein Studium begeisterte, wie er wohnte und welche Freunde und Freundinnen er hatte. *„Thomas, verzeih mir!"*, flüsterte er in das Rauschen des Baches, kindlich-romantisch sich vorstellend, dass der Bach, der ja in den Ziller, dann in den Inn und dann in die Donau mündete, diese Botschaft mitnehmen würde nach Wien an der Donau.

Aber wie sollte es mit Agnes weitergehen? Das tägliche einvernehmliche oder eben nicht einvernehmliche Abarbeiten der beruflichen Probleme hatte ihre Ehe völlig ausgehöhlt. So konnte es nicht weitergehen. Aber wie sollte es weitergehen? Hatte sie wirklich einen Liebhaber? Sollte er sich einfach scheiden lassen und aus der Firma aussteigen? Aber er hatte sie ja immer noch gern, seine Agnes. War die Firma überhaupt überlebensfähig ohne ihn?

Ja, da war sie wieder, diese das Selbst zerstörende Identifikation mit der Firma und die damit verbundenen Ego-Spielchen. Aber da war auch noch der Druck des gestrengen Herrn Ernst Bohrer und da war auch die Verantwortung für all die Angestellten und all die Kunden, die ihm vertraut hatten. Hartmuth stand vor einem Berg unlösbar erscheinender Fragen.

Er beließ es vorerst dabei, er ließ den Berg einfach Berg sein, es blieb ihm gar nichts anderes übrig. Er hoffte auf die Nacht und auf den Schlaf, er hoffte auf diese geheimnisvollen drei weisen Könige aus dem Morgenland, die ihm oft schon am Morgen beim Aufwachen dann eine Lösung oder eine Klarheit geschenkt hatten.

Dass er sich unverzüglich auf die Suche nach seinem leiblichen Vater begeben würde, sobald er wieder in München war, das allerdings stand für ihn nun fest wie das Amen im Gebet.

Er stand auf und machte sich wieder auf den Weg zurück und hinunter zur Almhütte. Im langsamen Trott des Abstieges versuchte er, seine Gedanken zu zähmen, die sich wieder einmal anschickten, ihn in ihrem Sog nach unten zu drücken. Er nahm sich vor, künftig seinem unwillkürlich sich immer wieder vordrängenden negativen Denken mehr entgegen zu setzen, es zu beobachten, es zu beruhigen und mit bewussten, positiven Gedanken zu überlagern. Er nahm sich vor, nicht nur seine Beziehungen sondern auch seine „Autobahnen im Gehirn“ einer gründlichen Revision zu unterziehen. Ja, manches in seinem Leben und in seinem Denken wird sich gravierend ändern müssen, *„und es wird sich ändern!“*, schrie er sich innerlich zu.

Er hatte sich der Almhütte genähert. Aus dem kleinen Kamin der Hütte stieg leichter Rauch auf. Das in der Mittagssonne so lebensfrohe, fesche und prahlerische Grün, Gelb, Blau und Rosa der frühlingshaften Gräschen, Blümchen und Röschen lag wieder matt im Schatten und wartete auf Morgen, so wie Hartmuth.

Normal

Frieden strahlte sie aus, die Almhütte, und Ruhe. Klug lag sie da wie ein stolzes Denkmal, das an die Überlebenskunst der Menschen erinnerte, der Menschen, die ein Dach über dem Kopf brauchen, ein weiches Bett zum Schlafen und einen warmen Ofen, um sich zu wärmen und sich etwas zum Essen zu kochen. Licht fiel durch die kleinen Fenster der Stube heraus in die einsetzende Dämmerung.

Die Almhütte war vor ein paar Jahren an den Strom der Welt angeschlossen worden. Das war damals, als sich auch der Forstweg eigensinnig seinen Weg ganz hinauf bis zur Hütte gegraben und geschottert hatte, mit kräftiger Unterstützung der Forstverwaltung, des Landes Tirol und aller möglichen sonstigen Unterstützer, welche die Bauern stützen. Zu „Hartmuths Zeiten" wurde noch im Schein der Kerzen und der Öllampen in der Stube der Lahner-Alm zu Abend gegessen und zusammengesessen. Ja, der Zahn der Zeit hatte überall seine Spuren hinterlassen, nicht nur hier oben auf der Alm, auch unten im Tuxer-Tal, wo inzwischen auch die Lichter angegangen waren. Vieles hat er in seiner Verbissenheit verbessert, der Zahn, manches verschlechtert, je nachdem, aus welcher Perspektive man auf seine Beißspuren in der Gegend und in den Herzen der Menschen sah.

Hartmuth öffnete die knarrende Hüttentür und trat in die warme Stube. Georg begrüßte ihn mit freundlicher Geste.

„Georg, ich würde gerne noch heute Nacht hier schlafen, wenn es dir recht ist." Dem Georg war das sehr recht. *„Und morgen Früh"*, fügte Hartmuth hinzu, *„würde ich gerne mit dir hinaufgehen zum Kreuzjoch. Was hältst du davon?"* Georg hielt viel davon und war begeistert. *„Und am Nachmittag muss ich dann wohl wieder zurück und hinunter auf den Boden meines bisherigen Lebens und schauen, dass ich das auf eine neue Reihe kriege!"*

„Ja, das steht wohl an", sagte Georg und nickte zustimmend mit dem Kopf.

Ein gemeinsamer ruhiger Abend lag vor ihnen. Sie saßen am Tisch, tranken Tee mit Zirben-Schnaps und aßen von allem Essbaren, das Georg Tage zuvor in seinem Rucksack von Lanersbach stundenlang hinaufgetragen hatte auf die Lahner-Alm. Georgs heitere Gelassenheit steckte ihn an, in seiner Gegenwart fühlte er sich wohl. Hartmuth legte die Hand auf Georgs Arm: „*Unglaublich, welches Glück ich hatte, dir hier oben, buchstäblich fünf Sekunden vor Zwölf noch zu begegnen … Wenn du nicht gewesen wärst …*" Hartmuth stockte.

„*Na ja, ist ja klar, das war eine Fügung des Schicksals. Irgendwie, aus unserer Perspektive betrachtet, läuft ja die ganze Weltgeschichte darauf hinaus, dass wir jetzt hier so gemütlich zusammen sitzen dürfen und sollen, das war wohl von allem Anfang an so geplant von irgendwem*", meinte Georg mit humorvoller Geste und fuhr fort: „*Es ist doch klar, wenn die Schlange die Eva und die Eva den Adam nicht verführt hätte und wenn die beiden dann nicht so fürchterlich fruchtbar gewesen wären, dann würden wir nicht hier sitzen und wenn es den Urknall nicht gegeben hätte auch nicht!*" Hartmuth warf ein: „*Und wenn ich nicht so einen Urknall hätte, auch nicht!*" Gelächter! „*Ja, man kann es drehen und wenden, wie man will*", fuhr Georg fort, „*eines ist offensichtlich: Die ganze Menschheitsgeschichte von der angeblichen Entstehung des Lebens in der Ursuppe bis hin zur Pressknödelsuppe, die wir heute Mittag gegessen haben, die ganze Geschichte erweist sich irgendwie als ein Weg hierher zu diesem Zusammensein und jeder Schritt, den wir beide je in unserem Leben gemacht haben, erweist sich als ein Schritt hierher!*"

„*Ja, ein Wahnsinn, wie der das alles arrangiert hat, dieser wundersame Regisseur*", fügte Hartmuth hinzu, „*und das alles bloß, um einen so abnormalen Spinner wie mich am Leben zu erhalten!*" „*Ich mag die Abnormalen*", warf Georg ein, „*die sind mir viel lieber als die Normalen. Die Normalen sind mir irgendwie suspekt! „Aber … aber da fällt mir was ein*", fügte Georg mit wichtiger Miene hinzu, machte große Augen und griff sich an den weißhaarig-stoppeligen Kopf, „*ich habe genau zu diesem Thema vor ein paar Wochen einen neckischen Reim geschrieben.*"

Georg stand auf, ging ins Schlafzimmer und kam mit einem handbeschriebenen Blatt zurück. „*Das Gedicht heißt ‚Normal'. Es ist so eine Mischung zwischen holprigem Quatsch und Tiefsinn, magst du?"* Hartmuth nickte euphorisch und Georg, der Lehrer, setzte sich und las in lyrisch getragenem Ton mit einem Lächeln auf den Lippen:

„Normal

Wenn ernsthaft du meinst
du würdest plötzlich die Welt und das Leben verstehen
und Glatzköpfe würden vor deiner Tür zum Haarschneiden anstehen,
wenn du plötzlich in der Nacht hörst,
wie die Sterne am Himmel beginnen zu flunkern,
und du glaubst, dass Glühwürmchen Glühbirnchen bunkern,
ja, wenn du plötzlich sogar ganz genau weißt,
warum Gottes unendlich verlässliche Schöpferkraft
auf Erden so viele hässliche Kröpfe schafft,
und wenn gleichzeitig klar ist:
du bist nicht betrunken
und auch dein Blutzuckerspiegel ist nicht unter Null abgesunken,
ja, dann, lieber Freund, …
… dann mache dir bloß keine Sorgen,
denn dein Geist hält Heil für morgen geborgen,
dann du bist nicht heimisch bei all den Durchschnitts-Banalen,
die in den Mühlen der Massen ihre Welt- und Selbstbilder mahlen
und ihr Leben lang leiden an nicht reflektierten Zwangslagerqualen,
nein, du gehst nicht im Gleichschritt
mit all diesen kahlen Schein-Optimalen!
Also, bleib ruhig …
… lass getrost deine bunten Irrlichter strahlen,
denn gefährlich – das glaub mir – sind nur die Normalen."

Gelächter! Nachdenkliches Gelächter! Hartmuth gefiel das. Das war genau die Art von Medizin, die ihm gut tat, ein wenig Lachen über sich selbst und über die Welt. Er, der immer auf Abwegen, der immer auf Aus-, Ein-, Um- und Rückzügen sich befindliche Abnormale, der Neophyt, der nie irgendwo wirklich Dazugehörige, er fühlte sich angesprochen von dem Gedicht, er fühlte sich auf den Arm genommen und gleichzeitig ironisch getröstet. Er nahm den Zettel in die Hand und las das seltsame Gedicht noch einmal mit aufflackernder Heiterkeit im Herzen. Ja, er hatte wohl einiges gemeinsam mit Georg, dem ironischen Poeten mit dem weißen Stoppelbart und den weißen Stoppelhaaren.

Dann begann Hartmuth zu erzählen, von seinen Erlebnissen auf dieser Alm, von seiner Schulzeit, von seinem jugendlichen Hang zur Poesie, von Rilke, vom „Kleinen Prinzen“, von seinem „Almidylle-Gedicht“, von seinen Nächten draußen auf dem weichen Moos unter der Milch der Milchstraße und von vielem mehr. Er hatte schon lange nicht mehr so viel geredet …

Überzeugungen

„Aber Georg, erzähl mir doch nun von dir, wie kam es zu deiner Einsiedelei hier oben?“, hieß es dann bei einem weiteren Tee mit Zirben-Schnaps und ein paar Keksen.

Ja, und so erzählte Georg aus seinem Leben, erzählte von seiner viel zu früh bei einem Autounfall verstorbenen Gattin, der Elisabeth, und auch von seinen Aufgaben als Volksschullehrer in Fügen.

Georg liebte Kinder. Ihn hatten stets ihre Unschuld, ihre blühende Phantasie, ihre herzergreifende Natürlichkeit und Ehrlichkeit, ihre Nähe zum Sein und die Offenheit und Formbarkeit ihrer Überzeugungen begeistert. All das hatte ihm zwar auch erhebliche Verantwortung auferlegt, aber es war eine Verantwortung, die er als Sinnstiftung seines beruflichen Lebens gerne übernahm.

„Die Gedanken, die Überzeugungen, die Einstellungen welche Menschen mit sich herumtragen, sind von größter Bedeutung für ihr Leben. Sie sind wie ein Magnet, der ihr Schicksal anzieht und maßgeblich mitbestimmt. Stell dir vor, ein Kind kommt am Montag in die Klasse und erzählt von seinen Erlebnissen am Wochenende. Ist das Kind überzeugt, dass die anderen Kinder es mögen und interessant finden, dann werden die Worte blumig und klug fließen und die anderen Kinder werden begeistert zuhören. Ist das Kind vom Gegenteil überzeugt, ist es überzeugt, dass die anderen Kinder es nicht mögen und dass es ein Langweiler ist, dann wird es über die Worte stolpern und die anderen Kinder werden es nicht mögen und langweilig finden. Jeder von uns hat sich im Laufe seines Lebens auf der Basis und in den Farben seiner Überzeugungen seine eigenen Welt- und Selbstbilder gemalt. Diese Überzeugungen haben eine ungeheure Macht. Menschen klammern sich hartnäckig an ihre Überzeugungen, denn sie geben ihnen Halt, sie suchen eigentlich nicht die Wahrheit, sie wollen nur eine bestimmte Form von Sicherheit und sie enden dabei, sich eine Welt zu bauen, die zu ihren Überzeugungen passt, denn das bestärkt sie und so schafft sich jeder seine eigene Realität.

Millionen Eindrücke prasseln auf uns Menschen unentwegt ein, über alle unsere Sinne, Farbnuancen, Gesichtsausdrücke, Lächeln, Stimmungen, Geräusche und … und … und … wir können das nicht fassen, es ist viel zu viel. Wir treffen unbewusst eine Auswahl, einiges nehmen wir auf, es passiert unsere Filter, das andere, das meiste eben nicht. Jeder hat seine eigenen Filter, es sind seine Einstellungen, seine Überzeugungen und seine vorgefertigten Visionen von der Welt. Sie sind unbewusst dafür verantwortlich, was von der Welt aufgenommen wird und was nicht. Stell dir vor, ein Kind würde durch einen Wald gehen in der Überzeugung, es gäbe dort Bestien, die es zerreißen könnten. Dieses Kind hätte Angst, es würde nur auf Bewegungen achten, die Gefahr bedeuten könnten, und auf Geräusche, die von schleichenden Bestien herrühren könnten. Die Schönheit des Waldes, die herrlichen Pilze, die geometrisch einzigartigen Farne, das duftende Moos … all das würde dieses Kind nicht aufnehmen, die Filter seiner Überzeugungen würden all das Schöne nicht durchlassen zu ihm."

Georg der Lehrer machte eine kurze Pause, schob sich ein großes Schokoladekeks in den Mund, bewegte, während er nachdachte, das Unterkiefer samt weißem Stoppelbart gemütlich auf und ab, spülte den Brei mit ein wenig Tee, dann schluckte er geräuschvoll all das hinunter und fuhr fort, indem er den Finger hob:

„Aber damit ist die Wirkung der Überzeugungen noch nicht erschöpft! Die Überzeugungen sind auch verantwortlich für unsere Interpretationen der Realität. Ein Lächeln zum Beispiel kann interpretiert werden als Zeichen der Freundlichkeit und Zuneigung, der Verführung, der Ironie, der Abwertung, der Kritik, des Unglaubens, der Häme etc., wir machen das Lächeln durch unsere Überzeugungen zu dem, was wir glauben wollen.

Unsere Überzeugungen haben aber auch Auswirkungen auf die Verhaltensweisen der Anderen, denn wenn ich mich ihnen gegenüber beispielsweise distanziert und argwöhnisch verhalte, dann werden auch sie sich distanziert verhalten und dies verstärkt somit wieder meine eigenen Überzeugungen und das Ganze wird zum Teufelskreis. Letztlich – ohne es zu bemerken – schafft sich so jeder seine eigene Realität, die nichts anderes ist als die Frucht seiner Überzeugungen! Überzeugungen, Gedanken haben enorme magnetische Kraft, sie ziehen andere Gedanken und letztlich Erfahrungen an, die zu ihnen passen. Das ist gut, wenn es positive Gedanken sind, aber fatal, wenn es negative sind. Es ist verrückt!

Viel zu oft werden Menschen im Laufe ihres Lebens zu Opfern ihrer eigenen Ideen, ihrer eigenen Überzeugungen und ihrer eigenen Einstellungen und das Kuriose dabei ist, dass sie es meist gar nicht bemerken.

Es gehört zu den wunderbaren, aber auch so verantwortungsvollen und schwierigen Aufgaben der Lehrer, den Kindern bei der Kreation und Modellierung dieser Überzeugungen liebevoll beizustehen und sie auf einen lebenswerten Weg zu schieben."

Hartmuth bewunderte Georgs Ruhe und Klarheit, er hatte immer wieder zustimmend genickt. Georg, der weiße Weise, hatte vollkommen recht. Er selbst, Hartmuth, das Leistungstier, war das lebende Beispiel, ja, das wundersamerweise immer noch lebende Beispiel eines Opfers seiner Überzeugungen. Was waren denn seine wichtigsten Dogmen in den vergangenen Jahrzehnten gewesen? Dass „ein richtiger Mensch zu sein", bedeute, viel zu leisten, von anderen anerkannt zu werden, nach außen hin mächtig und wichtig zu sein und vor allem zu „haben", Geld zu haben, viel Geld und viel sonstiges Vermögen, Fachwissen zu haben und Fähigkeiten, die beruflich nützen. Es war wohl klar, dass diese seine seltsam verschrobenen und überzogenen Überzeugungen es waren, welche ihn in ihrer übersteigerten Version fast in den Selbstmord getrieben hatten. Er war das Opfer seiner eigenen Dogmen und hatte es gar nicht bemerkt bzw. er hatte bemerkte, gefühlte „Schrägheiten" einfach verdrängt und ignoriert.

Georg fuhr fort: *„Ich kann mich noch gut an die kleine Rita erinnern. Schon in der ersten Klasse der Volksschule fiel sie durch ihre besondere Ernsthaftigkeit und Zurückgezogenheit auf. Als sie das zweite Schuljahr begann, schienen sich diese Tendenzen noch verstärkt zu haben, so weit, dass sie praktisch mit niemanden mehr redete. Ihre Mutter hatte sie im Alter von 3 Jahren verlassen, sie war im Streit mit Ritas Vater einfach abgehauen. Vater musste arbeiten, sie wurde daher in die Obhut der Großeltern gegeben. Sie musste nach der Schule oft auf dem Schulhof warten, bis ihr Opa sie abholte. Ich habe mich ein paar Mal zu ihr hinausgesetzt, auf die Bank, wo sie mit hängendem Kopf wartete, und habe mit ihr geredet, bis ich das Gefühl hatte, ihr ein wenig näher gekommen zu sein. Ich sagte dann zu ihr: ‚Rita, bevor du morgen in die Schule gehst, bleib hier, hinter dem Eck, ein paar Minuten stehen, schließe die Augen und stelle dir vor, du seist ein strahlender Edel-*

stein, der du ja wirklich bist, ein Edelstein, den alle bewundern, und stell dir vor, du seist von allen geliebt und auch du würdest die anderen lieben und gerne und fröhlich mit ihnen zusammen sein und mit ihnen reden und Späße machen. Und dann erst gehe in die Klasse, mit diesen Gedanken im Kopf und mit diesem Gefühl im Herzen.' Sie hat mich mit großen Augen angesehen und mit dem Kopf genickt. Es hat lange gedauert und ich habe noch ein paar Mal so ähnlich mit ihr gesprochen und irgendwann, nach ein paar Wochen merkte ich ein kleine Aufhellung in ihr und eines Tages kam sie in die Klasse und lachte mich an und wenn sie lachte, war sie wirklich ein niedlicher, kleiner Edelstein, die Rita, und sie lachte auch ihre Klassenkameradin in der ersten Schulbank-Reihe an und diese lachte zurück und auch andere lachten zurück. Das war einer meiner schönsten Tage als Lehrer!"

„Es wäre schön gewesen, dich als Lehrer zu haben", meinte Hartmuth nachdenklich. *„Vielleicht, wahrscheinlich, ja, sehr wahrscheinlich war es meine eigene Dummheit und weniger die gelegentlichen Einflüsterungen der Menschen hier, die in mir die Überzeugung wachsen ließ, ich würde nicht hierher passen, ich wäre ein Neophyt, der abhauen müsste, damit er nicht vergast würde und damit er etwas ‚wert' würde."*

Verschmitzt und mit einem vielsagenden Lächeln meinte Georg und blickte dabei Hartmuth fragend ins Gesicht: *„Ja, aber … am Ende passt du vielleicht doch hierher? Was hat dich denn gestern auf so geheimnisvolle Weise wieder hierher geschoben? Bist du vielleicht doch ein Tiroler, ein Hinterachinger, tief in deinem Herzen?"*

Hartmuth nahm einen weiteren Schluck Tee, er überlegte und hatte plötzlich eine ihn selbst überraschende Antwort auf Georgs Frage im Kopf: *„Na ja, so wie alle Menschen wurde auch ich von meiner Mama aus der seligen Geborgenheit in diese Welt, auf diese schwere Erde gepresst, in die Angst der Individualität, in das Trauma der Hilflosigkeit. Aber dann wurde ich gleich aufgefangen und eingehüllt von der Liebe meiner Mama, von der Nestwärme ihrer Familie und einiger Freunde und diese fürsorgliche Hülle hatte Tiroler bzw. Hinterachinger Charakter, die Sprache dieser fürsorglichen Hülle, ihre Ausdrucksweise, ihr Lächeln, ihre Gefühle, ihre Kultur, ihre Landschaft, alles hatte diesen Charakter. Das hat sich wohl eingegraben und eingeritzt in meine kindlich-empfängliche, sensible und hilfesuchende Seele. Das hat mich wohl geprägt. Es waren offenbar meine nachträglich gebastelten Überzeugun-*

gen, zum Beispiel jene, dass ich ein Pflänzchen sei, das nicht hierher gehöre, welche diese Prägungen tot geredet und unter sich begraben haben!"

Ist aus diesen Prägungen heraus etwa gar die Brieftaube auferstanden wie Phönix aus der Asche, die ihn zurück zum Heimatschlag geschoben hatte, als er nackt am Boden lag, in der Asche seiner ausgebrannten Seele?

Das waren neue Gedankengänge. War es der magische kleine Lichtschein, der heute Nacht durch den Türspalt in sein dunkles Innen gefallen war, welcher die Dinge in einem neuen Licht erscheinen ließ? Oder war es einmal mehr Georg, der Fremdenführer mit den weißen stoppeligen Haaren, der ihn wie einen Fremden in seiner eigenen Seele herumführte?

Hartmuth richtete sich ein wenig auf, er hob den Kopf und blickte nachdenklich hinüber zu dem kleinen, schmutzigen Stubenfenster. Nur wenn man ganz nahe am Fenster stand und ganz genau schaute, konnte man von da aus einen kurzen Teil des Forstweges einsehen, der weiter unten aus dem Wald heraus und heraufführte, darüber hinaus war der Weg vom Fenster aus nicht einsehbar. Es war ihm unerklärlich, wie Georg ihn gestern hatte sehen können, wie er ihn hatte wahrnehmen können auf seinem dunklen Marsch. Hartmuth stand auf, legte dem Georg schweigend die Hand auf die Schulter und ging hinaus, hinaus ins Freie, hinaus in die frische Luft, hinaus in die Weite, hinaus in die unter all diesen Sternen im Verborgenen liegenden Geheimnisse des Daseins.

Georg, ja, dieser Georg, was für ein wunderbarer Mensch, sein von höheren Mächten gesandter Lebensretter, sein einfühlsamer Psychotherapeut, sein weiser Freund. Wenn Georg so authentisch von seinen Erfahrungen als Lehrer erzählte, wenn er von Rita erzählte und der Macht der Überzeugungen, so hatte Hartmuth oft das Gefühl, dass nicht er, Georg, sprach, sondern ein „Es". Es war ein „Innewerden", es war in manchen Momenten unmöglich, sich zu weigern, dem Wort, seinem Wort, dem Wort des „Es", Gefäß zu sein.

Hartmuth blickte hinauf in den funkelnden Himmel, eine Welle der Dankbarkeit durchströmte ihn. Herrlich klare, frische Bergluft, Ruhe. Ruhe aus dem Hintergrund getragen vom lebensfreudigen Rauschen des Baches und von der Erhabenheit des funkelnden und flunkernden Firmaments. Der abnehmende Mond war gerade aufgegangen und hatte seine schmale Sichel oben auf den Bergkamm gelegt, oberhalb der Almhütte und warf mattes Licht auf die mächtige, steil aufragende Felswand, von deren oberster Kante Hartmuth sich gestern noch in den Tod stürzen wollte. Manche der magisch flunkernden Funkler am Nachthimmel versteckten sich zwar immer wieder hinter ein paar kleinen Wolken, aber das matt-helle Schimmern der Milchstraße war schon zu sehen. Es war frisch, aber fast windstill da draußen unter den Sternen.

Muttermilch

Hartmuth ging in die Stube und gab Georg durch Gesten und Grimassen zu verstehen, dass es nun an der Zeit wäre, den Horizont zu erweitern und in die ganz ferne Ferne nach oben zu blicken. Sie holten sich je eine große, dicke Decke, Georg nahm auch sein Fernglas mit und dann legten sie sich zwischen den beiden großen, dunklen Steinen – oben auf dem kleinen Hügel – auf das weiche, duftende Moos und schauten ins Unendliche.

Sie lagen da wie zwei zu groß geratene Schmetterlingspuppen, eingepuppt in ihre dicken Decken und warteten auf Auferstehung und Himmelfahrt des Schmetterlings in ihnen. So empfand jedenfalls Hartmuth ihre kuriose Liege-Lage. Sie schwiegen lange. Da begann Georg, leise zu kichern. Hartmuth rempelte ihn neckisch ein wenig an. *„Weißt du, Hartmuth, ich musste eben an Schmetterlinge denken."*

Offenbar konnte Georg Gedanken lesen und er sprach langsam weiter: *„Hier oben gibt es unzählige Schmetterlinge, Perlmutt-Falter, den weiß-bunten Apollo-Hochgebirgsfalter, Zitronenfalter, Kaisermantelfalter, Schachbrettfalter, Admiralfalter und viele andere. In alten Zeiten galt der Schmetterling als Symbol der Seele, die sich inkarniert als Ei, sich wandelt zur Raupe und zur Puppe, bis dann die Seele als Schmetterling dem Puppen-Fleisch entflattert.*

Eine besonders kuriose Variante dieser flatternden Schönheiten ist der ‚Ameisen-Bläuling', besonders wegen seines trickreichen Werdegangs. Die Schmetterlings-Mama legt die Eier in Blüten, deren Nektar auch Ameisen gerne mögen. Dort werden dann aus den Eiern kleine Raupen, die einen Duftstoff absondern, der die zu Besuch kommenden Ameisen völlig betört. Die Betörten tragen dann behutsam ihren ‚Duft-Schatz' in ihren Ameisenbau, so als wären sie vom Duft-Glück betrunken. Im Ameisennest vertilgen die gefräßigen Schmetterlings-Raupen dann ungeniert hunderte Ameisenlarven und die Ameisen lassen sich das gefallen, offenbar deshalb, weil sie – völlig betört vom Duft – nicht mehr zurechnungsfähig sind."

Die beiden Riesenpuppen zwischen den zwei großen, dunklen Steinen lachten laut auf.

„Die Raupen faszinieren und parfümieren aber nicht nur den ganzen Ameisenbau, sondern sie sondern – als kleine Gegenleistung für die Vollpension – auch ein süßes Dekret ab, einen Nektar, welchen die Ameisen gerne als Nachspeise vernaschen. Schließlich verpuppen sich die Raupen und verlassen im Frühjahr als herrliche blau-schimmernde Bläulings-Schmetterlinge glücklich und zufrieden den Ameisenbau und flattern der Sonne entgegen."

Hartmuth schmunzelte, irgendwie erinnerte ihn diese „Duft-Betörungskunst" an Agnes, das behielt er aber für sich. Er sagte dann: *„Das bedeutet also, dass auch die Halunken in den Himmel kommen! Na, dann ist ja alles gut!"*

Die Milchstraße hatte ihr Erscheinungsbild inzwischen weiter ein wenig aufgeputzt und in den Vordergrund geschoben. Sie, die magische Königin der Nacht, hatte wieder ihr schönstes nebelig-milchig schimmerndes Nachtkleid angezogen. Beide betrachteten es ehrfurchtsvoll, sie reichten sich gegenseitig das Fernglas und versuchten, sich in dieser erhabenen Tiefe zu vertiefen.

„Eine kuriose griechische Sage erklärt, wie es zur Milchstraße kam." Georg sprach leise und geheimnisvoll: *„Demnach habe Zeus seinen ‚seitensprünglich' gezeugten Sohn Herakles, den ihm die sterbliche Frau Alkmene geschenkt hatte, an der Brust seiner göttlichen Frau Hera trinken lassen, als diese schlief. Herakles sollte auf diese Weise göttliche Kräfte erhalten. Aber der Bengel saugte so ungestüm, dass Hera erwachte und den ihr fremden Säugling zurückstieß, ja, und dabei wurde ein Strahl ihrer Milch über den ganzen Himmel verspritzt, ja, und da war sie dann, die Milchstraße."*

Beide mussten grinsen, ja, diese alten Griechen, was denen so alles einfiel! Aber gut, wenn man ein wenig nachdachte und groß genug dachte, dann war wohl der Kern dieses Mythos viel tiefer gesetzt, als der erste Anschein es vermuten ließ. Etwas Mütterliches, um nicht zu sagen „Muttermilchiges", hatte es ja an sich, das, was sie, diese beiden etwas zu groß geratenen Schmetterlingspuppen, da zwischen den zwei großen Steinen am Leben hielt und das, was auch alles andere Leben hier auf Erden am Leben hielt, hier auf diesem Delphin, dem blauen, reitend, im Bann der

Sonne durch das Weltall gleitend, beatmet liebevoll von Mund zu Munde, ihr Leben lang, vielmals in jeder Lebensstunde, durchpocht und gewärmt von jener Kraft, die keimt, gebärt, die alles Leben schafft …

Lange lagen sie schweigend da, die beiden, ihre Augen und Seelen in der erhabenen Muttermilch vertieft.

„Eine unendlich große Spirale", begann Georg schließlich, zu rezitieren, *„eine sich drehende Spirale mit vier riesigen, gebogenen Armen und irgendwo in den Außenbezirken eines Armes liegt unsere Sonne, winzig und unscheinbar. Unsere Galaxie ist wie ein Derwisch, der sich im Trance-Tanz um seine Mitte dreht und vier lange, sehr lange, gebogene Arme spiralförmig nach Außen wirft. In der Mitte, also im Kern des Derwischs – so meint man – soll ein schwarzes Loch liegen, das sich in seiner Dunkelheit versteckt und keinen Lichtstrahl nach außen lässt. Dieses schwarze Loch soll im Sternbild „Schütze" verborgen liegen, ein Sternbild, das sich hier im Sommer immer zeigt. Ich habe irgendwo gelesen, das galaktische Jahr, also unsere Umkreisung des galaktischen Mittelpunktes, soll zirka 220 bis 240 Millionen Jahre dauern, was einer Bahngeschwindigkeit unserer Sonne samt ihren Planeten von ca. 800.000 Km/h entspricht"*, meinte Georg der Lehrer.

„Ja, wir sind schon flotte Burschen", meinte Hartmuth, der Ironiker. Das angebliche schwarze Loch im Zentrum des Ganzen behagte ihm aber nicht so recht, denn mit schwarzen Löchern im Zentrum hatte er in diesen vergangenen Tagen unangenehme Erfahrungen gemacht. *„Und das Schönste an diesem Trance-Tanz des Derwischs: Die sich drehende Galaxis, diese scheibenförmige Spirale, wird eingehüllt von einem noch viel größeren, kugelförmigen Heiligenschein, dem sogenannten ‚Halo', der mit freiem Auge allerdings nicht sichtbar ist"*, fügte Georg hinzu.

Das gefiel Hartmuth schon viel besser, ein Heiligenschein, der alles heiligt, was sich abspielte in dieser Galaxis, sogar seine seltsamen Eskapaden.

Elisabeth

Lange lagen sie so da, im Klang des Rauschens des Wildbachs unter der Ehrfurcht gebietenden, gigantischen Kuppel des Nachthimmels, die eben von einer Sternschnuppe und ihrem langen Schweif durchfurcht wurde, um ihre Bewunderer dort unten auf der Erde zu erinnern, dass alles da draußen in Bewegung ist und alles dem Gesetz des Werdens und Vergehens unterliegt.

„Georg, du hast mir noch nicht wirklich erklärt, was dich zum Einsiedler gemacht hat." Georg schien nicht zu reagieren, doch nach einer Weile sagte er: *„Ich fühle mich nicht als Einsiedler"*, und nach einer weiteren Pause fügte er hinzu: *„Ich will auch kein Einsiedler sein, ich möchte das ‚E' weglassen und ein ‚Insiedler' sein oder werden, einer der sich verbunden fühlt mit allem. Hier oben, in dieser unberührten Natur, in dieser Ruhe, die im Winter noch veredelt wird durch weiße, glitzernde Daunendecken, hier oben in diesem natürlichen Tempel der Allverbundenheit, so nahe den Sternen, hier oben fühle ich mich wohl und allem zugehörig. Ich fühle mich hier oben vor allem auch mit meiner Elisabeth verbunden.*

Elisabeth starb vor 8 Jahren bei einem Autounfall. Es war kurz vor Weihnachten, sie rutschte von der eisglatten Fahrbahn über die steile Böschung, das Auto überschlug sich. Es war schrecklich für mich, wir hatten eine wunderbare Beziehung. Ich habe es aber dann mit der Zeit geschafft, aus dieser Tragödie das Positive herauszulesen für sie und für mich. Der Name Elisabeth kommt aus dem Hebräischen und bedeutet ‚Gott ist Fülle'! Ich fühle mich hier oben tief mit meiner Elisabeth verbunden, mit ihrer Fülle. Das, was mit mir in der Folge, nach ihrem Tod, geschehen ist, das kann man nicht besser in Worte kleiden, als es Rilke, der so geniale Tiefseeforscher im Meer des All-Einen getan hat in seinem Gedicht ‚Der Tod der Geliebten'.

Georg schwieg für eine Minute, er blickte in die Tiefe zwischen den Sternen und in den geheimnisvollen Speicher seiner Erinnerungen und zitierte dann, andächtig und langsam:

„Der Tod der Geliebten.

Er wusste nur vom Tod, was alle wissen:
dass er uns nimmt und in das Stumme stößt.
Als aber sie, nicht von ihm fortgerissen,
nein, leis aus seinen Augen ausgelöst,

hinüberglitt zu unbekannten Schatten,
und als er fühlte, dass sie drüben nun
wie einen Mond, ihr Mädchenlächeln hatten
und ihre Weise wohlzutun:

da wurden ihm die Toten so bekannt,
als wäre er durch sie mit einem jeden
ganz nah verwandt; er ließ die andern reden

und glaubte nicht und nannte jenes Land
das gutgelegene, das immer süße,
und tastete es ab für ihre Füße."

Sie schwiegen, in der Tiefe Rilkes versunken. Ja, Georg fühlte sich offenbar heimisch hier oben auf der Lahner-Alm, in diesem den Sternen so nahen Bergland, auf diesen so erhabenen Erhebungen unserer Mutter Erde, die dem „Immer-Süßen-Land" so nahe und zugetan zu sein schienen. Deshalb war er „Insiedler" hier oben geworden, wegen dieser Nähe, um das nahe, jenseitige Land abzutasten für ihre Füße.

Lange lagen sie noch ruhig da. Irgendwann gegen Mitternacht verwandelten sich die beiden etwas zu groß geratenen Schmetterlings-Puppen wieder in Menschen, krochen aus ihren Puppen-Hüllen heraus, standen auf, falteten ihre warmen Wolldecken zusammen, legten sich diese über den Arm, trabten langsam zurück zur Almhütte und legten sich in ihre weichen Betten, bewacht von der sich langsam abschleifenden Sichel des gelb-roten Mondes, der inzwischen fast bis in die Mitte des Nachthimmels aufgestiegen war und begonnen hatte, die Milchstraße in seinen Schatten zu stellen.,

Szene 5
Auf-Zug

„Montag, zweiundzwanzigster Mai 2012“, flüstert unhörbar die am Himmel stehende Sonnenuhr, die sich allerdings noch versteckt hält hinter den hohen Bergen, welche die Lahner-Alm umstehen, die aber dort schon begonnen hat, ihre milden Strahlen in die Augen und Herzen der Menschen und Tiere zu schieben, um sie zu wärmen, und auch in die Chloroplasten der Pflanzen, um Nahrung sprießen zu lassen. Hartmuth und die Menschen hinter den hohen Bergen aber denken nicht an diese solaren Wohltaten, das sind Selbstverständlichkeiten, die selbstverständlich unbeachtet bleiben, so sind die Menschen eben.

Hartmuth hat ganz andere Sorgen. Es ist Montagmorgen, es wäre Zeit gewesen, in München zu sein und trotz des üblichen „Montagmorgen-Belastungs-Steins“ im Magen alle seine physischen und psychischen Kräfte zu mobilisieren und sich in das Meer seiner beruflichen Verpflichtungen zu stürzen.

Er ist aber nicht in München, nein, er ist immer noch auf der Lahner-Alm und ignoriert einfach alle diese beruflichen Verpflichtungen. Nur den Belastungs-Stein im Magen, den kann er nicht ignorieren, den trägt er tapfer mit sich herum.

Leben heißt Üben?

Im Morgengrauen waren beide aufgestanden, hatten ein kleines Frühstück zu sich genommen, ihre Rucksäcke gepackt und waren losgezogen, hinaus und hinauf auf die noch im Schatten liegenden, kühlen und grauen Bergmassive, mit dem Kreuzjoch als Ziel im Kopf, wie abgemacht. Der Rucksack der Hartmuth in den Rücken drückte, war Georges „Reserve-Rucksack" und auch die Jause, die Wasserflasche und die Kleidungsstücke, die sich in ihm befanden, stammten aus Georgs Reserve. Georg hätte dem Hartmuth auch gerne seine zweiten Bergschuhe geliehen, die passten aber nicht, weshalb Hartmuth in seinen leichten Laufschuhen unterwegs war, hinauf zum Kreuzjoch, dessen Name ihm mit Fortdauer der Wandermühen immer mehr zum Sinnbild wurde für diese Wanderung, denn es war „ein Kreuz" mit ihm und seiner schlechten Kondition und es war einmal mehr ein „Joch", das er sich mit der Idee, dort hinauf wandern zu müssen, auferlegt hatte. Aber er hatte sich auf den Weg gemacht, der Wille war da und es war gut, wieder einen Willen zu haben, einen Willen, der nach oben gerichtet war.

Am Anfang war der Weg noch relativ flach und musikalisch umrahmt vom Rauschen des vor Lebenslust überschäumenden Baches und einmal auch unterbrochen vom lauten Pfeifen eines aufgeregt aufrecht oben am Hang stehenden Murmeltierchens. Ein Pfiff, der übersetzt hieß: *„In Deckung, Freunde, da kommen gefährliche Zweibeiner!"* Worte, deren Zauberkraft sofort alle Clan-Mitglieder verschwinden ließ. Georg rief hinauf: *„Entspannt Euch, Freunde, ich bin es!"*, und zu Hartmuth gewandt: *„Sind sie nicht herrlich, diese Murmelen, und so was von gut erzogen?"* Georg erzählte dann, dass sich nahe der Almhütte vor zwei Jahren eine Murmeltier-Familie angesiedelt hatte, die sich inzwischen an ihn gewöhnt hatte und zutraulich geworden wäre, offenbar weil die Tierchen bemerkt hatten, dass sie nicht auf seiner Speisekarte standen und er sie auch nicht zu Heilsalben verarbeiten wollte, sondern vielmehr diese winterschlafenden Überlebenskünstler liebte und sie sogar fütterte, sobald sie im Frühjahr wieder völlig entkräftet und abgemagert aus ihren Winterschlaf-Höhlen ins Licht der Alpenwelt taumelten.

Der Weg begann dann aber, steil und mühsam zu werden. Vom Rucksack und vom Gewicht seines immer schwerer werdenden Körpers nach vorne gebeugt und niedergedrückt, stemmte sich Hartmuth mit jedem Schritt dem Gesetz der Schwerkraft entgegen. Er begann, zu schnaufen wie ein Dampfross, bald floss Schweiß aus allen Poren und klebte das Hemd an seinen Rücken und schließlich begannen einige Muskeln, leise aufzumucken und widerspenstig zu zucken. Aber „nomen est omen", Hartmuth blieb hart mit sich selbst und mutig war er auch wieder – ein wenig zumindest – und so stemmte er sich die steinigen und steilen Serpentinen hoch, auch wenn es schmerzte.

Georg ging voraus, langsam, immer wieder den Blick fürsorglich auf Hartmuth gerichtet. Georg, der mindestens um fünfzehn Jahre Ältere, war derartiges gewohnt, für ihn war es stets eine Freude, sich in der ihm so nahen und vertrauten Natur zu bewegen, die ihm, je weiter nach oben er kam, immer noch besser gefiel.

Zum Reden fehlte jedenfalls dem Hartmuth der Atem und so setzten eben beide sich in ihr Kopfkino – in dem bekanntlich der momentane Seelenzustand Regie führt – und dachten vor sich hin im Rhythmus ihrer Schritte. In den beiden Kinos liefen unterschiedliche Filme, in Georgs Kino lief eine erhebende Naturdokumentation, in Hartmuths Kino eine gesellschaftskritische Satire:

„Menschen sind sonderbare Geschöpfe", sinnierte Hartmuth, laut und schwer den Berg hinaufschnaufend, *„liebenswert und bedauernswert."* Hartmuth freute sich über diesen seinen Gedanken „liebenswert", denn er schloss auch ihn wieder mit ein, er war ja auch wieder ein Mensch. *„In früher Kindheit schon fangen sie an, den Rucksack zu packen, jeden Morgen. Sie öffnen die Augen, fahren ihre Erinnerungen hoch und damit auch ihre Hoffnungen und Ängste und machen sich auf den steinigen Weg, schwer beladen, nach vorne gebeugt und niedergedrückt, die Sinne auf den Schatten gerichtet, den sie selber auf die Erde werfen – wie ich jetzt. Ein Schatten, der zuweilen fast nur mehr ‚Ruck-*

sack' zu sein scheint, je nach dem Seelenzustand, je nach dem Winkel des Blickes und dem Einfall der Sonne. Wir Menschen ziehen dahin auf ausgetrampelten Pfaden, auf denen vor uns schon alle dahingezogen sind wie verirrte, vereinzelte und isolierte Herdentiere, in schweren Gedanken verloren, ohne uns der eigentlichen Ursachen des eigenen Stöhnens gewahr zu sein und auch nicht des Ächzens des Nächsten, ständig damit beschäftigt, unsere mentalen „Ich-Gebäude" mit schönen Fassaden zu versehen, sie einzurichten und sie auszumalen in allen nur erdenklichen Farben. Ein Foto vom ‚Mein' da aufgehängt und eines vom ‚Mir' dort, seht her, Freunde, dieses Haus, das bin ich! Mit Unbehagen sehen wir uns um, sehen – wohin wir auch blicken – unsere Masken, sehen die Romanfigur, die wir als unser ‚Ich' ersonnen und deren Portrait wir an die Wände unseres selbst gebastelten „Ich-Hauses" innen und außen geworfen haben. Linderung suchend träufeln wir Alkohol in unsere Venen oder sonstige Drogen, bis sie verschwimmen, die hämischen Konturen der Ich-weltlichen Illusionen, um den noch größeren und schrägeren – vom Spiritus oder Drogengeist getränkten – Illusionen Platz zu machen."

Hartmuth hielt inne, er blieb einen Moment stehen, sich gewahr werdend, dass er sich in Verallgemeinerungen ergossen hatte. Aber ihm wurde auch gleich klar, dass er im Grunde ja sich selbst meinte, und es tat ihm gut, sich dabei zu ertappen, wie er begann, zumindest in Spuren sich selbst kritisch-ironisch zu durchschauen und zu ergründen, was ihn fast in den Suizid getrieben hatte. Und so ging er weiter und schnaufte weiter wie ein Dampfross:

„Was nur treibt Menschen, die Torturen solcher Wander-Marathons auf sich zu nehmen? Wozu stand ich jeden Morgen auf, setzte mich auf den Hometrainer und ließ die ‚News aus aller Welt' per Kopfhörer in meinen schwitzenden Kopf rieseln? Wozu studierte ich täglich Gesetze und Versicherungsbedingungen, die mit dem ‚Leben an sich' nichts zu tun haben? Wieso schnaufe ich jetzt hinauf zum Kreuzjoch?"

Viele Fragen, ja, viele Fragen, die sich vor ihm zu einem Berg auftürmten, zu dem Berg, den er im Begriffe war zu besteigen, die Antworten aber verschwammen im Schweißdunst seiner Überanstrengung und in dem vor ihm aufsteigenden Nebel des Rätsels, was ‚Leben' eigentlich bedeutet und was ‚Mensch sein' bedeutet.

„Leben heißt Üben!" Ein Gedanke, den ihm wohl die Anstrengung seiner Leibesübung in den Kopf geschoben hatte. *„Leben ist*

eine ununterbrochene Übung, vom ersten Atemzug an bis zum letzten, ein permanentes Muskel-, Hirn- und Willenstraining, ein fortwährendes Exerzitium des ‚Nicht-Sterben-Wollens', der Aufrechterhaltung der Lebenskraft und eines Lebenssinnes, exerziert mit jedem Schritt unseres irdischen Wander-Marathons, mit jedem Schritt hinauf zum Kreuzjoch."

Georg war stehengeblieben und blickte hinunter auf das Tuxer-Tal und hinein bis zum Tuxer Gletscher und er blickte Hartmuth ins Gesicht: *„Ist das nicht herrlich!"*, rief er voll Freude und machte eine große Geste, die zeigte, dass er alles damit meinte, alles, was es da zu sehen und zu fühlen gab, die herrliche Natur, sich und Hartmuth mit eingeschlossen. Georgs Augen strahlten vor Glück, Ruhe und Zufriedenheit.

Ja, Hartmuth der Keuchende und Schwitzende hatte noch einiges zu lernen auf seinem Weg zur Lebensfreude und zum Gipfelglück, aber er hatte die Übung wieder aufgenommen.

Leben heißt schuldig werden?

Sie hatten etwa zwei Drittel des Weges geschafft und machten eine kleine Rast. Sie saßen auf einem morschen, umgeknickten Baumstrunk etwas abseits vom Weg, inmitten einer bunten Vielfalt von Alpenglöckchen, Gräsern, Moosen, Stauden, Latschen und vor allem Almrosen, die auf den von der Sonne verwöhnten Hängen gerade begonnen hatten, ihre kleinen Knospen in die Alpenwelt zu treiben. Gänseblümchen, Schlüsselblumen, Schafgarben, Enzian, Primeln, Glockenblumen, Arnika und noch viele weitere Schönheiten waren gerade dabei, sich anzukleiden, und winkten ihnen optimistisch zu.

Agnes hatte in früheren Jahren manchmal – wenn sie ihre Wertschätzung Hartmuth gegenüber romantisch zum Ausdruck bringen wollte – gemeint, er wäre ihr Edelweiß, er wäre für sie wie dieses so samtig-herrliche und begehrte Blümchen aus den Alpen, das es in München nicht gäbe. Hartmuth blickte sich um und hielt Ausschau nach Edelweiß, aber ein so seltsames Pflänzchen, wie er es war, konnte er nirgendwo entdecken. *„Ja, ich bin eben wirklich einzigartig"*, dachte er bei sich. *„So blöd wie ich kann wirklich nur einer sein! Oder so konsequent? So feig oder so mutig? So willenlos oder so entschlossen? Oder so Hartmuth?"* Ja, es gab wahrlich viele Varianten, seine Einzigartigkeit zu interpretieren und zu beschreiben.

Georg jedenfalls zeigte mit einem bewundernden Lächeln im Gesicht auf die farbenprächtige Pflanzenvielfalt und meinte: *„Sieh doch, wie die sich alle Mühe geben aufzufallen und wie sehr sie um die Aufmerksamkeit der Insekten buhlen, die sie bestäuben sollen. Die Arbeitskraft der Bienen ist nämlich – wie alles auf der Erde – beschränkt und das scheinen diese klugen und hübschen Blümchen zu wissen. Die Bienen und Schmetterlinge, auch wenn sie noch so fleißig sind, können nur eine bestimmte Anzahl von Blüten besuchen, dann sind ihre Kräfte erschöpft. Ist aber das Blüten-Angebot zu groß, dann bleiben viele un-*

bestäubt und es bilden sich keine Samen. Um die traurige „Unbesuchtheit" zu verhüten, wird, wie du siehst, von den Blüten alles aufgeboten, was der Farbtopf hergibt und zusätzlich versprühen die raffinierten Dinger noch verführerische Einladungen in Form von süßen Duftbotschaften, welche die Kunde verbreiten, dass es hier leckeren Nektar gibt."

Hartmuth konnte es sich nicht verkneifen – angesichts all diesen floralen Farbtopf-Anstrengungen und Raffinessen, um sich in den Mittelpunkt zu stellen – wiederum an Agnes zu denken, die es zudem auch liebte, Duftbotschaften in aller Welt zu verbreiten.

Ja, Agnes, wie sollte es weitergehen mit ihr? Eines war klar, sobald er oben am Gipfel war, würde er Agnes anrufen und sie endlich von ihren Ungewissheiten und Ängsten erlösen. Georg hatte ihm versichert, dass dort oben das Handy bestens funktionierte. Aber wie sollte es weitergehen mit ihm und Agnes und mit seinem Engagement bei der Firma „Bohrer & Egger GmbH" und überhaupt mit seinem Leben? Auch die tiefgründige Nacht und der weise Schlaf hatten seine zahlreichen Fragezeichen noch nicht gerade biegen können und hatten noch keine Rufzeichen daraus gemacht. Die Weisen aus dem Morgenland hatten heute Nacht wohl anderes zu tun.

Rein theoretisch standen seiner Zukunft viele Möglichkeiten offen. Aber welchen Weg er auch immer in Gedanken ging, bei jeder Gabelung der möglichen zukünftigen Wege stand das schlechte Gewissen. Ging er gedanklich in die eine Richtung, dann rief das schlechte Gewissen, weil er die andere Richtung verschmähte, und ging er gedanklich in die andere Richtung, dann kam der Ruf des Gewissens eben von der anderen Seite. Es gab keinen Weg, der ihm gangbar erschien, ohne gleichzeitig schuldig zu werden.

Aber dieses Kuriosum, dieses Herumplantschen in Schuldgefühlen, gehört wohl allgemein zum Leben als Mensch. Wann immer irgendwo auf dieser Welt ein Mensch vor gewichtigen Entscheidungen steht und eine von vielen Möglichkeiten ergreifen und damit alle anderen verwerfen muss, macht er sich schuldig, ob er will oder nicht. So manche nehmen das allerdings gar nicht wahr und daher nicht so tragisch, sie haben sich insoweit eine psychische Hornhaut antrainiert oder profitierten von ihrer heiteren Gedanken- oder Gewissenlosigkeit.

Hartmuth aber, das mit sich selbst so harte Sensibelchen, war nicht in der Lage, jetzt, angesichts der so tiefgreifenden Fragen, vor denen er stand, diese aufkeimenden Schuldgefühle zu ignorieren. Es konnte für ihn also nur darum gehen, einen Modus zu finden, auf welche Weise und in welcher Hinsicht er sich schuldig machen würde und sodann die Kraft zu finden, sich von diesen unvermeidlichen Schuldgefühlen nicht übermäßig quälen zu lassen.

Ja, das ist wohl die Zeche, die Menschen für den freien Willen zu bezahlen haben. Das ist wohl auch der Grund, warum es so angenehm ist, wie ein Schaf einfach einem Leithammel zu folgen und nichts selbst entscheiden zu müssen oder einfach irgendwelchen Regeln zu folgen, die einem sagen, „wie man sich zu verhalten hat", denn dann ist man eben nicht selbst schuld, schuld sind dann die Anderen oder eben der Leithammel und man muß die Zeche nicht selbst bezahlen. Ja, es ist wohl diese intuitiv praktizierte Psychohygiene – wer will sich schon schmutzig machen – die den „Homo sapiens" dazu bringt sich vorzugsweise und von Herzen gerne wie ein Herdentier zu verhalten.

Wie auch immer – auch wenn es schmerzhaft werden würde – Hartmuth war fest entschlossen, in die Richtung jener Türe zu gehen, die sich in dieser magischen Nacht, am vergangenen Samstag, für ihn ein wenig geöffnet hatte und durch welche ein Licht drang, welches den Horizont seines natürlichen Wissens und Fühlens in unbegreiflicher Weise überschritten hatte und welches ihn zurück auf den Weg ins Leben geführt hatte und auf den Weg eines Lebens jenseits von Geburt und Tod.

Hartmuth zehrte noch von dieser Erfahrung, er wollte noch lange davon zehren und die Türe weiter aufmachen, wenn es ihm irgendwie möglich sein sollte.

Fehltritt?

Sie hatten sich, nach einer kleinen Verschnaufpause und ein paar Schluck Wasser, wieder auf den Weg gemacht.

Es kam ihm wieder der Artikel in den Sinn, den er an seinem 20. Geburtstag, als er auswanderte aus dem Zillertal, in der Süddeutschen Zeitung gelesen hatte, der Artikel über die Faszination, die der 4807 Meter hohe Mont Blanc auf die Bergsteiger ausübte. *„Aufbruch um halb zwei …“*, hieß es in diesem Artikel. *„… Nach ungefähr zwei Stunden, wenn die 4000 Meter-Grenze bereits überschritten ist, ist für manche der Aufstieg zu Ende. Als stumme Gestalten stehen sie keuchend im Schnee, nach vorne gebeugt, auf den Eispickel gestützt. Spuren beiderseits des Trampelpfades bestätigen, dass neben Kopfschmerzen und Schwindelgefühl auch Übelkeit zu den Symptomen der Höhenkrankheit gehört … Wer trotz der Plackerei mithält, der kann sich jetzt, auf dem letzten Stück, von der Erwartung antreiben lassen, dass er ungefähr zur Zeit des Sonnenaufgangs den Gipfel erreichen wird. Und dann steht man oben! Ein grandioses Panorama, doch ein beißender, kalter Wind bläst schnell einen guten Teil des Gipfelglücks die Fels- und Eiswände hinab.“*

Es war seltsam, dass er schon wieder diese Zeilen im Kopf hatte. Es war eine Metapher, die offenbar viele Gesichter hatte. Wenn „Gipfelglück“ „materieller Erfolg“ bedeutete, dann war er wohl oben gewesen und sein Glück wurde vom beißenden Wind wieder die steile Felswand hinabgeblasen – fast bis in den Suizid. Wenn aber „Gipfelglück“ „selige Allverbundenheit“ bedeutete, wenn „Gipfelglück“ das bedeutete, was durch den Türspalt leuchtete, der sich Samstagnacht ein wenig vor ihm aufgetan hatte und ihn wieder aufleben ließ, dann hatte er den Aufbruch wohl gänzlich verschlafen und erst ein paar Höhenmeter geschafft.

Ja, was bloß bewog Menschen, sich die Qualen eines Aufstieges auf den Mont Blanc anzutun, und was bewog ihn heute, sich die Qualen des Aufstieges zum Kreuzjoch anzutun? Was ist das angestrebte „Gipfelglück“ heute? Die Antwort hatte mit Sicherheit wieder viele Gesichter, in die konnte er jetzt aber nicht schauen, er war viel zu erschöpft dazu.

Die letzten Felswände, die sie noch „hintergehen“ mussten, um von hinten hinauf zu kommen zum Kreuz des Joches, diese Felswände versuchten, mit ihrer erhabenen Mächtigkeit zu imponieren, und hielten ihren in allen Grautönen schillernden Granit stolz in die Sonne. Der Tuxer Gletscher war dabei, die über ihm schwebenden, dünnen Nebelschleier zu lüften und seine eisigen Geheimnisse der Welt zu offenbaren, und der Blick hinunter in die fernen, grünen Täler verlieh den Seelen hinter den blickenden Augen die Flügel eines großen Adlers, die es erlaubten, im Auf- und Gegenwind in der Luft zu stehen.

So oder so ähnlich erlebte es jedenfalls Georg. Hartmuth hingegen war kaum noch zu beeindrucken, denn er war ziemlich am Ende seiner Kräfte. Aber es war nicht mehr weit. Georg hatte schon zweimal vorgeschlagen, sich einfach hinzusetzen, zu rasten, etwas zu essen und dann wieder umzukehren. Aber Hartmuth meinte nur: *„Aufgegeben wird nur ein Brief!“*, ein Motto, das er immer wieder in die Diskussion mit sich selbst zu werfen pflegte, wenn es eng wurde in seinem Leben, ein Motto, das ihm sein Stiefvater, der so tüchtige Sepp Egger, mit besten Absichten vererbt hatte.

Dann aber geschieht es: Sie sind knapp unter dem Gipfel. Hartmuth blickt nach oben, wo das Gipfelkreuz schon seine Arme zum Empfang ausgebreitet hat, er ist dadurch einen Moment abgelenkt, er macht einen unachtsamen Schritt, knickt mit seinem linken Fuß um, rutscht auf der glatten Sohle des rechten Laufschuhes aus und verliert das Gleichgewicht. Er stürzt seitlich unglücklich und übermüdet-ungeschickt über die Wegböschung und rutscht mit dem Kopf voraus den sehr steilen Abhang hinunter. Er dreht sich noch auf den Bauch, versucht, die Beine nach unten zu bringen, und versucht, mit allen Kräften, die er noch hat, sich mit Händen und Füßen auf dem Geröll des Abhanges festzukrallen. Es gelingt ihm aber nicht und so rutscht er ächzend und stöhnend ab bis zur dortigen Geländekante und stürzt schließlich mit einem grässlichen „Aaaahhh …“ von dieser Felskante mindestens 10 Meter fast im freien Fall in die Tiefe und bleibt am Fuße des Felsens zwischen Steinen und Büschen auf dem Geröll reglos liegen. Georg war ein paar Schritte voraus, er hat keine Chance gehabt, irgendwie helfend einzugreifen, das ging alles viel zu schnell. Georg ist zutiefst bestürzt. Mit Entsetzen in den Knochen und mit nassen Augen sucht und findet er sofort einen gangbaren Weg „hinten herum“ und hinunter zu seinem Freund.

Hartmuth ist bewusstlos, er atmet röchelnd und ein schwacher Puls ist fühlbar. Blut rinnt aus Nase und Mund und aus mehreren Stellen am Kopf. Die rechte Schulter und der rechte Brustkorb sind unnatürlich eingeknickt. Georg holt mit zittrigen Händen sein Handy aus seinem Rucksack und ruft um Hilfe, ja, er schreit um Hilfe, er fordert mit größter Dringlichkeit einen Rettungshubschrauber an, gibt seine Position bekannt und nimmt seine SOS EU ALP-App in Betrieb, um dem Hubschrauber die Ortung zu erleichtern. Mit Tränen auf den Wangen und schmerzendem Herzen dreht Georg seinen Freund vorsichtig auf die Seite, mit dem Mund seitlich nach unten, um die Atemwege frei zu halten, und dann ergreift er dessen Hand und redet ihm – dem Bewusstlosen – gut zu.

Es dauert keine 15 Minuten, da steht schon – mit riesigem Gedröhne und Staubgewirbel – der Rettungshubschrauber wie ein Donnergott 30 Meter oberhalb der Unfallstelle in der Luft. Nachdem der Pilot sich in wenigen Sekunden einen Überblick über die Lage verschafft hat, dreht er ab, fliegt zur nächstgelegenen einigermaßen ebenen Stelle des Geländes, setzt den Notarzt, den Helfer und ein Bahre ab, um sie, an langen Seilen eingeklinkt und festgebunden, gleich wieder hoch zu heben und dort hinauf schweben zu lassen, wo sie so dringend benötigt werden. Wie ein vom Himmel kommender Engel setzt der Notarzt als Erster den Fuß auf das Geröll, auf dem Hartmuth bewusstlos blutend liegt. Georg versucht mit Gesten, dem Arzt ein paar Informationen zu geben, an Reden ist in dem Gedröhne nicht zu denken. Aus den Gebärden des Notarztes und seinem entmutigenden Kopfschütteln entnimmt Georg, dass es schlecht aussieht. Der zweite Engel schiebt die Bahre heran. Hartmuth wird behutsam auf die Bahre gehoben und festgebunden, alle Seile werden eingeklinkt, der Notarzt gibt dem Piloten ein Zeichen und der Hubschrauber zieht hoch und schwebt von dannen wie ein riesiger, wohltätiger Greifvogel, um dessen Krallen dicke Seile gebunden sind, an deren Ende Menschenkinder hängen. Er fliegt behutsam, um sie am nächsten ebenen Platz vorsichtig abzusetzen, die Seile einzuziehen, zu landen, die menschliche Fracht fürsorglich in den Helikopter zu laden und schnellstens zur Universitätsklinik Innsbruck zu fliegen.

Vor seinem Abflug hatte der Notarzt dem Georg noch seine Visitenkarte in die Hand gedrückt und ihm ins Ohr geschrien „Daten“ und ihn mit Gesten aufgefordert, diese telefonisch durchzugeben. Kaum ist das von den Felswänden widerhallende, ohrenbetäubende Rettungs-Geratter verklungen, nimmt Georg sein Handy erneut in die Hand und überbringt Hildegard, der Lahner-Bäuerin, die Hiobsbotschaft. Hildegard hatte von der Anwesenheit Hartmuths auf der Lahner-Alm nichts gewusst. Mit tränenerstickter Stimme verspricht sie, dem Notarzt die gewünschten Daten sofort durchzugeben, die Polizei zu verständigen und auch die Agnes in München von der Tragödie in Kenntnis zu setzen.

Ja, Georg blieb dann noch lange sitzen, dort oben unter dem Kreuzjoch, das an diesem Tag seinem Namen wirklich alle Ehre gemacht hatte, dort oben, wo eben noch sein schwer verletzter Freund gelegen war und seine Blutspuren hinterlassen hatte.

Es war totenstill, nach so viel Lärm. Georg hatte noch Hartmuths burschikosen Spruch im Ohr: *„Aufgegeben wird nur ein Brief“* und hoffte, dass dieser dem zähen Hartmuth in seinem Überlebenskampf nunmehr helfen würde. Georg war erschüttert und vom Mitgefühl für seinen Freund überwältigt. Bald aber fand er wieder sein Gleichgewicht und auch seine innere Ruhe und Zuversicht. Ob Hartmuth überleben würde, das stand in den Sternen, in die sie gestern Abend gemeinsam so intensiv geschaut hatten.

Aber egal, ob Hartmuth nun überlebte oder nicht, Georg spürte und wusste, dass Hartmuth, wenn er sterben sollte, im Jenseits liebevoll aufgenommen werden würde, und Georg spürte und wusste auch, dass dann, wenn er überleben sollte, diese Erlebnisse seinem Freund helfen würden, auf seinem Weg zurück ins wahre Leben, zurück in ein sinnerfülltes Leben, zurück in die Lebensfreude.

Wozu also trauern, wozu sich Sorgen machen? Es gibt nichts, absolut nichts, wovor wir Angst haben müssen, außer der Angst.

Am Gipfel

75 Minuten nach seinem fatalen Fehltritt lag Hartmuth bereits auf dem Operationstisch der Universitätsklinik in Innsbruck. Während des Fluges in dieser riesigen, vibrierenden Hummel hatte sich sein Zustand zunehmend verschlechtert. Auf dem Operationstisch liegend setzte sein Herz aus. Mittels Defibrillator, heftiger, verzweifelter Herzdruckmassagen und künstlicher Beatmung gelang es den aufgeregt und aufopfernd kämpfenden Ärzten, sein Herz zu überreden, doch wieder zu klopfen und zu pumpen. Der Blutverlust war enorm, Blutkonserven wurden in seine Blutbahnen geschoben, es wurde sofort eine Computer-Tomographie des Kopfes durchgeführt und ausgedehnte Gehirnblutungen und auch ein deutlich erhöhter Hirndruck festgestellt. Es war notwendig, mittels sofortiger Operation das Gehirn zu entlasten und eine Drainage einzubauen. Eine erste Diagnose sprach darüber hinaus von zahlreichen Brüchen des Schädelknochens, von Serien-Rippenbrüchen rechts, Schulterbruch rechts, Hüftgelenksbruch rechts usw. …

Die Ärzte gaben hektische Anordnungen, Sensoren wurden an zahlreichen Stellen am Kopf und an der Brust angebracht und deren Kabel an Computer und Monitoren angeschlossen, auch ein Schlauch wurde in die Luftröhre eingeführt, über den Hartmuth künstlich beatmet wurde. So manche Miene der um dieses abgestürzte Leben kämpfenden Helden verriet Skepsis und Resignation, aber sie taten alles, was sie konnten.

Dann aber setzte das Herz erneut aus und der operierende Chefarzt rief resigniert: *„Verdammt, er schafft es nicht, er schafft es nicht, wir schaffen es nicht!“*

Ich hörte den verzweifelten Ruf des Arztes und dachte mir: „Ja, was redet der? Mir geht es so gut wie schon lange nicht mehr!“ Der Arzt begann sofort mit der Herz-

massage. Ich trat aus meinem Körper heraus und blickte hinunter auf die Szene und versuchte, ihm zu sagen, er sollte aufhören, denn es ginge mir prächtig. Aber der Arzt reagierte nicht, er hörte meine Stimme nicht, ich habe versucht, ihn am Arm zu packen, um ihn davon abzuhalten, aber meine Hand glitt einfach durch seinen Arm hindurch. Meine Machtlosigkeit irritierte mich.[10]

Ich sah mich – meinen Körper – auf dem Operationstisch liegen, mit geschlossenen Augen und blutverschmiertem Kopf. Mein Gehirn und alle meine körperlichen Sinne waren vollkommen außer Betrieb und trotzdem war ich mir all dessen, was um mich herum passierte, mit einer Klarheit und Intensität bewusst, die ich bisher noch nicht erfahren hatte. Das war eine völlig andere Art der Wahrnehmung, ich schien alles Geschehen gleichsam zu durchdringen, als würde ich langsam mit allem verschmelzen.[11]

Ja, so erlebte Hartmuth diese dramatischen ersten Minuten. So jedenfalls hat er –mehrere Wochen und Monate nach seiner wundersamen Genesung – diese Erlebnisse und alle weiteren Erlebnisse seiner Reise in die Randbereiche des Jenseits, in seinen psychotherapeutischen Selbstgesprächs-Partner – seinen Schreib-Computer – getippt, wissend und spürend, dass sich das, was er erlebt hatte, mit Worten nicht beschreiben lässt, denn das lag außerhalb unserer irdischen Welt und damit außerhalb dessen, was unsere Begriffe greifen können. Hartmuth konnte nur versuchen, sich nachträglich mit seinen Worten diesen erlebten Wirklichkeiten zu nähern, und dies wollte er tun, so gut er konnte und so schrieb er weiter:

Ich beobachtete, wie sich das Ärzteteam um meine Reanimation bemühte. Ich wusste, wer sie waren und was sie taten, ich schien alles zu verstehen und auch zu fühlen, was jedermann fühlte. Es war, als könnte ich durch jede Person hindurchsehen und durch sie hindurchfühlen. Ich konnte ihre Ängste und ihre Hoffnungslosigkeit spüren. Obwohl alles gleichzeitig zu geschehen schien, wurde immer das, worauf ich mich konzentrierte, in eben dem Augenblick klar.[11] **Die Ärzte und ihre Helfer bemüh-**

ten sich um meinen Körper und ein Gefühl von Anspannung in all ihrem Handeln war spürbar, aber ich nahm eben auch ihre Resignation wahr, als hätten sie sich mit der Tatsache abgefunden, dass alle Mühe vergeblich sei.

Ich begann, mich leicht, schwerelos und ungebunden zu fühlen, und merkte, dass ich zu jeder Zeit überall sein konnte, was gar nichts Ungewöhnliches zu sein schien. Ich fühlte, wie ich mich kontinuierlich ausdehnte und allen Raum ausfüllte, bis es zwischen mir und allem anderen keine Trennung mehr gab, es war, als wäre ich nicht länger durch Zeit und Raum beschränkt. Es fühlte sich so normal an, als wäre genau das die richtige Art und Weise, die Dinge wahrzunehmen. Ich fand es nicht einmal merkwürdig, als ich beim Gedanken an Agnes sofort bei ihr in München war und mitbekam, wie sie während einer Mitarbeiter-Besprechung im Konferenzraum der Firma „Bohrer & Egger GmbH" von Hildegard angerufen wurde und wie sie erschrocken zusammenfuhr, wie sie die Konferenz unterbrach und mit gesenktem Kopf – voll Sorge und Mitgefühl – den Konferenzraum verließ, wie sie Thomas mit tränenerstickter Stimme anrief und wie sie sich – und auch wie er sich – auf den Weg nach Innsbruck machten. Beim Gedanken an Georg sah ich augenblicklich, wie er wieder vom Kreuzjoch hinunterstieg zur Lahner-Alm, mit wohlwollenden, positiven Gefühlen mir gegenüber, er schien zu wissen, dass es mir gut ging. Beim Gedanken an Thomas spürte ich seine Betroffenheit im Herzen und beim Gedanken an Frau Oberlohr fühlte ich, wie sie – meine geheimnisvolle Seelenschwester – die Katastrophe mit Beklemmung ahnte, schon bevor Agnes sie informierte.

Mit meinem zerschlagenen und scheinbar leblosen Körper, der da auf dem Operationstisch lag, fühlte ich mich plötzlich nicht mehr verbunden. Es fühlte sich so an, als wäre er nicht der meine. Er sah viel zu klein und unbedeutend aus, als dass er all das, was ich erlebte und wahrnahm, in sich hätte unterbringen können. Ich fühlte mich frei, befreit und großartig, jeglicher Schmerz, jegliche Traurigkeit, jeglicher Stress war verschwunden, ich wurde durchströmt von Freude.[11] Mir kam plötzlich vor, als wären eben Schnüre durchtrennt worden, es war, als wären die Halteseile eines Fesselballons gelöst worden, und mir wurde klar, dass das alles mit meinem körperlichen Tod zu tun hatte, und seliges Entzücken und Begreifen machte sich in mir breit. In diesem Augenblick schien es mir, als würde ich in einen dunklen Raum gesaugt, in einen Tunnel, an dessen hinterstem Ende ich ein helles Licht sah.[12]

Ich bewegte mich auf das Licht zu, da war ein lautes Geräusch, es hörte sich an wie das Pfeifen eines kochenden Teekessels, ich eilte durch die Öffnung und fand mich in einer völlig neuen, magischen, phantastischen Welt wieder. Eine Welt, schöner als die schönsten Vorstellungen, faszinierend, atemberaubend, herzergreifend ... aber alle Worte greifen zu kurz. Unter mir lag eine wunderbare Landschaft, edel, grün, üppig. Ich flog über Wiesen, Wälder, Berge, Bäche, Wasserfälle, Seen und über Tiere, Menschen und Kinder, die spielten. Es war die Erde ... gleichzeitig aber auch nicht! Und da war ein Klang, ein herrlicher, harmonischer Klang, leise zuerst ... aber immer lauter wurde er, immer noch voller und noch schöner ...

Irgendwann wurde mir klar, dass ich nicht allein war hier oben auf meinem Flug. Ich spürte die Anwesenheit von jemand, der mir ganz nahe war: eine Lichtgestalt, eine schöne, junge Frau, mit edlem Gesicht und tiefblauen Augen. Sie trug weiße, sonnendurchflutete Kleidung. Wir schwebten beide auf farbigen Wolken, die warm und bezaubernd strahlten und in ständiger Bewegung waren, so als bewegte sich ein Fluss aus Leben und Farbe durch die Luft. Die junge Frau schaute mich an und der Zauber ihres Blickes durchdrang mich und gab mir das Gefühl, dass mein ganzes Leben sich gelohnt hatte, allein um diesen Blick zu erleben. Es war kein freundschaftlicher, kein romantischer Blick, es war ein Blick, der über all das hinausging … über all die verschiedenen Arten von Liebe, die wir hier auf der Erde kennen. Es war etwas Höheres, etwas, das all die anderen Arten von Liebe in sich trug und gleichzeitig echter und reiner war als sie alle zusammen.

Sie sprach zu mir, ohne Worte zu gebrauchen, ohne ihre Lippen zu bewegen, sie sprach von Herz zu Herz oder von Geist zu Geist und ich verstand sie sofort und diese Botschaft erfüllte mich mit überschäumender Freude und Leichtigkeit. In unsere irdischen, dürren Worte übersetzt lautete sie annäherungsweise: „Du wirst für immer zutiefst geliebt und geschätzt, du hast nichts zu befürchten und du kannst nichts falsch machen!" oder einfach „Liebe!" Es war, als wären mir damit die Regeln für ein Spiel ausgehändigt worden, das ich mein ganzes Leben lang gespielt hatte, ohne es jemals ganz zu verstehen. „Wir werden dir hier viele Dinge zeigen", fügte die junge Frau noch hinzu, ohne Worte zu gebrauchen, „doch am Ende wirst du zurückkehren!"[13]

Wir stiegen weiter nach oben und immer noch weiter nach oben. Die Konturen meiner Begleiterin verschwammen zu einer warmen, Liebe ausstrahlenden Lichtgestalt. Wir hatten die erdnahen Bereiche unter uns gelassen, ich sah die Erde plötzlich nur noch als hellblauen Punkt in der Schwärze des Raumes, der zugleich hell und unendlich raumlos erschien.[13] Und doch war ich gleichzeitig geistig mitten im irdischen Leben, in Erlebnissen, Räumen, Klängen … verbunden mit allem Leben und mit aller Natur.

‚Wo bin ich? Wer bin ich? Warum bin ich hier?' Jedes Mal, wenn ich in der Stille eine solche Frage aufwarf, kam die Antwort sofort, und zwar in Form einer Explosion aus Licht, Farbe, Liebe und Schönheit, die wie eine hohe Welle durch mich hindurchfegte. Diese Wellen beantworteten meine Fragen auf eine Art und Weise, die keine Sprache brauchte. Die Gedanken drangen direkt in mich ein. Aber es waren keine Gedanken, wie wir sie auf der Erde haben, sie waren nicht vage, immateriell oder abstrakt. Diese Gedanken waren massiv und unmittelbar und während ich sie empfing, war ich auf der Stelle und ohne jede Anstrengung in der Lage, Konzepte zu begreifen, für deren Verständnis ich in meinem irdischen Leben Jahre gebraucht hätte.

Ja, auch wenn all das jetzt hier auf Erden phantastisch klingt, es war die wirklichste Erfahrung meines Lebens.[13]

Sehen und Hören waren nicht voneinander getrennt an diesem Ort, an dem ich mich nun aufhielt. Es schien, als könnte man in dieser Welt nichts anschauen oder anhören, ohne Teil davon zu werden, ohne sich auf irgendeine mysteriöse Weise damit zu verbinden. Alles war deutlich und ausgeprägt, aber auch Teil von allem anderen, wie die reichen und eng miteinander verflochtenen Muster eines Perserteppichs oder eines Schmetterlingsflügels. Meine Situation ähnelte seltsamerweise der eines Fötus im Mutterleib. Der Fötus schwebt im Mutterleib gemeinsam mit seiner stillen Partnerin, der Plazenta, die ihn ernährt und die als Vermittlerin zu der überall präsenten und doch unsichtbaren Mutter fungiert. In diesem Fall war die „Mutter" Gott, der Schöpfer, die Quelle. Diese Wesenheit war so nah, dass es überhaupt keine Distanz mehr gab zwischen Gott und mir selbst. Aber gleichzeitig konnte ich die unendliche Weite des Schöpfers spüren, konnte sehen, wie winzig klein ich im Vergleich zu ihm war.[14]

Jetzt jedoch wusste ich Bescheid. Ich hatte verstanden, dass ich ein Teil des Göttlichen war und dass nichts – absolut gar nichts – mir das jemals wegnehmen konnte. Die falsche Vermutung, wir könnten irgendwie von Gott getrennt sein, ist die Wurzel jeder Form von Angst im Universum, das Heilmittel gegen diese Angst ist die Gewissheit, dass uns nichts jemals von Gott wegreißen kann. Dieses Wissen ist und bleibt das Wichtigste, was ich je gelernt habe.[15]

Mir wurde bewusst, dass wir alle miteinander verbunden sind. Das betraf nicht nur alle Menschen und jedes

lebendige Geschöpf, vielmehr schien sich diese wechselseitig verwobene Vereinigung nach außen hin auszudehnen und alles im Universum einzuschließen, jeden Menschen, jedes Tier, jede Pflanze, jedes Insekt, jeden Berg, jedes Meer, jeden Gegenstand und den ganzen Kosmos. Ich erkannte, dass das ganze Universum lebendig und von Bewusstsein durchdrungen ist und dass es alles Leben und die gesamte Natur einschließt. Alles gehört zu einem grenzenlosen Ganzen. Ich war auf komplexe Weise und untrennbar mit allem Lebendigen verknüpft. Ja, wir sind alle eins![16]

In dieser magischen Zeit, in der Hartmuth im Koma lag, hatte er wahres „Gipfelglück" im Sinne „seliger Allverbundenheit" erfahren, er hatte den Mont Blanc bezwungen und er hatte die nur einen kleinen Spalt breit geöffnete Tür – aus welcher der helle Schein kam, der ihn weiterleben ließ – ganz geöffnet.

Aber mit seiner an ein medizinisches Wunder grenzenden Rückkehr in die Ich-Welt, mit seiner „Wieder-Inbetriebnahme" seines Gehirns, hatte er auch die Barriere zu seinem höheren Wissen, die Barriere zu seinem Verständnis der überraumzeitlich-unbedingten Wirklichkeit wieder in Betrieb genommen und hatte damit all diese wunderbaren Erfahrungen wieder dem Unverständnis und der Vergessenheit ausgesetzt.

Nach seiner Rückkehr auf die Erde und seiner wundersamen Genesung saß Hartmuth viele Wochen fast täglich ein paar Stunden am Computer, um seine verblassenden und ins Unbegreifliche abdriftenden Erinnerungen zu retten und sie in den Ordner, den er „Am Gipfel" genannt hatte, einzutippen und festzuhalten – um sie allerdings gleich am nächsten Tag dann wieder zu verbessern, zu ergänzen und zu korrigieren, denn mit seinem Verstand war das Erlebte einfach nicht zu greifen, so sehr er sich auch darum bemühte.

Aber diese überirdischen, glückseligen Erlebnisse haben ihn für den Rest seines Lebens geprägt und sein „Nicht-Vergessen-Wollen" hat ihn begleitet und seinem restlichen Leben eine Richtung gegeben.

Hartmuth hatte also wahres „Gipfelglück" erfahren, er hatte den Mont Blanc bezwungen, aber er hatte offenbar noch einiges zu erledigen, unten in den Niederungen unter dem Mond und so machte er sich wieder auf den Weg hinab auf den Irrstern, auf den Stern der wirren Irren, auf den Stern der ewig vergeblichen Suche nach dem Selbst.

Erwachen

Nach gut drei Tagen im Koma öffnete Hartmuth in der Intensivstation der Universitätsklinik in Innsbruck wieder die Augen. Geblendet, irritiert und von Schmerzen begleitet ließ er sie allerdings gleich wieder zufallen. Langsam und vorsichtig öffnete er sie wieder. Alles rundherum erschien ihm nebelhaft verschwommen und verzogen, aber er erkannte neben sich die unscharfen Konturen einer Person. Er schloss die Augen wieder und öffnete sie erneut und blinzelte ein paar Mal.

Ein schmerzendes Lächeln zog dann über sein von Wunden, Pflastern und Verbänden verzogenes Gesicht, er wollte die rechte Hand ausstrecken, aber sie folgte nicht, er streckte die linke, abgeschürfte und mit weißen Verbänden umwundene Hand aus und hauchte: *„Rosi!“* …

Ende

… *unvollendet* …

Ja, liebe Freunde, hier endete also der kuriose Lebens-Schauspiel-Roman … unvollendet.

Hier endete die so bewegte Geschichte der Romanfigur „Hartmuth“ … unvollendet.

Jeder Leser möge nun die Geschichte für sich weiter und zu Ende denken und zu Ende fühlen, jeder entsprechend den Farben und Mustern seiner eigenen Phantasie, seiner eigenen Vorstellungen, Überzeugungen, Vorlieben und Abneigungen, Hoffnungen und Ängste, jeder folgend den Wegweisern, die er sich in seiner eigenen Welt an die Weggabelungen seines Welt-Gebäude-Netzwerkes aufgestellt hat.

In gewisser Weise sind wir alle Romanfiguren, solange wir auf Erden wandeln, das ist wohl nicht zu leugnen. Romanfiguren eines Romans, dem wir als Titel unseren eigenen Namen geben könnten und als Inhalt die Beschreibung unseres Lebens. Romanfiguren, die wir selbst gestaltet haben, unter kräftiger Mitwirkung unserer Mitmenschen und all der fremdbestimmten Verhältnisse, in die wir hineingeworfen wurden.

Denken und fühlen wir also auch unsere eigene Romanfigur zu Ende, denn auch sie ist unvollendet und behalten wir dabei im Auge: *„Heute ist der erste Tag vom Rest unseres Lebens!“*

Und eines noch, liebe Freunde: Vergessen wir bei diesen Zukunfts-Pinsel-Spielen nie die heitere Ironie, das Palliativ der Psyche, denn wir sind in Wahrheit unendlich viel mehr als die Romanfigur, die wir uns im Kopf von uns gebastelt haben.

Klaus Dengg

Literaturliste/Anmerkungen

1 L. Annaeus Seneca, „De brevitate vitae, Von der Kürze des Lebens“, 1977 Philipp Reclam jun. GmbH & Co., Stuttgart, Universal-Bibliothek Nr. 1847;

2 Seneca, aaO Seite 49f;

3 Seneca, aaO Seite 27;

4 Seneca, aaO Seite 49;

5 Anregung aus: Peter Sloterdijk, „Im Welt-Innenraum des Kapitalismus“, Suhrkamp Verlag Frankfurt am Main 2005, Seite 30ff;

6 Peter Sloterdijk, „Sphären I“, Suhrkamp Verlag Frankfurt am Main 1998, Seite 468;

7 Der Grundgedanke des psychischen Findlings kommt von: Peter Sloterdijk, „Weltfremdheit“ Suhrkamp Verlag Frankfurt am Main 1993, Seite 14ff

8 Peter Sloterdijk „Zur Welt kommen-zur Sprache kommen“, Suhrkamp Verlag Frankfurt am Main, 1988; Seite100ff;

9 Connirae & Tamara Andreas „Der Weg zur inneren Quelle“, deutsche Ausgabe: Jungfermannische Verlagsbuchhaltung, Paderborn 1995, 3. Auflage 2008, Seite 67ff;

10 Dr. Raymond A. Moody, „Das Licht von Drüben“ Rowohlt Verlag GmbH, 7. Auflage 2002, Seite 24;

11 Anita Moorjani, „Heilung im Licht“, Verlagsgruppe Random House GmbH, 2012, Seite 88 und 90ff;

12 Dr. Raymond A. Moody, „Das Licht von Drüben“ Rowohlt Verlag GmbH, 7. Auflage 2002, Seite 25f;

13 Dr. med. Alexander Eben, „Blick in die Ewigkeit“, Ansata Verlag15. Auflage 2014, Seite 60-64, 71, 104, 120;

14 Dr. med. Alexander Eben, „Blick in die Ewigkeit“, Ansata Verlag15. Auflage 2014, Seite 70-72;

15 Dr. med. Alexander Eben, „Blick in die Ewigkeit“, Ansata Verlag; 15. Auflage 2014, Seite 111;

16 Anita Moorjani, „Heilung im Licht“, Verlagsgruppe Random House GmbH, 2012, Seite 102;

Der Autor

Dr. Klaus Dengg, geboren 1951 in Zell am Ziller, aufgewachsen im elterlichen Gasthof, wurde – wie es sich für ein Gasthauskind gehört – Koch, und zwar einer, der über Umwege schließlich zu einem erfolgreichen Rechtsanwalt mutierte. Mit seiner Pensionierung widmete er sich endlich seiner eigentlichen Passion, der Literatur und der Philosophie, und legt mit „Hartmuth der Deserteur" seinen ersten Roman vor.

novum VERLAG FÜR NEUAUTOREN

Der Verlag

Wer aufhört
besser zu werden,
hat aufgehört
gut zu sein!

Basierend auf diesem Motto ist es dem novum Verlag ein Anliegen neue Manuskripte aufzuspüren, zu veröffentlichen und deren Autoren langfristig zu fördern. Mittlerweile gilt der 1997 gegründete und mehrfach prämierte Verlag als Spezialist für Neuautoren in Deutschland, Österreich und der Schweiz.

Für jedes neue Manuskript wird innerhalb weniger Wochen eine kostenfreie, unverbindliche Lektorats-Prüfung erstellt.

Weitere Informationen zum Verlag und seinen Büchern finden Sie im Internet unter:

www.novumverlag.com